成都师范学院学术专著出版基金资助项目

[英] 蒲兰田　撰
张铭　李娟娟　译补图注

《峡江一瞥》译补图注

西南大学出版社
国家一级出版社　全国百佳图书出版单位

图书在版编目(CIP)数据

《峡江一瞥》译补图注 / (英)蒲兰田撰；张铭，
李娟娟译补图注. — 重庆：西南大学出版社，2022.4
ISBN 978-7-5697-1112-7

Ⅰ.①峡… Ⅱ.①蒲… ②张… ③李… Ⅲ.①长江流
域-文化史-史料 Ⅳ.①K295

中国版本图书馆CIP数据核字(2022)第058274号

《峡江一瞥》译补图注

《XIAJIANG YIPIE》YI-BU-TU-ZHU

[英]蒲兰田　撰
张铭　李娟娟　译补图注

责任编辑：张昊越
责任校对：张丽
封面设计：观止堂_未氓
排　　版：江礼群
出版发行：西南大学出版社(原西南师范大学出版社)
　　　　　地址:重庆市北碚区天生路2号
　　　　　邮编:400715
　　　　　市场营销部电话:023-68868624
印　　刷：重庆俊蒲印务有限公司
幅面尺寸：160 mm×235 mm
印　　张：15.25
字　　数：320千字
版　　次：2022年4月　第1版
印　　次：2022年4月　第1次印刷
书　　号：ISBN 978-7-5697-1112-7
定　　价：58.00元

代　序

蒲兰田:一位值得我们纪念的西方人

在我的学术生涯中,巴蜀交通是我研究的重要内容。我当然深知,四川盆地四面险阻,古代先民为了消除空间阻隔,可谓费尽移山心力。虽然,我们的先民尽其所能不断抗争与创造,发明了不少在世界交通史上都可大书特书的交通设施,构建了相当完备的交通制度,但在现代交通设施出现之前,先民行旅的艰辛可能是一般人想象不到的。我在研究巴蜀交通的历次田野考察中,徒步翻越了无数大山,我们师生空手行之也常常达到生理极限,可古人们却多是一天一天地连续负重前行,其中的艰辛酸苦谁能认得?在我们的田野考察中,有时我们在山下遥望直入云霄的高山,只有不断感伤古人的窘迫和困苦,发出难怪古人短命的感叹!同时,我们在研究川江水运时,发现传统川江木船的失事率高达10%,所以清代滇铜京运主要因在长江上的失事率太高,官员们对此国家工程往往视若畏途。当然,也能一定程度上理解许多船工将所有报酬投入酒色之中而无钱养家的无奈!

改变中国传统交通的核心当然是现代机械动力支撑下的现代交通。这里,我们自然要感谢托马斯·纽科门、詹姆斯·瓦特、帕森斯·C.A、卡尔·弗里特立奇·本茨等在机械动力方面做出重大贡献的西方科学家和发明家。没有他们的发明,我们可能仍然与古人一样困苦艰辛地甩大脚翻大山,划桨桡涉江河。有车要有路,有船要有河。河流自然是亘古存在的,但我们的许多原生态的河流并不适宜现代相对高速而宽大的机动船,所以,传统时代那种在大石上刻"对我来""我示行周"等古老的方法失效了,而完全存在滩师、驾长大脑中的险滩危流经验和经验写意的引航图也不适宜机动船航行。可在近代中国内忧外患下,多数官员只有对权力、利益的考量,个别明智的官员也多只有"师夷之长技以制夷"的军事考量,民生极为艰苦下的黎民百姓更多只有对现代交通对生计冲击的忧虑,而根本对现代航运知识一无所知,甚至还会妖魔化现代技术。这样,西方的"利川"号来了,我们自己的"蜀通"号来了,可现代航行的制度体系和助航设施我们一无所有,川江航道仍是一条险路危途!

川江航道图的现代表达是航运现代化的重要前提之一。在英国人蒲兰田之前或同时，英国人布莱基斯顿、法国人薛华立、法国水师都绘有现代技术背景下的川江滩险图，而蒲兰田不仅绘制了有关川江航道图，更是第一个驾驶浅水明轮“肇通”号航行于川江的驾长。更重要的是其在担任海关长江上游巡工司之职时，在川江上建立了大量有助于现代航行的岸标、浮标，编印了《川江航行指南》，制定了《川江航行章程》，培养了第一批现代川江轮船的领江，民国后期及中华人民共和国成立以来的许多航道图和现代航运技术都是借鉴或源于蒲兰田的成果。可以说，蒲兰田是中国川江现代航运的技术之父。遗憾的是他在启程回国途中病逝，年仅55岁！

现在呈现给大家的是蒲兰田有关峡江航行记录的一本游记性质的文本。其实国人有关川江的记录并不算少，不过，那个时代国人的注意力和传统认知方式多在于人情交往、山川感怀上，对沿途自然风物、社会百态的记录并不详细，故史料价值多有一些局限。近代西方和日本人的游记中，如立德乐、吉尔、丁格尔、莫理循、伊莎贝拉·伯德、威尔逊、陶维斯、竹添进一郎、山川早水、盖洛、甘博等，不仅有对自然的观察，也有对社会底层百态的记录，而且往往借现代摄影技术而图文并茂。蒲氏的这本小册子，由于他航行家的特殊身份，游记中对航行中船只、险滩、水流的记载尤为详细，这不仅是国人游记中少有的，也是其他外国人游记中缺少的。所以，仅就这一点看，其就显得较为珍贵。同时，蒲氏书中照片与线描图使用较多，使我们对川江航运的认知相当形象具体。

张铭博士长期对川江航运、巴蜀历史感兴趣，早在硕士阶段就开始翻译此书，部分曾发表在《中国人文田野》上，现在又对其做了许多有益的补注，使我们对蒲兰田的认知更为全面，也使我们能通过游记本身和注文一起更全面地认知近代川江历史文化，这是一件有益于学术研究和社会文化的事，故为之序，将心中的感慨溢于文本之中。

近代中国的历史是一部十分苦涩的历史，由于我们落后了，故在近代化过程中，现代文明融入与国家主权维护之间，我们的处境相当尴尬窘迫，当然心态也相当复杂怪异，所以，我们以前往往总是以一种“动机论”去评价西方文明的进入，让我们有一些人一方面享受着近代西方文明的恩惠甚至用西方现代文明的手段同时去批评近代西方文明和西方人。诚然，在近代中国历史，西方国家肯定有许多政治、经济、军事的诉求在其中，特别是近代川江上外国军舰的大量进入、无数租界的形成使我们的主权大大丧失，令人痛心疾首，但这种痛与通过现代工业文明改善芸芸众生的基本生活的诉求之迫切相比，孰重孰轻，真是考验我们国人的智慧和胆识。仅以交通而论，从用现代交通方式去解放千百年劳苦的负重行旅者的角度来认知蒲兰田的贡献，不失为一种诚实善良的态度！作为一位身居巴蜀的学者，我得感谢蒲兰田这位西方人。当然，这种感谢的背后，自然也有对近代的我们国家这段辛酸的历史的伤感和无奈！

感谢改革开放这四十多年的国家大政，仅仅是四十多年的和平与安定，一个勤劳而勇敢的民族开始真正逐渐强大起来，我们对外开放而不失主权。同样，我们也走向海外去传播现代工业文明，自然，我们也有正常的政治和经济诉求。也许从这个角度去重新审视中国近代的历史，可能值得反思的东西就会更多。从这个意义上讲，我得更要感谢蒲兰田为我们提供了一个反思的案例。

蓝 勇

二〇二一年三月于西南大学荟文楼

蒲兰田[①]

① 蓝勇主编.重庆历史地图集.北京:星球地图出版社.2017年,第267页.

目 录

导 言

历史时期以来，峡江地区因其鬼斧神工的自然风光以及较为独特的人文景观，一直是文人墨客吟咏记录的对象，留下的文字记录及绘画作品等可谓浩如烟海，虽然这些关于峡江风貌的记载主要还是在本土文人视域下进行的，关注对象多有类似，但历代文人墨客对峡江地区进行了不同角度的记述，丰富的史料为我们展现了峡江地区自然、人文变迁的历史画卷。近代以来，随着西方势力逐渐溯江而上，大批西方人员穿越峡江，进入巴蜀乃至滇缅地区，这些人员穿越峡江的目的不一，但考察的针对性极强，留下的各类记载就风格迥异。其中间谍性质的侦查行动所载风物甚为严密详尽，科学考察性质的田野行动所载风物则较为严谨缜密，观光性质的旅游活动所载风物也较为活泼有趣，等等。蒲兰田的《峡江一瞥》也译作《大江河》，是属于观光性质的旅游活动记载，算是一部针对外国人游览峡江地区的观光旅游指南，颇带猎奇的性质。该书产生于近代中国积贫积弱的背景下，也具有当时外国人峡江地区考察游记的类似通病，如一些历史地理名词翻译的疏误、对国人的鄙视等，在阅读过程中应当予以留意。兹将该书产生的背景做一个简要介绍，以便读者在阅读正文过程中能够对蒲兰田的描述有一个背景认知。

一、近代峡江地区考察兴起的背景

清咸丰八年（1858年）签订的《天津条约》中汉口开为商埠，西方势力抵达长江中游，遂得陇望蜀，继续觊觎长江上游的丰富物产，便在官方、民间兴起了一股探寻长江上游地区秘境的考察之风，峡江地区因扼守长江上游最便捷的水运大动脉，各类相关考察便乘势而兴，此后如英国托马斯·桑维尔·库珀等人遂在同治时期经过峡江地区进入西南腹地进行各类考察。[①]光绪二年（1876年）《中英烟台条约》签订，宜昌从此开埠，使英国得到了入侵中国巴蜀腹地的权利及桥头堡，英国从《中英烟台条约》中获得的各项权益，很快就被其他列强“一体均沾”，西方势力皆以宜昌

---

①［英］托马斯·桑维尔·库珀著，孙琳、马剑译．一名英商的华西游历：从宜昌到重庆．中国人文田野．成都：巴蜀书社．2020年第9辑．第224-241页．

为基地跃跃欲试地冲入西南地区进行侦察探究，以便为后续掠夺资源积累相应的资料，但该条约规定不允许洋商在重庆的各个码头私自起下货物，轮船准暂停泊，上下客商货物，皆用官船起卸。英国商人立德乐“在川经商多年，深知运输之艰险，更欲掠取川江之航行权利，以缩短运输往返之时间，保持货品上下之安全”，这一规定使得立德乐于光绪十五年（1889年）欲从宜昌侵航川江而不得。于是立德乐前往京师请英国驻京公使华尔身，援据《烟台条约》，请给准单，并饬沿江官吏予以保护。于是清总理衙门大臣与英驻京公使华尔身签订《烟台条约续增专条》，即《重庆通商条约》，开重庆为通商口岸。[①]重庆开关以后，川江能够通行轮船为当时各界关注的焦点，在较短时间内上海总商会曾派员至渝查看商情，同时有海军专门人才数人偕行来川，建议测量全部川江，以做行轮之准备，但皆未能付诸实行。[②]后起列强日本对于英国所获取的川江航权，不甘心其一家独占，时刻企图重新进行瓜分。甲午战争后，日本通过《马关条约》继英国人之后，不仅得到重庆的通商特权，而且还得到了轮船上驶重庆的航权。不仅“日本臣民”可到重庆“自由往来侨寓，从事商业、工艺制作”，而且日本轮船可“从湖北省宜昌溯长江以至四川重庆府”，“附搭行客装运货物”，这就保证了日本侵略势力，继英法等列强之后，伸入中国西南部。中英《烟台条约续增专条》虽定重庆为通商口岸，但并未允许外国轮船驶入川江，而《马关条约》突破了这个范围，使列强得以利益均沾，受到英美等国支持。[③]于是列强为获得轮船首航川江的“殊荣”，纷纷展开竞争，其中多次企图侵航川江未果的立德乐积极周旋其间。

“清光绪二十四年二月十五日，英人蒲兰田（《万县地区交通志》记为立德乐）驶‘利川号’小汽轮，自宜昌，经三峡，二月二十七日到万县，三月八日抵重庆，为轮船航行川江之始；清光绪二十五年五月，英舰‘山鸠’‘山莺’号入侵川江，经巫山、奉节、云阳、万县、忠县，上溯重庆；这是外国水师入侵川江之始。”[④]其实轮船首航川江是立德乐和蒲兰田共同完成的，而立德乐与蒲兰田则是雇佣与被雇佣的关系。随着立德乐、蒲兰田在峡江地区的行轮成功，确保行轮安全便成为当时中外势力共同关注的目标，到光绪末时，川江商业行轮兴起，各类考察更加便利。

---

① 邓少琴编著．近代川江航运简史．重庆地方史资料组．1982年10月．第1–3页．

② 邓少琴编著．近代川江航运简史．重庆地方史资料组．1982年10月．第53页．

③ 王绍荃主编．四川内河航运史（古近代部分）．成都：四川人民出版社．1989年8月．第128–129页．

④ 万县市地方志办公室、中共万县市委政策研究室、万县市农村经济委员会编．万县市历代战事和灾害．内部资料．1996年11月．第61页．

二、近代峡江地区考察游记的繁荣局面

(一)我国本土人士对峡江地区考察留下的游记

历史时期记载峡江地区的游记颇多,我国就有宋代范成大的《吴船录》、陆游的《入蜀记》,明代的《平蜀记》,清代王士祯的《蜀道驿程记》、方象瑛的《使蜀日记》、张问陶的《扁舟集》、陈登龙的《蜀水考》、陶澍的《蜀辅日记》等。到了近代亦有颇多人士的游记及考察报告涉及峡江地区,如同治时期洪良品的《巴船纪程》对其溯江而上至重庆的过程记载得较为详细,对峡江地区风物历史也有描述。[①]同时洪良品的《东归录》对其从重庆顺江而下的过程记载得较为详细,亦记载了峡江地区风物。[②]光绪初期、光绪中期丁治棠顺江东下过程中留下了《丁治棠纪行四种》,对这两次顺江而下的考察行程记载得较为详细。[③]光绪前期吴焘的《游蜀后记》记载了其循峡江出川回籍的经历,颇多对峡江历史风貌的记载。[④]清末俞陛云的《蜀輶诗记》是俞陛云于光绪二十八年(1902年)典试四川,主持科举考试的纪程之作。书凡上、下二卷,下卷纪其蜀闱校士既毕,自成都放船东下长江的所历闻见,对峡江地区景致风物多有描述。[⑤]清末傅崇矩的《江程蜀道现势书》对峡江地区的行船水程、险滩暗礁、人文风貌等都有简略记述。[⑥]清末民初徐心余的《蜀游闻见录》对作者在巴蜀地区的亲历见闻做了详细记录,对峡江地区的险滩、市镇、物产等多有专题记述。[⑦]民国时期薛子中等人的《匹马苍山:黔滇川旅行记》中的"渝汉途中"即是对峡江地区风物的描写。[⑧] 侯鸿鉴的《漫道南国真如铁:西南漫游记》卷二亦是对峡江旅行所见风物的介绍。[⑨]陈友琴的《川游漫记》第四章到第十一章对峡江地区社会风貌、自

---

①(清)洪良品.巴船纪程.不分卷.清光绪十七年上海著易堂铅印本.

②(清)洪良品.东归录.不分卷.清光绪十七年上海著易堂铅印本.

③(清)丁治棠著.丁治棠纪行四种.成都:四川人民出版社.1984年7月.第77页.

④(清)吴焘.游蜀后记.抄本.见:李勇先、高志刚主编.巴蜀珍稀交通文献汇刊·第九册.成都:成都时代出版社.2016年12月.第167-187页.

⑤ 赵永康.川江地理略.北京:团结出版社.2016年12月.第1-4页.

⑥(清)傅崇矩.江程蜀道现势书.清光绪年间刻本.载李勇先、高志刚主编.巴蜀珍稀交通文献汇刊.第九册.成都:成都时代出版社.2016年12月.第189-252页.

⑦ 徐心余著.蜀游闻见录.成都:四川人民出版社.1985年5月.

⑧ 薛子中等著.匹马苍山:黔滇川旅行记.沈阳:辽宁教育出版社.2018年1月.第161-165页.

⑨ 侯鸿鉴著.漫道南国真如铁:西南漫游记.沈阳:辽宁教育出版社,2018年1月.第79-102页.

然景观等都有较为翔实的描绘。[①]黄炎培的《蜀道》前两章对峡江地区的各种社会经济情况有记述。[②]其他如汪永泽的《川缅纪行》、[③]易君左等人的《川康游踪》[④]等，此类游记都对峡江地区的社会经济、自然风物等有较为详细的描述。

（二）近代欧美列强对峡江地区的考察游记

近代以来，国家羸弱，而峡江上游富庶的巴蜀地区成为列强觊觎的重要目标，为实现掠夺目的，列强想方设法地接近这一地区，包括政府层面及政府支持的民间层面。于是西方列强以不平等条约作为支撑，鼓励西方所谓探险家积极深入峡江地区考察，为后续掠夺做前沿探索准备。在这一背景下，大量西方人关于峡江地区的游记、笔记等逐渐涌现出来。这一方面以英国最为积极，故而产生的诸多游记都来自英国人之手，如英国人托马斯·布莱基斯顿的《江行五月》即记述了太平天国时期，由几名英国人组成的"扬子江上游探险队"从上海出发，溯长江而上至四川叙州再沿江返回，沿江而行5个月期间对沿江地区进行考察的详细记录。对于我们了解100多年前峡江地区的情况很有价值。[⑤]英国人托马斯·桑维尔·库珀在1867—1868年溯江而上前往西南地区考察时就曾留下《长辫长袍闯华西》一书，其中第三章"从宜昌到重庆"便记载作者乘船溯峡江而上的经历，颇多对峡江风物的描写。[⑥]

光绪初英国的威廉·吉尔溯长江至重庆后对川西等西南腹地进行了徒步考察，其著作《金沙江》第五章"长江三峡"即是对峡江地区考察的记述。[⑦]光绪初英国约翰·汤姆逊亦曾溯江而上对峡江地区进行考察，其著作《中国与中国人影像》中第三部分"从汉口到巫峡"即是对峡江地区的考察。[⑧]

光绪八年至十年（1882—1884年），"谢立山受英国政府派遣，前往中国重庆。他在重庆任职的三年期间，于1882、1883、1884年三次考察中国西部"，对峡江地区

① 陈友琴著，陈才智整理．川游漫记．北京：中国青年出版社.2012年12月．

② 黄炎培著．蜀道．上海：开明书店.1936年8月．

③ 汪永泽著．川缅纪行．重庆：独立出版社.1942年11月．

④ 易君左等著．川康游踪．桂林：中国旅行社.1943年．

⑤［英］托马斯·布莱基斯顿著，马剑、孙琳译．江行五月．北京：中国地图出版社.2013年7月．

⑥［英］托马斯·桑维尔·库珀著，孙琳、马剑译．一名英商的华西游历：从宜昌到重庆．中国人文田野．成都：巴蜀书社.2020年第9辑．第224-241页．

⑦［英］威廉·吉尔著，［英］亨利·尤里编，曾嵘译．金沙江．北京：中国地图出版社.2013年7月．

⑧［英］约翰·汤姆逊著，徐家宁译．中国与中国人影像：约翰·汤姆逊记录的晚清帝国．桂林：广西师范大学出版社.2015年5月．第398-432页．

着墨颇多，并对川江航道的商业前景进行了评估，对峡江地区的地形地貌、河流山脉走向、植被、水陆交通、作物种植、主要产业、贸易情况、居民生活、主要物产、商业贸易等都有较为详细的探讨。①阿奇博尔德·约翰·立德乐的《长江三峡及重庆游记》记述了晚清时期立德乐经峡江到重庆的旅行过程，描写了沿途的所见所闻。书中实际叙述了3次航行。第一次是1883年从上海至重庆的航行。第二次是同年从重庆顺流而下返回汉口的航行。第三次是1898年作者率领轮船利川号逆流而上到重庆的航行，这是轮船首航到达重庆。同时，书中也描写了峡江地区船民生计、妇女缠足、风水迷信、种植和吸食鸦片、开矿和地方工商经济等情况。但作者的目的是让轮船开行到重庆，开拓四川市场，扩充英国在中国的势力范围。②

1894年英国人莫理循亦溯江而上，其《中国风情 风土》一书中的第二章“从汉口到万县 中国妇女和长江三峡”、第三章“万县市 从万县到重庆的旅行”即是对峡江地区考察的记载。③宣统末年英国人丁格尔“除轮舟可通外，皆徒步跋涉”，逆江而上叙州，然后进云南，入缅甸，乘船逆江而上过程中对峡江地区有所考察。④

1894—1900年间英国探险家H.R.戴维斯对云南各地及黔西、川西地区进行了较为细致的考察，留下了大量关于当地民族、气候、物产、历史、文化等多方面的记载，同时拍摄了许多珍贵的历史照片，其专著《云南：联结印度和扬子江的锁链·19世纪一个英国人眼中的云南社会状况及民族风情》一书中“从雅州府到上海”一节亦是对峡江地区的考察，对义和团运动背景下的峡江局势、自然景观有所描述。⑤

虽然长江上游主要是英国人在探索，但同为老牌列强的法国也没有闲着，亦积极探索，以期在对长江上游地区的开发中获得相应的利益。如武尔士《长江激流行——法国炮舰首航长江上游》讲述了法国海军上尉武尔士指挥两艘炮艇，经川江到重庆乃至从宜宾到成都的水路航行经历，记录了当时中国造船业的状况、内河的航运细节、三峡沿岸的地形地貌、险滩急流，以及中国人面对这些外来者的态度等内容，对探讨近代初期峡江的社会经济面貌及重庆的航运史较具参考价值。⑥

---

①［英］谢立山著，韩华译．华西三年：三入四川、贵州与云南行记．北京：中华书局．2019年11月．译者序第1-5页．

②［英］阿奇博尔德·约翰·立德乐著，谢应光译．长江三峡及重庆游记．重庆：重庆出版社．2018年1月．

③［英］莫理循著，张皓译．中国风情 风土．北京：国际文化出版公司．1998年7月．第11-33页．

④［英］丁格尔著．丁格尔步行中国游记．上海：商务印书馆．1925年10月．

⑤［英］H.R.戴维斯著，李安泰等译．云南：联结印度和扬子江的锁链·19世纪一个英国人眼中的云南社会状况及民族风情．昆明：云南教育出版社．2000年4月．第316-320页．

⑥［法］武尔士著，曹娅、赵文希译．长江激流行——法国炮舰首航长江上游．重庆：重庆出版社．2019年6月．

与此同时，新兴的强权国家美国亦加入了对峡江上游地区的探索，如美国人盖洛的《扬子江上的美国人：从上海经华中到缅甸的旅行记录》即描写了光绪末年作者首次入华，从上海乘船溯流而上，沿途考察长江流域社会经济面貌，以及从四川经云南到缅甸八莫的旅行过程，其中第五章至第八章即描绘了作者穿越峡江地区的考察过程，因书中配有多幅照片，对研究清末峡江地区仍有重要意义。[①]

除了上述考察外，清末西方列强中英、法、德、美等国对峡江地区的考察还有很多，如德国李希霍芬、德国驻重庆领事弗瑞兹·魏司、英国布莱克本商会、英国女探险家伊莎贝拉·伯德、美国洛克菲勒基金会等人或组织都曾对峡江地区进行过细致考察。[②]这些考察为西方国家了解峡江地区提供了大量一手文字及影像资料，也为我们研究近代峡江地区历史风貌提供了素材，但这些材料在使用过程中仍需辩证看待，主要是当时西方列强是站在进一步扩大侵华利益的视角下书写这些材料的，其中许多文字充满了对国人的鄙夷与污蔑，这是使用这些材料时应当警醒的。

（三）近代新兴列强日本对峡江地区的考察游记

近代中日两国真正意义上的交流始于19世纪70年代初，1870年明治新政府派外交代表柳原前光等前来中国游说清政府与其建立正式外交关系，1871年两国代表在天津签订《中日修好条规》和通商章程，开启了近代中日两国频繁往来的时代。甲午以前，日本急切需要了解中国，其对中国的研究远远落后于英、美、法等西方国家，故而甲午战前日本对中国的研究了解相较于中国对日本的态度而言更加积极主动；作为后期的列强，日本在明治维新后便积极加强对我国西南地区的窥伺，甲午战争前，因其实力有限，故而这一时期对我国峡江地区的考察仍以游览为主。

光绪二年（1876年），竹添进一郎一行三人于5月2日从北京出发，经河北、河南、陕西后翻越秦岭进入四川、湖北，考察行程经历4个多月并留有《栈云峡雨日记》上下卷并诗草一卷。一行到成都后过资州、内江进入重庆。7月21日重庆附近民众攻杀教民，滞留于此，22日乘盐船离开重庆府，夜宿何家嘴，23日宿施家沱，24日泊丰都马唐湾，25日过石宝寨泊洋渡，26日过万县、云阳泊庙溉子，27日抵夔州，28日乘小舟考察鱼腹浦八阵图，29日过瞿塘口泊宿巫山县修理船舵，30日进巫峡抵达巴东，离开重庆，8月3日下盐船买小船抵宜昌后乘船前往上海，对峡江地区的

① [美]威廉·埃德加·盖洛著，晏奎、孟凡君、孙继成译．扬子江上的美国人：从上海经华中到缅甸的旅行记录．济南：山东画报出版社.2008年2月．

② 蓝勇主编．重庆历史地图集．北京：星球地图出版社.2017年1月．第261-262页．

历史文化等多有记载。①

安东不二雄的《支那漫游实记》系作者游历参观中国后于1892年写成的作品，文中作者以此对上海港、芜湖港、九江港、汉口港、宜昌港、重庆港等港口进行了描述，从这些描述中大致可知安东不二雄的考察线路系从上海逆江而上到达重庆，后顺江而下离开重庆到上海后南行，考察沿海各港口的。②作者的重庆之行较为仓促，主要考察沿江地区，考察也多流于表面，但对峡江地区风物也有所记载。③

甲午战争后，中国如梦初醒，战后第二年清政府就派出了13人的留日学生团队，由此揭开了近代中国人赴日留学热潮的序幕，这时候中国对日本的态度相较于战前就明显积极主动了，但日本随着国力增强，在经略中国战略的影响下，进一步加强对中国内陆国情的研究和了解，热情相较于甲午战前未有减弱反而增强，在这一趋势之下，近代日本人对峡江及其周边地区的踏察日渐增加。

1895年4月日本通过签订《马关条约》取得了重庆通商权；1896年2月，日本驻上海总领事珍田舍赴重庆考察，就日本设立驻重庆领事馆等事项与当局进行会谈；2月22日，日本设立重庆领事馆；5月，加藤义三抵达重庆任首任领事。领事馆先期设于重庆小梁子五公馆，后迁至临江门大井街、顺城街。作为日本在中国内陆设立的第一个领事馆，其初期管辖范围非常广，包括西北、西南诸省，后因成都、云南等地日本领事馆的设立，管辖范围缩小，其间曾因辛亥革命、三三一惨案、九一八事变迁出重庆，后又迁回，全面抗战爆发后于1937年8月1日关闭。④中日双方于1901年9月24日签订《重庆日本商民专界约书》，日方取得的王家沱租界是列强在重庆及四川省内取得的第一片租界地。⑤

1896年1月，由一名日本农务部官员、一名商业专科学校校长、一名轮船公司代表、一名新闻记者和三名日本商人组成的代表团访问重庆，对重庆的票号、当铺及其利率、大帮信局、度量及衡量、运费、银钱兑换、地价、工资、火柴制造及日货行情等经济情况进行了调查。⑥

---

①［日］竹添进一郎、股野琢著．栈云峡雨日记 苇杭游记．北京：中华书局．2007年1月．

②［日］安东不二雄．支那漫游实记．东京：博文馆．明治廿五年十二月．

③［日］山川早水著，李密、李春德、李杰译．巴蜀旧影——一百年前一个日本人眼中的巴蜀风情．成都：四川人民出版社．2005年5月．第7页．

④ 王力著，近代驻华日本领事贸易报告研究（1881—1943）．北京：中国社会科学出版社．2013年5月．第63页．

⑤ 王文圣．晚清重庆海关的历史考察．合肥：安徽大学出版社．2012年1月．第58-59页．

⑥ 周勇、刘景修译编．近代重庆经济与社会发展（1876—1949）．成都：四川大学出版社．1987年．第137页．

1902年7月31日，鸟居龙藏从横滨出发后于8月6日抵达上海，逆江而上到湖南经岳州（岳阳）后溯沅江而上，经常德、辰州（沅陵）等地于10月5日抵达贵州。在此进行了一个半月的苗族调查后前往云南并于11月23日到达昆明。随后对云南东部的呈贡、路南等地的彝族进行了调查，12月30日抵达彝族聚居地会理，经宁远、越嶲、雅州、新津等地，于1903年1月23日到达成都。1月31日，鸟居取道岷江，经眉州、叙州抵达重庆。2月12日，由重庆出发，顺江而下经三峡、宜昌、荆州、汉口返回上海，随后写成《从人类学上看中国西南》，其中第一部分对从成都顺江而下穿越峡江地区的相关考察记载颇多。①

神田正雄于1902—1905年逆江而上考察重庆、四川地区，1935年将逆江而上期间的日记笔录整理成《从上海到巴蜀》一书出版，对峡江地区风物多有记载。②1936年又将巴蜀踏勘资料汇聚写就《四川省综览》一书出版，书中涉及当时峡江社会经济生活的方方面面。③

山川早水系清末四川高等学堂日文教习，他于1905—1906年在四川境内游历，其日记被整理成了《巴蜀旧影——一百年前一个日本人眼中的巴蜀风情》一书并于1909年出版。1905年春，山川早水从宜昌出发，乘船经三峡归州、巴东进入重庆境内的巫山、夔州、云阳后抵达万县，遂放弃行船，改走小川北路前往成都。1906年6月14日，山川早水一行在望江楼登船离开成都经眉州前往嘉定府，经犍为、叙州、泸州、合江；6月19日又行213清里（清代长度单位，1清里约为0.5千米）后进入重庆境内江津并夜宿于此；20日行180清里后到达重庆府朝天门并留此考察；28日从重庆出发在红船护送下前往宜昌，当日至唐家沱泊宿；29日行经长寿县、蔺市场、李渡场、涪州至南沱夜宿，此日行345清里；30日经丰都县、乌杨镇、石宝寨到达万县夜宿，此日行365清里；7月1日经云阳县到达夔州夜宿；7月2日经巫山县后在碚石泊宿；7月3日山川早水一行上午四时出发随即离开重庆，进入巴东境内；7月4日到达宜昌。本书行文中多物美价廉之夸赞，对困境中的中国人有同情之语，且对当时峡江地区现实社会生活描绘较为深入，弥补了国内部分资料的不足，大量照片对研究清末峡江及巴蜀地区的历史有着重要作用。④

自甲午中日、日俄战争以来，日本人言必北中国或南中国，其对南、北中国了如指掌，但关于巴蜀的情况，却几乎没有详细记载，于是日本人急于了解巴蜀地区。

---

①［日］鸟居龙藏．从人类学上看西南支那．东京：富山房．大正十五年八月．

②［日］神田正雄．从上海到巴蜀．东京：海外社．昭和十年．

③［日］神田正雄．四川省综览．东京：海外社．昭和十一年．

④［日］山川早水著，李密、李春德、李杰译．巴蜀旧影——一百年前一个日本人眼中的巴蜀风情．成都：四川人民出版社．2005年5月．

中野孤山1906—1909年来中国任成都补习学堂、优级师范学堂教习期间,在成都、峨眉、重庆等地游览,遂成《游蜀杂俎》。1906年中野孤山先期从上海逆江而上到达宜昌,后经从峡江经官渡口进入重庆境内,10月27日宿孔明碑,10月28日行船到巫山县,10月29日到夔州,10月30日逆流至道溪停泊,10月31日经过云阳县,11月2日抵达万县。后在万县登陆经小川北路抵达成都。后中野孤山因病乘坐五板船离开蜀都,经苏码头、眉州港、嘉定港、犍为县、叙州府、泸州进入重庆境内,经铜罐驿、落魄石、鱼洞溪、大渡口到南纪门,结束了此次航程,故《游蜀杂俎》对峡江地区的记载颇为丰富。①

1908年桂太郎内阁成立后,日本对华战略逐渐开始转变,开始大规模对中国进行有意识的调查研究,其中东亚同文书院以人量日本学生在中国的调查为基础,完成的《支那省别全志》中就有在峡江考察的活动记载。

荒尾精于1886年8月上旬在汉口洋华街开了"乐善堂"店铺,实际是日本谍报站,对中国广阔内地进行过大规模调查。1890年荒尾精和根津一等于9月20日在上海隆重举行"日清贸易研究所"开学典礼,创办了在华培养中国经略人才与搜集情报的机关。甲午中日战争后,荒尾精和根津一等于1900年5月26日在上海成立了"东亚同文书院",从1907年起连年组织师生"人旅行研究",深入我国中西部地区进行"大旅行调查",直至1945年日本投降停止。其"研究"和"调查"实质上大多数是公开或半公开的间谍活动。②书院学生一般利用最后一年暑假的2到6个月到中国大陆或东南亚进行大旅行,身上不带任何武器,只带一条毛毯、一些随身物品和所谓的"三种神器"——牙粉、人丹、味精,这些东西由各公司免费大量提供且受中国百姓欢迎。旅行费由学校准备,九一八之前只能带银子,以后旅行范围缩小到日军占领区,可带货币旅行了,学校给的货币一般不够,还需要学生父母给予支持。调查内容广泛,颇多涉及峡江地区政治、经济、文化、交通等社会经济生活的方方面面。③

1907年至1908年,日本人白须直、松琦、难波常雄、本土源次郎、土源次郎、辻信一、小西项、小川正、山莺、一海、村濑、光国、饭尾、驹太、谢常卿、田中、久藏、广濑、吉弥、白濑国三郎、江斯丰真、石川武、如米嘉隆、波多溥、石川常彦、天野悌二、增田省、吾冈茂、石塚丰次郎、松山泰、池田、贯道、小岛、东介等前往成都或离开成都途中就曾赴峡江地区考察。④

---

①[日]中野孤山著,郭举昆译.横跨中国大陆 游蜀杂俎.北京:中华书局.2007年1月.

②何季民编著.清末民初老图画.北京:昆仑出版社.2012年1月.第70页.

③[日]薄井由著.东亚同文书院大旅行研究.上海:上海书店出版社.2001年1月.第47—48页.

④(清)傅崇矩编.成都通览 上.成都:巴蜀书社.1987年7月.第62-70页.

1909年，东亚同文书院7期学生西行考察，涉足巴蜀地区，成报告书《一日一信》，其中有对峡江地区的考察报告。①

1910年，东亚同文书院8期学生"云南四川班"米内山庸夫一行6人于7月出发，从上海经香港、越南海防进入云南，8月9日从昆明沿"茶马古道"出发，于9月6日到叙州，随后北上自贡、峨眉山，后到达成都，10月9日从成都乘船顺岷江而下，经重庆、夔州东下宜昌、汉口，11月返回上海。其从成都顺江东下过程中留下了大量峡江地区的相关记载。踏察过程中的出行方式主要是步行、乘船，其中米内山庸夫依此行程写就《云南四川踏察记》，后来他被称为著名的"中国通"。②

1911年6月25日，东亚同文书院9期生（1909年入学，1912年毕业）今井美代吉、小岛利一郎、榊原直矢、藤原忍、松本库太郎、和田重次郎开始从上海出发，前往巴蜀进行考察，此行可称为"入蜀纪行"，此行考察记录可谓《孤帆双蹄》，考察时间段在1911年6月25日至11月21日之间。③考察团于8月5日到达宜昌后决定由水路溯江而上，在宜昌滞留至8月10日后启航赶赴重庆，于8月22日到达巴东县后决定弃船走陆路从巴东经施南府出黔江、酉阳，然后在龚滩乘船经乌江前往涪州，于9月17日正午到达涪州，次日待在涪州，9月19日出发赶往重庆，三日后到达重庆。因成都保路运动的爆发，这一行日本人自9月23日至11月6日滞留重庆城，其间考察了当时重庆上层社会中的各种生活状况、葬礼习俗及保路风潮下的民众生活等。此次考察的楚蜀队除了和田重次郎外皆于11月7日从重庆出发顺江而下；11月8日过长寿、涪州；11月9日过丰都后泊宿；11月10日过忠州后泊宿；11月11日过石宝寨并考察之；11月12日过万县、云阳；11月13日到夔府，过风箱峡；11月14日过巫峡；11月15日到达巴东，正式离开重庆；11月18日到达宜昌后乘坐大享丸前往上海并于21日抵达上海。其对峡江地区社会经济状况多有留意并详细记载。④

辛亥革命前后，部分日本商业协会开始对峡江地区进行专门的经济调查，如上海日本人实业协会于1915年编订的《中部支那经济调查》，通过经济调查，记载了峡江地区的手工业、商业贸易情况。⑤

---

① 东亚同文书院第7期生.一日一信.上海：东亚同文书院.1910年.

② 何季民编著.清末民初老图画.北京：昆仑出版社.2012年1月.第70页.

③［日］沪友会编，杨华等译.上海东亚同文书院大旅行记录·入蜀纪行·孤帆双蹄.北京：商务印书馆.2000年1月.第32页.

④［日］沪友会编，杨华等译.上海东亚同文书院大旅行记录·入蜀纪行·孤帆双蹄.北京：商务印书馆.2000年1月.第52-102页.

⑤ 蓝勇.近代日本对长江上游的踏察调查及影响.中国历史地理论丛.2005年第3期.第127-139页.

1920年出版的《支那省别全志》18卷就是把东亚同文书院从第5期开始的内陆大旅行调查报告予以整理、编纂出版的，这套书可以说是日本人最早撰写，包括实地调查的正式的中国地志书。1939年东亚同文书院升格为大学，此后提交的调查报告书被编辑整理成了《新修支那省别全志》，质量更优，出版到第9卷时日本战败，东亚同文书院闭校，这套书也停止出版。[①]《支那省别全志》中有长达50万字的“四川分卷”，其中翔实的调查资料即来自同文书院学生历次调查，这些调查踏勘多涉及今重庆、四川地区，包括1908年“长江班”、1909年“西鄂巴蜀班”、1910年“云南四川班”、1911年“湖南四川班”和“四川班”、1913年“甘肃四川班”和“秦蜀班”、1914年“云南四川班”、1916年“湖北四川班”，历次调查虽各自都有不足，但多对峡江地区有所记述。[②]

1921年6月26日起，东亚同文书院19期生（1919年入学，1922年毕业）土山外男、太田勇、新田亮、星忠男、中西义男、田中信一、片见宏7人从南京乘坐轮船逆江而上到达宜昌，后换乘300吨级的“大来屷”号逆江而行，8天后到达重庆，考察重庆社会经济生活相关情况，随后经东大路于8月2日到成都，考察过程中对峡江地区多有相关记载。[③]

1922年6月下旬起，东亚同文书院20期生（1920年入学，1923年毕业）清水成鉴、冈秀一、冈村正文、甘粕四郎、川岛清、金井十郎6人从上海出发到南京后乘坐轮船逆江而上，14日后到达重庆，遇到重庆抵制日货活动开展，对峡江地区风物有所记载。[④]

1923年6月1日起，东亚同文书院21期生（1921年入学，1924年毕业）花田孙平、石井小太郎、泷口恒雄、釜泽军一、中捣健、水田二辅、川又务7人经海防、河内后乘火车经滇越铁路到达昆明考察，后步行经曲靖、宣威、威宁、毕节到永宁后乘船到泸州，从泸州乘船经江津于8月10日到达重庆考察，后从重庆顺江而下，于9月上旬回到同文书院，对峡江地区的考察多有记述。[⑤]

---

①［日］薄井由著．东亚同文书院大旅行研究．上海：上海书店出版社．2001年1月．第63页．

② 蓝勇．近代日本对长江上游的踏察调查及影响［J］．中国历史地理论丛．2005年第3期．第127-139页．

③ 冯天瑜、刘柏林、李少军编，李少军等译．东亚同文书院中国调查资料选译 上．北京：社会科学文献出版社．2012年11月．第42-71页．

④ 冯天瑜、刘柏林、李少军编，李少军等译．东亚同文书院中国调查资料选译 上．北京：社会科学文献出版社．2012年11月．第90-110页．

⑤ 冯天瑜、刘柏林、李少军编，李少军等译．东亚同文书院中国调查资料选译 上．北京：社会科学文献出版社．2012年11月．第184-219页．

1923年6月1日起，东亚同文书院21期生（1921年入学，1924年毕业）久家启次、鹤田一马、岛田三郎、原广4人从上海出发经过越南进入云南，在到达昆明考察后前往贵阳、遵义考察，后经綦江到达重庆考察，随后顺江而下离开重庆并于8月中旬回到上海，对峡江地区的考察多有记载。①

东亚同文书院马场锹太郎根据前期学生的调查资料编写并于1922年由日本堂书店出版的《支那经济地理志》交通篇，对宜昌、重庆间的水运航路做了调查记录，对流经重庆的嘉陵江也有记载；1925年出版的交通篇补编中还对宜昌、重庆间汽船和川江铁路有所记载。

东亚同文会调查部依据前期学生的调查资料在1924年编写的《支那开港场志》对重庆、万县等峡江地区的地理、人口、街道、租界、领事馆、邮政、水运、商业、交通、贸易、金融、度量衡、总商会、会馆、土地买卖、物价、土特产等情况做了较为详细的介绍。

1925年出版的《以扬子江为中心》是上塚司探访研究重庆、四川地区的作品。②1926年出版的《长江漫游日记》是高山庆一探访研究重庆、四川地区的作品。③山崎百治于1928年出版的《支那物产综览》对包括峡江地区在内的中国广大区域内的各种物产进行了详细介绍。④1929年东亚同文书院第26期生赴巴蜀地区考察，将考察报告整理成《足迹——大四川旅行记》一书于1930年出版，内容涉及当时巴蜀地区社会经济的方方面面。⑤20世纪20年代后期的几部作品都曾对峡江地区有所涉及。其他20年代日本人对包括重庆在内的长江上游地区的调查研究成果还有伊夫伎孙治郎的《支那长江贸易详览》、一色忠慈郎的《长江要览》、蚕丝业同业组的《支那四川省的蚕丝业》、井上红梅的《支那风俗》和《支那各地风俗丛谈》等，涉及峡江地区的贸易、蚕丝业、社会风俗等。

后藤朝太郎于1930年出版的《支那民情を语る》对中国社会民情做了大量调查研究，其中部分内容涉及峡江地区的船工生活；佐藤定胜的《最新支那大观》有对峡江地区社会风俗、城市风貌、名胜古迹、资源物产的记载。1935年日本国际协会编写的《支那各省经济事情》及1936年东洋协会调查部编写的《支那经济建设事业

---

① 冯天瑜、刘柏林、李少军编，李少军等译．东亚同文书院中国调查资料选译 上．北京：社会科学文献出版社．2012年11月．第145-165页．

② ［日］上塚司．以扬子江为中心．东京：织田书店．1925年．

③ ［日］小林文男．近代日本与渝州．见：一个世纪的历程：重庆开埠100周年．重庆：重庆出版社．1992年．第74-87页．

④ ［日］山崎百治著．支那物产综览．东京：栗田书店．1928年3月．

⑤ ［日］东亚同文书院第26期生．足迹——大四川旅行记．上海：东亚同文书院．1930年．

的现状》是这一时期日本对包括峡江地区在内的中国进行经济调查而成的著作。

全面抗战爆发后，日本也未放松对峡江地区的调查研究，如山上金男的《浙江财阀论》(1938年)、满铁调查部的《支那抗战力量调查报告》(1940年)、川俣方平的《川湘公路》(1941年)、石浜知行的《重庆战时体制论》(1942年)、中村治兵卫的《重庆政权的政情》(1943年)、谷水真澄的《重庆论》(1944年)即是抗战时期所出涉及峡江地区的研究成果。[①]

上述日本人到峡江及其周边地区踏察的活动之详细、目的之明确，反映出近代日本侵略中国的意图相当明确，为日本后期侵略中国提供了详细的资料准备。但是这些调查资料因其可靠性及真实性较高，也成了今天我们研究重庆及其周边地区历史的重要史料。同时由于近代日本在对峡江地区踏察过程中更直接和奉行走上层的战略特点与西方国家有较大差异，在一定程度上影响到后来的中日关系的发展。[②]

近代以来，日本踏察峡江地区而成的游记、著作颇多，作者身份也较为复杂，官僚、学者、记者、编辑、作家、艺术家、教习、留学生、商人、宗教人士等均是踏察中国的主力，他们多以日记、游记、笔记、见闻录、杂录、报告书、调查书、复命书、地志、诗文等形式记录其所见所闻，这些作品也成了我们研究近代峡江的重要参考资料。目前散见于日本各大图书馆的涉及近代峡江的游记专著多达数百部，其中以东洋文库收藏最多。该文库于1980年出版了《明治以降日本人的中国旅行记解题》，对该文库所收藏的日本明治、大正、昭和三个时期逾400种中国游记做了简要介绍，即可见近代日本人踏察中国而成的著作数量。其后日本游摩尼书房于1997年出版《幕末明治中国见闻录集成》20卷，后又相继出版了《大正中国见闻录集成》20卷，收录了清末民初时期的中国游记65种。其他如张明杰先生收罗或目睹的仅清末民初这一较短时期的大大小小游记就已不下300种，由此可见整个近代日本人踏察中国而成的著作数量众多，远不止目前所见。[③]如此众多的踏察活动中，很大一部分就是在《马关条约》签订以后进行的带有很强目的性的侦查活动，许多涉及峡江地区，从某种层面上为研究近代峡江地区的社会经济面貌提供了较为翔实的史料。

---

①［日］小林文男．近代日本与渝州．见：一个世纪的历程：重庆开埠100周年．重庆：重庆出版社．1992年．第74-87页．

② 蓝勇．近代日本对长江上游的踏察调查及影响 中国历史地理论丛．2005年第3期．第127-139页．

③ 张明杰．近代日本人中国游记总序．见：［日］竹添进一郎、股野琢著．栈云峡雨日记 苇杭游记．北京：中华书局．2007年1月．第1-10页．

三、近代外国人峡江地区考察游记翻译中出现的问题

近代以来，逆江而上考察川江地区的外国人颇多，留下的记载亦较为丰富，但多属于过境性质，川江只是其行程的一部分，并不是主要的，故而关于清末川江的描写，要综合这些人的著述才能真正从不同角度了解近代川江的某些画面。

（一）翻译过程中对历史地理等相关名词的误读

晚清以来经川江进入巴蜀内地的外国人众多，留下的文字不少，但翻译出来的作品中优秀者并不多，诸多翻译作品除了语法没有错误外，地名、风俗、文化等错误连篇，比如山东画报出版社出版的《扬子江上的美国人：从上海经华中到缅甸的旅行记录》翻译"自从庾南子（Yu Man Tsz）谋反以来，那段城墙已经加强了防备，以抵御强盗的偷袭"，文中Yu Man Tsz被翻译成了"庾南子"，这明显是对历史的无知，余栋臣参与清末的反洋教斗争，是反洋教起义领袖，时人称之为余蛮子，余蛮子的名声在重庆地区至今有重大影响，文中却翻译错误，且实在是错得离谱。同样"离城15里（1里为0.5千米）处是'浮屠关'摩崖石壁（the rock Fu Tu Kwan），石壁正面雕刻着一尊镀金大佛"，"the rock Fu Tu Kwan"被翻译成了"浮屠关"也是一个重大失误，此处位于重庆前往成都的"东大路"的重要关口，清代众多志书、地图都有明确标注，系为"佛图关"，佛图关周围还有"佛图讯""佛图寺"等相关历史地名相辅相成，翻译成"浮屠关"，其意味已经相去甚远。而"午饭是在沛市（Peshih）村的马氏客栈吃的"，"Peshih"被翻译成了"沛市"更是重大错误，成渝东大路上没有这样的地名，"Peshih"则是"白市驿"的严重错译。书中"下午3点半，我们来到了召马坑（Chaoumakang）村"，"Chaoumakang"被翻译成了"召马坑"，也是重大错误，"Chaoumakang"即"走马岗"，即今天的走马镇，这样在成渝东大路上常见而重要的地名都被翻译错。其他如"来凤驿"被错误地翻译成"凤凰台镇"，叙州府的"半边寺"被错误地翻译成"半天寺"，这种类似的贻笑大方的错误亦颇多，可见此书翻译的作者未曾考察过这边的地名、历史文化等，故而出现诸多重大错误。[①]又如光绪初[光绪八年至十年（1882—1884年）]，"谢立山受英国政府派遣，前往中国重庆。他在重庆任职的三年期间，于1882、1883、1884年三次考察中国西部"[②]。其间记载"永川县距离重庆约6英里（1英里约为1609米），这里煤炭储量丰富，然而，我还是注意到大街上

---

①［美］威廉·埃德加·盖洛著，晏奎、孟凡君、孙继成译．扬子江上的美国人：从上海经华中到缅甸的旅行记录．济南：山东画报出版社．2008年2月．第119-144页．

②［英］谢立山著，韩华译．华西三年：三入四川、贵州与云南行记．北京：中华书局．2019年11月．译者序第3-4页．

堆满了大量蕨菜茎秆制成的木炭。这些木炭被储存在一个深坑中,以防止不慎被点燃”[①]。“蕨菜茎秆制成的木炭”要么是翻译有误,要么是谢立山本身记载有误,因为光绪后期永川县产“松”“柏”“杉”“樟”等木植,以林木烧制的“木炭”“烰炭”“二种亦充于市”,而林木资源烧炭最常见的则是“杠炭”,即青杠树或硬杂木所烧木炭。[②]“蕨薇”烧制的“枯炭”是粗沙粉尖状仅供“烘笼”之用,不可能呈现木炭形制。[③]

《中国省别全志·四川省》第20页载重庆府城陆路通道中“经由垫江县,前往贵州方向”亦是明显错误,垫江在重庆府城东北方向,贵州在南方,何以绕到东北再向南方,这明显是经过綦江前往贵州的渝黔大道,将“綦江”误译为“垫江”。[④]

《中国省别全志·四川省》载潼川府城“在重庆西北,相距6日行程”,“据闻自水路前往重庆需要8~9日”。[⑤]该处翻译记载中,潼川府城与重庆的陆路距离是“6日行程”,而速度更快的水路“需要8~9日”,这种记载明显有误。同时后文第89页载大和镇到达重庆“陆路需要6~7日”,“水路要5日”,《中国省别全志·四川省》更载此“大和镇”系潼南区的太和镇,潼南区太和镇到重庆“陆路需要6~7日”,“水路要5日”,更可证明前文潼川府城到重庆陆路距离是“6日行程”是错误的,何况《中国省别全志·四川省》将第89页“自射洪县顺涪江而下40华里(1华里为500米)”的“大和镇”标注为“潼南县”更属错误,因为此“大和镇”下记载“经大和镇,过遂宁县”,“大和镇”系清末民初射洪县太和镇,即今射洪县县城驻地,绝非文中所载的潼南区大和镇。[⑥] 该书第163页太和镇也被误载为大和镇。[⑦]

《中国省别全志·四川省》前文还载川汉铁路成渝段沿长江、岷江而上经泸州、叙州、嘉定至成都,后文即载川汉铁路成渝段规划的相关车站,其中大站有成都、资州、荣昌县、重庆4站,中大站有简州、资阳县、内江县、隆昌县、永川县、璧山县、北

---

①[英]谢立山著,韩华译.华西三年:三入四川、贵州与云南行记.北京:中华书局.2019年11月.译者序第59页.

②(清)许曾荫、(清)吴若枚修,(清)马慎修等纂.光绪永川县志·卷二·舆地志下·物产.清光绪二十年刻本.

③(清)罗廷权等修、(清)马凡若纂.同治仁寿县志·卷二·食货志·物产.清同治五年刻本.

④[日]东亚同文会编,李彬、万健、高润译.中国省别全志·四川省.北京:中国文史出版社.2020年8月.第20页.

⑤[日]东亚同文会编,李彬、万健、高润译.中国省别全志·四川省.北京:中国文史出版社.2020年8月.第83页.

⑥[日]东亚同文会编,李彬、万健、高润译.中国省别全志·四川省.北京:中国文史出版社.2020年8月.第89页.

⑦[日]东亚同文会编,李彬、万健、高润译.中国省别全志·四川省.北京:中国文史出版社.2020年8月.第163页.

碚场7站，中站有龙泉驿等19站，小站有牛市口等28站，从这些规划车站大致可以看出川汉铁路成渝段几乎是沿着东大路方向的。“中站”中记载错漏颇多，“邮亭铺”后面“大安场”系《中国省别全志·四川省》记载错误，应当是“太安场”，“歇马场”后面的“水沱沱”系《中国省别全志·四川省》记载错误，应当是“水土沱”。“小站”中记载错漏亦颇多，“慈溪口”系《中国省别全志·四川省》记载错误，应当是“磁器口”。[①]这种前后互相矛盾、关照失联的现象还是比较多的，主要是前往巴蜀调查的东亚同文书院学生分批前去，而调查资料又不是同一时期，在东亚同文书院将这些调查材料编辑成书的过程中并未加以甄别梳理，故而有次疏误。

同样，《中国省别全志·四川省》第126页记载成渝之间川江航道险滩颇多，有“宁箕背滩、九龙滩、白沙渡、干兑窝滩、野猪牙、头脊梁、二脊梁”等，这些险滩都是丰水期危险，枯水期安全。其中“宁箕背滩”系《中国省别全志·四川省》记载错误，应当是“筲箕背滩”。其中“干兑窝滩”系《中国省别全志·四川省》记载错误，应当是“干碓窝滩”。[②]《中国省别全志·四川省》第131页长江右岸的“关刀峡”被错误记载为“癸刀峡”，[③]第179～180页“蜀亨”号被错误记载为“蜀亭”号，[④]第236、237页“太和镇”被错误记载为“大和镇”，[⑤]第399页“金刚碑”被错误记载为“金刚牌”，[⑥]第400页“水土沱对岸”的“施家梁炭”被错误记载为“师家渠炭”，[⑦]等等，类似疏误还有许多。

出现这些翻译疏误的原因是多方面的。这些历史笔记、游记承载了大量历史地理信息，这些历史地理信息若非专业研究人士，很容易出现翻译不准确。就目前来说，翻译近代以来外国人笔记、游记者，多为外语专业人士，他们在翻译过程中能

---

①［日］东亚同文会编，李彬、万健、高润译．中国省别全志·四川省．北京：中国文史出版社．2020年8月．第124页．

②［日］东亚同文会编，李彬、万健、高润译．中国省别全志·四川省．北京：中国文史出版社．2020年8月．第126页．

③［日］东亚同文会编，李彬、万健、高润译．中国省别全志·四川省．北京：中国文史出版社．2020年8月．第131页．

④［日］东亚同文会编，李彬、万健、高润译．中国省别全志·四川省．北京：中国文史出版社．2020年8月．第179–180页．

⑤［日］东亚同文会编，李彬、万健、高润译．中国省别全志·四川省．北京：中国文史出版社．2020年8月．第236–237页．

⑥［日］东亚同文会编，李彬、万健、高润译．中国省别全志·四川省．北京：中国文史出版社．2020年8月．第399页．

⑦［日］东亚同文会编，李彬、万健、高润译．中国省别全志·四川省．北京：中国文史出版社．2020年8月．第400页．

够很好地把握外语的准确含义，能够精准地翻译出外语所表达的意境，但是涉及历史地理等专业内容时，就容易出现疏误，不过这并不影响将近代外国人笔记、游记所记载的大部分内容传承下来。但确实需要在后续翻译过程中严格考证，避免一些历史、地理常识性的疏误，进而为读者提供更加准确的历史面貌。

（二）外国人游记中本身记载错误导致翻译过程中的误读

除了翻译过程中出现的错误外，近代以来外国人的笔记本身亦有诸多疏误，导致翻译过程中不可避免地继续出错，如英国人托马斯·桑维尔·库珀《长辫长袍闯华西》一书，其中记载奉节臭盐碛“那些蒸锅平均每天可煮盐1000担，售价为每斤32文钱”[①]。光绪初英国的威廉·吉尔记载臭盐碛“据说这里共有40口盐井，每口井每天产盐100斤（130磅），如此算来，每年应该出产890吨盐”[②]。每天全部盐井总共也就产盐4000斤。而20世纪初伊东忠太考察途中亦对臭盐碛记载谓“据当地衙门差役所言，盐坊一天可熬盐七八百斤，每斤盐售价32文”[③]。在盐价都是“32文”的情况下，每天的产盐量相差如此巨大，必定有一人记载是错误的。

又如清末民初东亚同文书院学生入川调查时，关于重庆城城门概况载“长江沿岸设五座城门，嘉陵江沿岸为四座”[④]。实际上这些只是重庆城经常开闭的九座城门，重庆城共有十七座城门，九开八闭，其中“朝天、东水、太平、储奇、金紫、南纪”六座城门临长江，“临江、千斯”两座城门临嘉陵江，通远门与陆路相连，这与东亚同文书院学生的调查结果差异较大。[⑤]

《中国省别全志·四川省》第86页载清末民初从嘉陵江、涪江一路溯江而上至潼川府后，可往西溯中江至中江县城，但该书却错误地记载“自潼川县城沿涪江逆流而上110华里”到达中江，《中国省别全志·四川省》后文又错误地记载从中江县“沿涪江而下，在合州进入嘉陵江可达重庆”，可见当时的调查者将中江、罗江这一涪江支流认作了涪江正源，明显是错误的。而该文紧接着载“罗江河在中江县西南

① [英]托马斯·桑维尔·库珀著，孙琳、马剑译．一名英商的华西游历：从宜昌到重庆．中国人文田野．成都：巴蜀书社.2020年第9辑．第224-241页．

② [英]威廉·吉尔著，[英]亨利·尤里编，曾嵘译．金沙江．北京：中国地图出版社.2013年7月．第64页．

③ [日]伊东忠太著，薛雅明、王铁钧译．中国纪行——伊东忠太建筑学考察手记．北京：中国画报出版社.2017年11月．第188页．

④ [日]东亚同文会编，李彬、万健、高润译．中国省别全志·四川省．北京：中国文史出版社.2020年8月．第16页．

⑤ 重庆地方史资料组编，邓少琴等编著．重庆简史和沿革.1981年6月．第119-120页．

大转向，向东流去，在三台县与涪江干流交汇。中江县至潼川府110华里间水利开发良好，有宽1间、长5~6间民船往来其间，上航需要3日，下航只需1日”，亦明确记载流经中江县的是罗江河，前后矛盾。①

《中国省别全志·四川省》亦载“蜀志所云，天生重庆，铁打泸州即是此地。另外，孔明出师表中，5月渡泸亦是指此地”②。这两处记载亦是明显错误的或是争议极大的，如“铁打泸州”应当指的是合江地区的神臂城，而“5月渡泸”目前仍有较大争议，东亚同文书院的学生不加甄别，后续修《中国省别全志·四川省》的日本学者亦不加辨析，类似的疏误还有很多。

另如清末英国人莫里循逆江而上考察时载红船“水手们每天的报酬是8文，他们一生可以积蓄1000文，而其中800文是用来买棺材的”③。这是明显错误的，因光绪初《川东官设救生船章程》规定川江地区救生船“每船用舵工一名，水手三名，均由各地方官就地招募，以期熟悉水性，舵工每名日给工食钱一百二十文，水手每名日给工食钱一百文，每船一只每月给工食钱十二千六百文。计二十只，每月需工食钱二百五十二钏，均于本年五月二十三日起在新厘生息项下开支”，“各船如救活一人，照《峡江章程》，给水手赏号钱一千二百文，如救活之人行李荡尽者，给路费钱一千文，由各地方官验明给领，汇报道库，在新厘生息项下开支”。④光绪中期贵池县大江口救生船“红船岁修四十千，晒油、洗把在内，三年大修一百二十千，均由大通厘局领款修理，验明结报”，“舵工月给五千文，水手各给四千文，由同仁局于大通厘局汇领转给”。⑤

同样，1920年7月8日起东亚同文书院18期生（1918年入学，1921年毕业）千原楠藏、森利嗣、山根正直“踏遍中华十省山河，蜿蜒征途长达5万余里，历时139天”，对南中国进行了考察，“时而乘滇岭之云，时而饮蜀原之水”，故此行可名为“滇云蜀水”，此行考察记录谓《粤射陇游》，考察时间段在1920年7月8日至11月18日

①［日］东亚同文会编，李彬、万健、高润译．中国省别全志·四川省．北京：中国文史出版社．2020年8月．第86页．

②［日］东亚同文会编，李彬、万健、高润译．中国省别全志·四川省．北京：中国文史出版社．2020年8月．第93页．

③［英］莫里循著，张皓译．中国风情 风土．北京：国际文化出版公司．1998年7月，第19页．

④《川东官设救生船章程》，CHINA IMPERIAL MARITIME CUSTOMS. II-SPECIAL SERIES：NO.18. CHINESE LIFE-BOATS, ETC. PUBLISHED BY ORDER OF THE INSPECTOR GENERAL OF CUSTOMS. 1893. 中文附件二，第10-11页．

⑤《大江口救生红船章程碑记》，CHINA IMPERIAL MARITIME CUSTOMS. II-SPECIAL SERIES：NO.18. CHINESE LIFE-BOATS, ETC. PUBLISHED BY ORDER OF THE INSPECTOR GENERAL OF CUSTOMS. 1893. 中文附件十二．第63-64页．

之间。[①]考察团于1920年7月8日出发前往码头，9日从上海出发，于12日到达香港，考察广东等地，后本应在7月19日到达越南考察，但是“滇云蜀水”纪行《粤射陇游》中则误记为10月9日，后在亚龙湾考察又是7月20日，可见10月9日系明显记错。后于7月25日从越南出发经河口进入中国云南，9月12日从盐津进入四川界，9月13日到达叙州，9月16日从叙州逆岷江而上经嘉定府、峨眉山再前往成都，9月29日进入成都，考察成都相关情况，10月6日从成都出发顺沱江而下前往重庆，10月11日到达资州，10月15日到达富顺，10月17日到达泸州，10月19日到达合江，依此时间，应该是10月20日到达江津，而其书上记为“10月12日”，明显有误，同时后文叙10月21日到达重庆，可见“10月12日”确系“10月20日”之误。10月21日到达重庆，滇黔溃军云集，滇黔军溃败后李烈钧逃离，熊克武入重庆，考察团一行21日至27日均待在重庆游览考察；10月28日离开重庆，顺江而下，夜宿忠州；10月29日到万县，后待在万县调查，一直到11月3日才从万县出发于当日到达夔府夜宿；11月4日过巫山离开重庆，并过巴东到达宜昌；后顺江而下于11月18日回到上海。其考察途中对峡江地区的社会经济状况亦有颇多记述，但时间错误记载者应当留意。[②]

四、近代外国人峡江地区考察游记在研究应用中应该注意立场与选择

各类外国人在近代以来对长江上游调查颇多，但究其缘由，皆是为了更好地攫取长江上游特别是巴蜀地区丰富的物产利益等。作为历史学者，感到无可奈何的就是这些外国人的近代笔记提供了丰富的研究素材，但他们的立场，以及书中对国人的蔑视，让我们实在不敢苟同。

韩华在英国人谢立山的《华西三年：三入四川、贵州与云南行记》的前言中即介绍“18世纪末英国在印度建立殖民统治，19世纪末占领缅甸全境后，中国的西南边疆直接处于英国的眈眈虎视之下”，于是《中英烟台条约》规定英国可以派人“前往遍历甘肃、青海一带地方，或由内地四川等处入藏，以抵印度”，以“探访路程”，该书即是英国急切寻找缅甸与巴蜀内地通道以便攫取更多利益的背景下产生的，故而

①［日］沪友会编，杨华等译．上海东亚同文书院大旅行记录·滇云蜀水·粤射陇游．北京：商务印书馆．2000年1月．第204页．

②［日］沪友会编，杨华等译．上海东亚同文书院大旅行记录·滇云蜀水·粤射陇游．北京：商务印书馆．2000年1月．第206—288页．

谢立山的这本书正是为英国政府打开中国内陆"后门"准备的考察报告。这一历史背景,"使得本书在内容上不同程度地表现出西方人的文化优越感和对他民族的歧视"[①]。

美国人盖洛的《扬子江上的美国人:从上海经华中到缅甸的旅行记录》中充斥着对当时国人的蔑视与不解,如对同行船员被斧头砍伤手后在伤口处涂抹"龙骨粉"这一传统药物感到不解,质疑其为何不把手"清洗干净";与船员、同行的人交谈时认为对方是"可怜的人";将地方官员对其尊敬的态度理解为"伶牙俐齿",并认为他们是"那些卑贱的朋友"。[②]武尔士的《长江激流行——法国炮舰首航长江上游》更对清末四川大肆污蔑,污称"四川自古以来就是强盗出没之地"[③]。

1911年6月25日东亚同文书院9期生(1909年入学,1912年毕业)今井美代吉、小岛利一郎、榊原直矢、藤原忍、松本库太郎、和田重次郎开始从上海前往巴蜀进行考察,对峡江地区多有记述。[④]考察途中所乘坐的交通工具主要是轮船、木船、滑竿、轿子等,其余路段主要是依靠步行。记述者对于普通中国民众多持蔑视态度,甚至呼为"清国奴",相处之中多用"命令"等词语对待中国人,对苦力等劳动人民则多鄙视,"不与言语",或撒谎对之,对中国政府官员提供的保镖、护卫等则通通斥为"即使有事也毫无用处的",懒惰且贪婪,对会讲日语、对日本心存善意或向往之情、有救命之恩的中国人则友善许多,不乏溢美之词,对端方等素未谋面之人亦多同情话语,同时对以隆昌、荣昌为中心的300余里间因革命而引起的社会动荡对其人身安全造成的威胁感到不安。考察中详细记述了重庆到成都间的陆路里程及所需要经过的村镇,可见其目的并非一般考察,军事用途已经昭然,这些"研究"和"调查"大多数实质上是公开或半公开的间谍活动。[⑤]

《中国省别全志·四川省》一书系东亚同文书院学生调查资料汇总而成的著作,历届参与巴蜀内地调查的学生中虽然不乏同情中国者,如谈到川汉铁路时,"衷心祈祷其能早日完工",但是东亚同文书院干事长小川平吉在本书序言中即认为这些

---

①[英]谢立山著,韩华译.华西三年:三入四川、贵州与云南行记.北京:中华书局.2019年11月.译者序第1-5页.

②[美]威廉·埃德加·盖洛著,晏奎、孟凡君、孙继成译.扬子江上的美国人:从上海经华中到缅甸的旅行记录.济南:山东画报出版社.2008年2月.第79-81页.

③[法]武尔士著,曹娅、赵文希译.长江激流行——法国炮舰首航长江上游.重庆:重庆出版社.2019年6月.第115页.

④[日]沪友会编,杨华等译.上海东亚同文书院大旅行记录·入蜀纪行·孤帆双蹄.北京:商务印书馆.2000年1月.第32页.

⑤[日]沪友会编,杨华等译.上海东亚同文书院大旅行记录·入蜀纪行·孤帆双蹄.北京:商务印书馆.2000年1月.第52-102页.

调查目的系“聊以方便中国之研究，以解当务之急”[1]。东亚同文书院院长根津一更直言调查是为了“尽早熟悉中国国情民物，应对其深谋远虑，凡事要于其未然之际备善后之策”[2]。在中国近代积贫积弱的背景下，这些调查主要是为图谋中国而进行，具有明显的间谍目的，是为其进一步攫取在中国利益服务的。

1920年7月8日起，东亚同文书院18期生（1918年入学，1921年毕业）千原楠藏、森利嗣、山根正直对峡江地区等中国南方地区进行了考察。[3]这一行人考察途中对于心存善念，劝其原路返回的中国青年则斥为“夸夸其谈”“居心叵测的家伙”；将挑夫讽为“面色呈吸食鸦片之人惯有的蜡黄色的可爱的挑夫”；对于毕业于日本士官学校且会讲日语的陆军少将参谋叶某则倍感亲切；对于无偿给予帮助的普通民众则有“民风淳朴”等溢美之词；对云南省会泽县的李县长也褒扬为“少见的好好先生”；对于要死于屠夫屠刀之下的羊群也心存善念，有买来放生的意图；对峨眉山的僧人则斥为“太狂妄无礼的臭和尚”，“想把他们剁成肉酱”；对美国传教士、学生则是赞叹的态度；对长江上的英国军舰、军人亦是羡慕赞美，并伴有少许嫉妒，因为长江上尽皆英国兵舰而无日本兵舰。整体而言，此时考察团队对于普通中国民众的态度较1911年要好些了，但从南到北、从西到东的中国人则因山东问题在有识之士的指导下开始全面排日了。出行方式为骑马、步行或乘坐渡船、帆船，成都、重庆城中则坐轿子；食物除了当地官府招待外，仅有马铃薯、南瓜、馒头，有时需要自己购买羊肉。这些日本学生之所以如此不辞辛劳地进入中国中西部地区进行所谓调查，主要是为其大陆政策服务。[4]

冯天瑜先生在主编《上海东亚同文书院大旅行记录》的过程中见到日本人勘探其家乡酉阳的记载，一方面日本人求真吃苦的精神为人敬佩，另一方面其窥伺中国的祸心更让人不寒而栗。[5]

近代日本人到中国的踏察游记报告反映了其中国观的变化过程，中国“天朝上国”的形象逐渐没落，即便是热爱中国文化并称“中国天生就是我的恋人”的芥川龙

---

① [日]东亚同文会编，李彬、万健、高润译．中国省别全志·四川省．北京：中国文史出版社．2020年8月．中国省别全志序．

② [日]东亚同文会编，李彬、万健、高润译．中国省别全志·四川省．北京：中国文史出版社．2020年8月．中国省别全志序．

③ [日]沪友会编，杨华等译．上海东亚同文书院大旅行记录·滇云蜀水·粤射陇游．北京：商务印书馆．2000年1月．第204页．

④ [日]沪友会编，杨华等译．上海东亚同文书院大旅行记录·滇云蜀水·粤射陇游．北京：商务印书馆．2000年1月．第206—288页．

⑤ 冉云飞．一位日本人1876年的巴蜀观察．青年作家．2007年第6期．第14-18页．

之介，在其著作《中国游记》中也充满了对中国的鄙夷。[①]“现实中国”与“想象中国”间的巨大落差，使到中国踏察的各类日本人产生了“强烈的幻灭感”，他们在考察过程中对中国丑陋、落后的社会进行了大量描写，彻底颠覆了日本人依据汉唐诗文建构的诗意中国形象，而这些扭曲变形的“中国”形象进入日本的社会集体想象，影响了近代日本人中国观的建立，同时也为后期日本侵略中国埋下了伏笔。[②]

因而必须明确的是虽然近代峡江地区历史研究中，需要大量使用外国人的游记、笔记等史料文献，但要格外注意这些史料的立场问题、真实性问题。虽然外文史料是研究中国近代史的重要资料，但是必须端正立场，用辩证的眼光、思维去认知这些外文史料产生的背景、立场，去伪存真，与多种史料对照使用，特别是与峡江地区本土史料相对照，方能在各种立场背景下寻找近代峡江地区的历史真相。

五、蒲兰田其人及《峡江一瞥》

光绪三十年（1904年）成书的武尔士的《长江激流行——法国炮舰首航长江上游》记载蒲兰田“是在江河上闯滩航行的行家。他曾长期在险滩重重的幼发拉底河（T' Euphrate）上指挥战舰”，“蒲兰田是多么神奇、熟练的船舶驾驶员，在这颗水晶般的灵魂里有着怎样的坦率、公正和天生的高贵，他品行优秀，让我们无数次赞叹，他因此成为了我们所有人的挚友”，“曾长期担任英国船的船长，并曾驾驶‘肇通’号两次通过险滩。他也曾培训过不少中国引航员，以至于后来当英国海军司令部接手‘肇通’号时，居然为了省钱，弃用了蒲兰田”，于是蒲兰田“这个可怜的了不起的人转眼就失去了职位，投奔了海军上将拜尔，然后到日本去修养身体”，后受雇于武尔士，参与了武尔士驾驶法国炮舰“奥尔里”号在长江上游的考察。[③]

与成人后蒲兰田作为川江航运重要人物的形象迥异，一般认为“蒲兰田，出生于英国福兰林岗镇一个航海世家，从小就跟随祖父和父亲在英吉利海峡的波峰浪谷里摔打，在大西洋的狂风海啸里冲撞”。李瑜认为这是人们根据蒲兰田后期形象臆造的蒲兰田家世，而真实的蒲兰田1866年8月出生于英格兰东部萨福克郡一个叫弗雷姆灵汉姆的偏远小镇，蒲兰田的母亲是一位面包师的女儿，他的父亲老蒲

① 陈淑玲.《观光纪游》、《中国游记》与《我的留学记》中的中国情.福州：福建师范大学硕士学位论文.2011年.

② 苏明.“诗意”的幻灭：中国游记与近代日本人中国观之建立.学术月刊.2008年第8期.第109–115页.

③［法］武尔士著，曹娅、赵文希译.长江激流行——法国炮舰首航长江上游.重庆：重庆出版社.2019年6月.第10–11页.

兰田是一个农民的儿子，来自一个叫沃林沃斯只有800多人口的内陆小村庄，蒲兰田并不是出生于航海世家，他的祖父和外祖父都不是从事航海事业的。不过在蒲兰田出生前几年，他的父亲把家搬到靠近海岸的弗雷姆灵汉姆，开始在海上讨生活。1881年4月19日，只有14岁半的蒲兰田登上了“瑞盖特号”，在父亲的手下担任学徒水手，1881年5月，“瑞盖特号”离开母港米德尔斯堡，扬帆驶向印度港口马德拉斯（现印度金奈）。就这样，蒲兰田开始了他人生的第一次航程，也开始了以船为伴的生涯，也就是在此次航行中，蒲兰田的父亲去世。1881年8月7日，在离开米德尔斯堡14周以后，“瑞盖特号”到达印度马德拉斯港。蒲兰田将其父亲的遗体送上岸安葬在当地墓园里，并继续留在“瑞盖特号”跟随父亲的老下属们学习，直到1883年9月，17岁的他在获得“普通海员”资格之后才离开。随后他又在其他轮船上学习工作。在1886年10月30日，蒲兰田获得二副的资格证书，成为一名经验丰富的海员。不久，蒲兰田来到川江，开始了改造川江航道的工作。1921年2月26日，蒲兰田在从上海到香港的轮船上因病去世，他的夫人爱丽丝也于3月1日在香港去世。夫妻二人合葬于香港跑马地的墓园。1924年12月4日，在秭归县的老新滩北岸，蒲兰田夫妇的旧居遗址上，一座高大的纪念碑矗立起来，纪念这位川江航运的先驱者。①

光绪二十三年（1897年），英人蒲兰田率测量队窥测川江宜昌至重庆航道，绘制航线图，设置标杆、浮标，试炸江中礁石。是年冬由上海海关工程师泰勒（比利时人）带领工程技术人员，到云阳县境整治新崩之兴隆滩，每日3000人施工，用了一个枯水季节，于次年春天竣工。②

蒲兰田对川江航行的功绩是客观的，民国中期陈友琴《川游漫记》载“既上清滩，又数里，山中有村镇，矗立一白塔，闻为纪念第一次开通入川航线之老蜀通英籍船主者”，认为这便是为纪念蒲兰田改善峡江通行状况而建设的，并得到当局的认可与航运界人士的支持。③但实际是蒲兰田去世后，由英国驻宜昌领事出面，在秭归新滩寺大岭为蒲兰田立一巨型花岗石碑，是由英国官员出面牵头，才在秭归新滩寺大岭为蒲兰田立碑的。④

关于蒲兰田，湖北秭归新滩寺大岭蒲兰田居住及培训地原址上修建的高约17米的蒲兰田纪念碑之碑文可记述其生平，曰：

---

① 李瑜.少年时期的蒲兰田.屈原文学.内部刊物2015年春季号.第111–114页.

② 王绍荃主编.四川内河航运史（古近代部分）.成都：四川人民出版社.1989年8月.第136页.

③ 陈友琴著，陈才智整理.川游漫记.北京：中国青年出版社.2012年12月.第24页.

④ 湖北省秭归县地方志编纂委员会编.秭归县志.北京：中国大百科全书出版社.1991年5月.第360页.

蒲兰田君，英国福蓝临岗镇人，中国海关任以巡江工司之职，清光绪二十六年，长江上段第一次航行汽船，司驾驶者即君焉。君生于清同治五年六月二十八日，民国十年春航海返国，一月十九日卒于途次。君之旧友及有志振兴长江上段航业诸人，感君情愫，思君勤劳，醵金刻石，以志不忘。

中华民国十一年十二月吉日立

蒲兰田的著作除了《峡江一瞥》外，更为重要的是1915年他被聘为海关下属海事部长江上游巡江工司之职期间的著作。在首任长江上游巡江工司的5年间，蒲兰田对峡江航道进行了测量，记载并标明了各处的险滩、暗礁，安装了浮桩、标杆等一系列助航设施，并于峡江各险处建立了信号台，用标杆信号给过往船只引航。1915年设置标杆信号5座，设置了第一座岸标、第一个浮标。次年增加标杆信号13座，到1920年时，川江上设置的各种信号标志达到66座。蒲兰田在履职期间，将自己多年调查、收集的川江水文资料和航行川江的亲身体会，撰写出中英文对照的《川江航行指南》一书，还主持制定了《川江航行章程》，规范峡江船舶航行。两书发给各轮船和沿江港口，使航行于宜渝间的驾引人员有章可循，避免了大量航行事故的发生。他还发布了长江有史以来第一号《航行布告》，进出峡江的轮船、木船从此结束了看岩看水、摇旗击鼓的原始航行办法，峡江通航环境大为改善，提高了峡江地区的通航效率。①

历史研究除了对传统中文史料的应用，更应在当下国际交流愈加频繁的背景下合理甄别选用外国人记载的一些史料。但是外文史料，特别是近代西方列强觊觎我国的背景下产生的外文史料，其间总是有或多或少的问题，比如其中的各种歧视性话语、记载过程中的疏误、对国人的蔑视、对传统文化的鄙夷、对种种存在问题的夸大等。即便如蒲兰田本人，虽然在客观上为峡江地区通航做出了重要贡献，但其本质是为英国探寻从印缅地区前往中国西南腹地，进而通过峡江到达长江中下游地区的通道，实质也是近代帝国主义侵略中国的帮凶，与日、俄战争后在东北地区修筑铁路的后藤新平类似。虽然后藤新平在东北的作为客观上改善了东北地区交通状况，但亦相应的掠夺了大量资源，为国人所痛恨。在近代中国海关被英国人长期把控的背景下，蒲兰田任职海关海事部长江上游巡江工司，本质上亦是为英国把控的海关服务，其做的许多保障峡江地区通航便利的工作，主要也是为英国等列强从西南地区掠夺资源提供便利。

故而，对蒲兰田的评价历来都是相对复杂的，一些人士认为他改善了峡江地区

---

①周永峰、周裕良编著．同舟共济——长江流域的引航救助．武汉：长江出版社．2014年5月．第116页．

的航运条件，结束了峡江地区无航标、无航道管理的状态；培养了大量的领江，为后续进一步改善川江航运积蓄了大量人才；同时切实地为川江轮船公司服务过，为近代中国川江轮船运输业做出过重要贡献；而蒲兰田与峡江地区的部分民众以及来往各国人士建立了较为深厚的友谊，更促成了许多峡江地区民众对他的怀恋。如李孝海的《三峡商轮航道的开拓者蒲兰田》[①]，韩永强、阮仲谋的《蒲兰田，开辟川江现代航运第一人》[②]，张永久的《蒲兰田传奇》[③]等文章都是这种倾向，认为蒲兰田为中国峡江行轮及航道整治做出了重要贡献。同时现在重庆上新街老码头96号的蒲兰田公馆、湖北秭归新滩寺大岭的蒲兰田纪念碑仍然被很好地保留，成为当地重要的旅游景点，亦可见当地对蒲兰田的态度及评价都较为积极正面。李明义曾总结了近代以来各界对蒲兰田的评价，九十多年来始终是“褒贬不一，毁誉参半，颇有争议”，总体而言民国时期对蒲兰田的评价较为极端，西方语境下蒲兰田形象正面，身处苦难境遇中的国人对其评价则多是“帝国主义对中国实行经济侵略的急先锋”，但这些评价越往现代越中允，不仅看到了其突出贡献，也看到其真实目的，“如果抛开他的政治目的和经济目的，仅就从他对于长江航运事业的发展来看，他有着功不可没的贡献”，这是其中较具代表性的观点。[④]

于是我们做了这种尝试，以传统方式将蒲兰田1921年出版的《峡江一瞥》进行译补图注，仿前贤学者校补图注之格式，对近代蒲兰田《峡江一瞥》进行翻译后加以注补，并增添大量相关的历史图片等材料，以期从蒲兰田的视角全面展现近代峡江地区的风土面貌，让读者通过阅读去认知蒲兰田以及我们那个苦难年代中的峡江风貌，理解峡江风光的壮丽与先民的不易。

① 中国人民政协商会议宜昌市委员会文史资料委员会编．三峡文史纵横第三辑．内部资料．枝江市新华印刷有限公司印刷．2004年10月．第225–238页．

② 范长敏、韩永强主编．解密宜昌．宜昌：三峡电子音像出版社．2015年7月．第102–112页．

③ 张永久著．黄金水道——星罗棋布的川江往事．武汉：长江文艺出版社．2016年12月．第128–151页．

④ 李明义著．洋人旧事——讲述百年前发生在宜昌的故事．宜昌：三峡电子音像出版社．2016年8月．第294–300页．

《峡江一瞥》作者系英国人康奈尔·蒲兰田，其代表作品还有《川江航行指南》。书中的众多黑白插图与素描由伊方·A. 多尼利提供。本书于1921年由别发印书局印刷出版，仅限上海、香港、汉口、新加坡、横滨等地出版发行。

序　言

对于那些熟悉中国长江上游地区的人来说，如蒲兰田船长就不需要我的介绍，对于那些不熟悉中国长江上游地区而仅仅想了解一下这条大江的一些奇观的人来说，这本由在长江上游开辟航道的元老写成的书就足够了。已经将大部分生命奉献于学习和克服在长江上航行的危险和困难上，因而蒲兰田船长是写关于这个话题的书籍的理想人选。由于天生非常谨慎，并同时被中国人和外国人喜爱，他最终被说服愿意和公众一起分享他广博的知识。过去几年蒲兰田船长成为长江上游的巡江工司，他最近出版的《川江航行指南》，对于在这一河段航行的领江，是一部有重要意义的专业书籍。而《峡江一瞥》则主要针对普通大众，因其富有趣味并且充满传奇与中国民俗，该书主要描述长江三峡及宜昌到重庆的精彩旅程，也描写了许多有趣的古镇、小村、古塔和寺庙，以及每一样使得穿越中国成为全世界最令人着迷的旅行的事物。开始的一章描写了各种不同寻常且绝妙的中国帆船，它们之所以不同寻常且绝妙，是因为它们的船老板和船员穿越急流的操作方法和惊心动魄的经验和技术。第三章主要涉及为在这条暴躁的河流上航行而建造的轮船，给我们描述了这些轮船的货运能力与成功航行的必要准备工作以及蒸汽船的未来前景，等等。这本书写得如此生动，以至于我觉得任何读到这本书的人都期望能有机会参加这样的一次旅行。

这些正文写完之际，宜昌到重庆之间的轮船航行已经有了相当大的发展。“蜀亨”号与“蜀通”号轮船因为四川的政治动乱不能再继续航行，但在1919年5月，隆茂洋行重新在江南船坞和上海工程设计公司建造了一艘新船，继续开拓川江航运事业，这艘新的轮船就名叫“隆茂”号，它于1920年3月2日下水，并于6月17日编入现役，而且是现役中最大最快的轮船。为了鼓励乘客和旅游、贸易者乘船通过三峡地区，外国游客受到了特别的关照。当然除一次事故以外：当时“隆茂”号从宜昌出发，在她的第二次行程中于南沱附近以22节的航速撞上了江边的崖壁。但从此之后，她便一直满载货物和旅客平稳地运行着。

注补：

“蜀亨”号：近代以来随着外轮对川江航权的不断染指，重庆官商界要求维护川江航权、抵御外来侵航的呼声高涨，光绪三十四年（1908年），重庆官商界合办建立“川江行轮有限公司（亦名“川江轮船公司”）”，并于翌年将第一艘华人自营商轮“蜀亨”号投入营运。“蜀亨”号的开航成功，极大地鼓舞了重庆商界，纷纷投资航运业。1914年是川江航运史上极为重要的一年。在这一年，川江轮船公司将新船“蜀亨”号投入营运。[①]蒲兰田作为川江行轮有限公司聘请的顾问，任过“蜀亨”号客货轮船长。[②]清末民初东亚同文书院学生入川考察时载“蜀亨”号是当时川江上“最为先进之船舶”，可以在急流险滩中航行，并一改“蜀通”号2个船体并用的设计方式，仅用1个船体，比“蜀通”号更加先进。“蜀亨”号亦由蒲兰田设计，由英国皇家商会花了10个月建造完成后拆解，将各类机器运至上海，在江南机器制造局组装完成后开往重庆。“蜀亨”号全长240英尺（1英尺约为0.3米），宽40英尺，吃水深度为5英尺，在2000马力（1马力约为735瓦）的动力支持下速度可达每小时18英里，货运载重量可达300吨，而乘客定员中特等座有16人，二等座48人，三等座250人，外国船员有船长1人，轮机长1人，轮机员1人，得益于先进的技术。“蜀亨”号从宜昌上航重庆仅需要4日，花费时间比“蜀通”号少1日，载货量比“蜀通”号高。[③]

“蜀通”号：清末民初航行于重庆—宜昌的第一艘中国轮船。光绪三十四年（1908年）夏，川江行轮有限公司从英国索尼克罗伯公司（J.C.Thosnycrobt）购回船械，在上海机器局江南造船厂装配，8月完工，附带拖驳，定名“蜀通”，聘英国人蒲兰田为船长，重庆、宜昌之间每月往来2次，开川江轮船定期往来的新纪元。[④]近代以来外轮侵航川江使得当时四川总督赵尔巽也颇为担心，光绪三十四年（1908年）二月初九奉旨准行成立了川江轮船公司，在川江航运史上具有划时代的意义。公司的第一艘轮船“蜀通”号是英国船厂按蒲兰田设计的图纸定造的，江南厂装配。[⑤]宣统元年（1909年），他又驾驶“蜀通”号，由宜昌成功驶达重庆。[⑥]清末民初，重庆、

① 四川省地方志编纂委员会编．四川省志 海关志．成都：四川科学技术出版社．1998年5月．第75页．

② 周永峰、周裕良编著．同舟共济——长江流域的引航救助．武汉：长江出版社．2014年5月．第114页．

③［日］东亚同文会编，李彬、万健、高润译．中国省别全志·四川省．北京：中国文史出版社．2020年8月．第179-180页．

④ 贾大泉主编．四川历史辞典．成都：四川教育出版社．1993年7月．第352页．

⑤ 郑敬东著．长江三峡交通文化研究．北京：中国文史出版社．2005年12月．第83-84页．

⑥ 周永峰、周裕良编著．同舟共济——长江流域的引航救助．武汉：长江出版社．2014年5月．第114页．

宜昌间长江航道上的"蜀通"号轮船下水航行需2日，上水航行则需5日，比当时民船快得多。当时民船下水航行需8日，上水航行平时需20日，遇涨水季则需40日，甚至是70日都有可能。[①]清末民初东亚同文书院学生入川考察时载"蜀通"号在英国造好后运抵上海组装并于1909年10月底上航至重庆。"蜀通"号全长115英尺，宽15英尺，吃水深度为3.6英尺，在550马力的动力支持下速度为每小时15海里(1海里为1.852千米)，而乘客定员中特等座有1人，一等座4人，二等座20人，三等座70人，但实载旅客数量是经常超员的，每次搭载旅客数量都在200人左右。"蜀通"号因技术比"蜀亨"落后，从宜昌上航重庆需要5日，花费时间比"蜀亨"号多1日，载货量却比"蜀亨"号少。"蜀通"号船体非常狭窄，主要是为了方便运送旅客，但是货运能力极弱，仅有驳船1艘，满载时可载50吨货物左右，因此"蜀通"号的货物运输种类基本仅限于金、银等贵重物品。民国初期"蜀通"号的出航日期并不一定，而是根据旅客数量、有无货物等情况随时进行调整，出航前数日再通知旅客。[②]"蜀通"号投入运营后，1910年共航行14次，1911年可以达到月均两次，每次皆载满乘客、货物，虽然运输规模不大，但开启了川江商业性客货轮运新时代。[③]

隆茂洋行：英国最早侵入宜昌的一家洋行，但在宜昌的势力远不如太古、怡和洋行，光绪二十四年(1898年)，隆茂洋行在宜昌滨江路占地3亩，建造了2幢办公楼，经营航运业务。隆茂洋行有"隆茂"轮航行于宜渝之间，以后又购得"蜀通"轮航行于宜渝线和宜叙线。[④]清末民初隆茂洋行为扩大业务范围，率先推出宜昌—重庆、重庆—泸州、成都—合州间水上保险业务，但因不符合中国人认为水上船只失吉为天灾的传统观念，效果并不明显，只有英国人购买其保险业务。[⑤]

"隆茂"号：造船专家、川江轮设计的奠基人叶在馥主持建造的轮船。同治四年(1865年)曾国藩、李鸿章在上海创办江南制造总局，造船业不占主业，光绪十一年(1885年)后，清政府即下令该局停止造船。直到光绪三十一年(1905年)4月局坞分立，船坞从制造局独立出来，成立江南船坞，造船业开始发展，1912年后，江南船

① [日]东亚同文会编，李彬、万健、高润译．中国省别全志·四川省．北京：中国文史出版社．2020年8月．第20页．

② [日]东亚同文会编，李彬、万健、高润译．中国省别全志·四川省．北京：中国文史出版社．2020年8月．第178-180页．

③ 王笛著．跨出封闭的世界：长江上游区域社会研究(1644—1911)．北京：北京大学出版社．2018年9月．第26页．

④ 乔铎主编．宜昌港史．武汉：武汉出版社．1990年9月．第32页．

⑤ [日]东亚同文会编，李彬、万健、高润译．中国省别全志·四川省．北京：中国文史出版社．2020年8月．第152页．

坞改称江南造船所。该所于1918年在叶在馥先生主持下建成载重330吨、载客200余人的川江客货船“隆茂”号。[①]叶在馥认为川江航道艰险，对轮船要求较高，在轮船的钻研上自成体系。为此，叶在馥一方面查阅资料，另一方面探测航道，并开始着手改进船型，自主研发属于中国自己的川江轮船。1919年，在叶在馥精心设计下，中国第一艘川江浅水客货船“隆茂”号成功出航。该船长202英尺，宽31英尺，深10英尺，排水量840吨，航速13.8节，2775马力，这在当时已经算是动力较强了。“隆茂”号设计精良，船型优良，性能颇佳。更为可贵的是，该船在载货量超过原定合同范围的条件下，仍可以自行冲上急流险湾，逆水而上，不用绞滩。这一创举打破了历来川江行船的惯例，更成为当时川江所有船只中航行性能的冠军。[②]

当“隆茂” 号下水不久，大来洋行从美孚石油公司买下了“美春”号，她于1920年4月编入现役，是大来洋行的第二艘轮船。从那时起，四川轮船公司陆续将“洪福”“洪江”两艘轮船投入运营，安利洋行的“安康”号、中国西部轮船有限公司的“美顺”号也陆续投入运营。1921年，这支在川江运营的小船队随着三艘更大轮船的投入运营而更加壮大，这些轮船多由怡和洋行、太古洋行、中国轮船招商局投入。

注补：

大来洋行：大来洋行为美圆巨富，号称木材大王兼航业大王的劳勃大来(也翻译为“罗伯特·大来”)氏所设立，劳氏以木材致巨富，更兼航业，将多年著名之花旗邮船公司推倒而完全继承其中美太平洋之航业权，经理美国轮船部航行中美之船舶，又收买提督公司之股票，旋收买其船，占有中国至西雅图之航行权，复经理丹波公司之远东航业，其远东分公司在中国主要设于上海。[③]光绪二十七年(1901年)，罗伯特·大来派遣他的“阿拉伯号”轮船，满装6500吨木材远征中国，这是罗伯特·大来侵入中国之始。因不了解中国市场而亏本后，第二年大来亲自到中国实地调查市场情况，并决定在中国设置大来洋行，全力开展木材贸易，并派子弟、亲信来华，在重庆、上海、广州、北京等地设立大来洋行分支机构。上海大来洋行是罗伯特·大来家族企业在远东的总机构，直接隶属于在美国的总行，于光绪二十八年(1902年)建立，最初设立在四川路上一所古旧的小房子里，旋迁至四川路南京路口，后来在广东路近外滩自建7层大楼。40年来，大部分时间是由他的三子哈罗德·大来任经理，全权处理远东各地分支机构的业务和人事。大来洋行以航运与木材为主要业务，垄断了中国的进口木材市场近50年之久，但也经营一般进出口、码

① 席龙飞、唐浩、鞠金茨著.长江流域的舟船桥梁.武汉：长江出版社.2015年9月.第75-76页

② 解聘如主编，章岳云、屠鹤云副主编.广府人他乡风采录.广州：花城出版社.2013年9月.第22-23页.

③ 交通部交通史编纂委员会.交通史航政编 第6册.1931年7月.第2933-2934页.

头、仓库等业务。在其联合企业中，还有一个环球无线电公司，对外收揽电信，实际上是罗伯特·大来的耳目，同时也是美国政府的情报机构。[①]大来洋行以航运与木材为主要业务，故而亦兼营长江内河航运。

美孚石油公司：美国最大的石油垄断公司，于光绪二十九年(1903年)在上海开始建立油栈，此后在汉口、镇江、福州、秦皇岛、九江口等地都建有油池、油栈。[②]为便于运输煤油，美孚石油公司装备有大量轮船，亦有闲置者，故而文中大来洋行能够从美孚石油公司购置轮船。

四川轮船公司：亦称川江行轮有限公司、川江轮船有限公司、川江轮船公司，是四川成立的第一家由华资经营的轮船公司。于光绪三十四年二月初九(1908年3月16日)在重庆创建成立，属于民族资本的企业，“官商合办”的性质。公司成立之初，通过集股和募捐的形式集资，用以建造轮船，并聘用担任过“肇通”轮船长及法国兵轮的领江的英国人蒲兰田为公司造船顾问，因为其对川江十分熟悉且航行经验丰富。因轮船上溯川江至重庆可行后，列强对川江航运权力的把控之争愈演愈烈，法国即筹建组成了东方轮船公司，企图垄断三峡地区的航运。在这种情况下，四川一些有心经营航运的商人，担心轮船运输被外国人控制，于是群起抗议。当时四川总督赵尔巽也颇为担心，经过调查发现只要在险滩设置铁绳绞滩助航，轮船便可安全航行。经过组建和筹划，光绪三十三年(1907年)12月29日，四川总督奏禀朝廷，第二年二月初九奉旨准行。至此川江轮船公司宣告成立，在川江航运史上，具有划时代的意义。公司的第一艘轮船为“蜀通”号，是英国索尼克罗伯船厂按蒲兰田设计的图纸定造的，然后船只及一只驳轮的机械运回上海江南造船厂装配。宣统元年(1909年)8月全船装配完工。[③]公司股本定为白银20万两，官认40%，其余60%由绅商分认。实际筹款情况是：官本40000两，重庆绅商集资45000两，后又由川东道陈蓉曙分派36属绅商，集资24700两，加上利息1500两，合计收足金额111200两。由于股本不敷，旋又拉重庆商会曹澈珊、赵资生、李裴知共办，由重庆票号天顺祥号垫付30000两，后由绅商陆续归还。“蜀通”轮自宣统元年(1909年)9月开航，是本国商轮首航川江，往来重庆、宜昌间，每月2次，行驶数年，略有赢利。川江轮船公司是四川第一家民族资本开办的轮船公司。[④]《中国省别全志·四川省》

①《文史资料选辑》编辑部.文史资料精选 第5册.北京：中国文史出版社.1990年.第539页.

② 吴翎君著.美孚石油公司在中国(1870—1933).上海：上海人民出版社.2017年7月.第31-32页.

③ 郑敬东著.长江三峡交通文化研究.北京：中国文史出版社.2005年12月.第83-84页.

④ 四川省地方志编纂委员会编.四川省志 大事纪述 上.成都：四川科学技术出版社.1999年12月.第200页.

则认为该公司“以宜昌重庆间航行为目的”，最早是“由一法国人所提倡而起”，“公司经营者由推举商民负责，官方仅作保护监督之用，收益分配，官民相同”。[①]

安利洋行：近代英国人H.E.安诺德和C.H.安诺德兄弟在华经营的商行。前身则是“瑞记洋行”，同治五年（1866年），旅英的德国人安诺德（Jacob Arnhold）与丹麦商人卡贝尔（Peter Karberg），以及后来任荷兰驻中国广州领事的李弼顺（Alexander C.Levysohn）合伙创办了一家商行，以安诺德和卡贝尔的名字取名为Arnhold，Karberg & Co.，中文行名即“瑞记洋行”。由于李弼顺是荷兰驻广州领事，于是商行最初开设在广州，大概光绪七年（1881年）在上海开设分行，19世纪末20世纪初，商行中心向上海转移，经营的业务很广，从光绪十六年（1890年）起经营上海至汉口的长江航运，拥有当时十分先进的船两艘。1914年英、德之间爆发战争，后爆发第一次世界大战，1917年中国又宣布对德国作战，安诺德即作为敌对国难民被逐出中国，瑞记洋行也作为德商产业，其资产委托汇丰银行托管。当战争结束后，老安诺德去世，产业由他的两个儿子H.E.安诺德和C.H.安诺德继承，而兄弟俩早已入了英国籍，他们即申请发还他父亲的产业，且将父亲的公司改组为安诺德兄弟公司，在香港注册，英文名Arnhold Brothers & Co.，Ltd，中文名“安利洋行”，该洋行的经营与其父亲的瑞记洋行相似，经营范围很大。1923年因资金链断裂，控股权落到英商新沙逊洋行手里。[②]

怡和洋行：该洋行于道光十二年（1832年）7月1日成立，由英国人威廉·渣甸（William Jardine）及詹姆士·马地臣（James Matheson）在中国广州创办。道光二十二年（1842年）总公司从广州迁至香港。道光二十三年（1843年）上海怡和洋行成立。怡和洋行早年参与对中国贸易，主要从事鸦片及茶叶的买卖。同治十一年（1872年）以后怡和洋行放弃对华鸦片贸易，投资业务逐渐多元化，于光绪八年（1882年）创立了怡和轮船公司，除了贸易外，还在中国内地及香港投资兴建铁路、船坞、各式工厂、矿务，经营船务、银行等各行业。1912年以后，怡和的公司总部设在上海。[③]怡和洋行在宣统三年（1911年）侵入宜昌地区，在滨江路江边一马路上，开辟码头一座，采用贴岸形式，用石块水泥砌成石级下通河滩，同时还在滨江路、怀远路占地10余亩，建造楼房3幢，修建6间三层楼的仓库，面积达3900平方米，容量为6890吨，又在桃花岭、怀远路修建了办公室和职工住宅。先后在此停靠的轮船

---

① [日]东亚同文会编，李彬、万健、高润译．中国省别全志·四川省．北京：中国文史出版社．2020年8月．第177-178页．

② 薛理勇著．老上海高楼广厦．上海：上海书店出版社．2014年7月．第137-138页．

③ 天津市档案馆编．天津老商标．天津：天津古籍出版社．2013年12月．第210页．

有同和、庆和等8艘。[①]近代怡和洋行在全国各重要城市设有分支机构,成为英国在远东的最大财团,被殖民主义者称为“洋行之王”。

太古洋行:太古洋行系英商在华财团。清同治五年(1866年)设总行于上海,广州、厦门、汉口、九江、宁波等地都设有分支机构,初营棉织品进口和茶叶出口。同治十一年(1872年)太古洋行在上海成立太古轮船公司后向航运业发展,太古轮船公司系近代英国操纵中国航运的垄断组织。[②]太古轮船公司属外资航运业机构,光绪元年(1875年)增辟长江航线,后陆续扩展中国沿海航线以及中国至海外各国航线,船只和吨位占在华外国轮船公司的首位,先后组成上海航业、太古兴记轮船、天津驳船等公司。除了垄断中国沿海、长江和珠江的航运外,公司还代理英国蓝烟囱航运公司的远东业务。[③]此后,上海的太古轮船公司成为与旗昌轮船公司、怡和轮船公司并驾齐驱的三大航运公司之一。二战期间,太古洋行已开始将重点转移至香港。[④]

中国轮船招商局:清末最早设立的大型轮船航运企业,也是清政府经营的第一家近代民用企业,总局设于上海,由李鸿章于同治十一年(1872年)招商筹办,实际上是官商合办,其官督商办打破了晚清洋务企业纯粹官办的格局,首采股份制,也多为后世称道。在国内各大港口如天津、牛庄、烟台、汉口、福州、广州、香港以及国外的横滨、神户、吕宋、新加坡等处设立分局,从事客运和漕运等多项运输业务,为中国第一家近代轮船航运公司。[⑤]鸦片战争后,西方国家攫得了在中国的沿海贸易权,外国船只可以任意航行于中国沿海。第二次鸦片战争后,西方国家进一步攫得在中国的内河航行权,外国船只便可溯江而上,航行于内河各口岸之间。因此,美国的旗昌轮船公司等外国轮船航运公司迅速发展起来,长江航运和沿海航运几乎被外国轮船公司完全垄断。为改变这一局面,同治十一年(1872年)中国轮船招商局成立,才逐步打破了外国轮船独霸长江航运和沿海航运的局面。但是外资轮船公司拥有雄厚的资本和最新轮船,仍旧垄断着中国的沿海和内河的航运业。[⑥]

---

① 乔铎主编.宜昌港史.武汉:武汉出版社.1990年9月.第32页.

② 夏征农、陈至立主编,熊月之等编著.大辞海 中国近现代史卷.上海:上海辞书出版社.2013年12月.第42页.

③ 中国历史大辞典·科技史卷编纂委员会编.中国历史大辞典·科技史卷.上海:上海辞书出版社.2000年4月.第105页.

④ 薛理勇主编.上海掌故辞典.上海:上海辞书出版社.1999年12月.第161页.

⑤ 广东省交通运输厅主编.蔚蓝船说:广东商船船型变迁.广州:广东旅游出版社.2017年11月.第163页.

⑥ 李济琛著.民营经济与中国现代化.北京:华文出版社.2008年11月.第78页.

当作者在写这本书的时候，长江上游的贸易已经有了进一步的发展。蒲兰田船长在这本书中提到的重庆到叙府贸易的可能性正在被尝试，著名的“蜀通”号及其驳船最近被“隆茂”号的主人买下，准备用于这两个港口间的贸易航行。

随着更多的轮船开通穿越三峡的航线，这个精彩的旅程距离普通旅游大众已经近在咫尺了。我希望通过这本书的精读，能够带给大家前去这条航线旅游的更强烈的冲动。

最后，需要提到的是：开创首次旅程的“隆茂”号的船长蒲兰田决定公开出版这本著作，并且委托我安排、办理这项愉快的出版事务。本书制作收录的大量插图，绝大多数都能传达出在中国最伟大的水路中航行的壮丽宏伟。可是没有任何一帧插图能够传达出站在轮船甲板上或坐在挂子船里航行于长江上的细腻感触，那些能花三周时间从上海出发进行这趟旅行的人不会错过体会这种感觉的机会。

伊方·A.多尼利

上海，1921年1月

注补：

《川江航行指南》：介绍了川江航道各种自然条件、轮船情况、航标设置、引水员配备等，附万国海上航行避碰章程、渝叙间各地距离表、叙嘉间各地距离表、英尺与公尺对照表以及各种地图等。[①]该书由蒲兰田于任长江上游巡江工司第二年即1916年撰写，被收入旧海关出版物特种系列第34号，1920年于上海首印出版。此书内容根据著者多年积累之川江航道资料与行船经验，不仅详述川江宜渝段航行水程及险滩情况，还绘有多幅航道图以备参考。书中所配川江航道图计总图一幅，分图二十一幅，共二十二幅。依插页顺序，分别为扬子江宜渝段水道图、风箱峡图、獭洞滩图、崆岭滩图、新滩图、黄浅滩图、洩滩图、牛口滩图、火焰石图、宝子滩图、庙基滩图、东阳滩图、兴隆滩图、巴阳峡图、狐滩图、折尾子图、鱼洞子图、虎须子及篮竹坝图、蚕背梁图、佛面滩及观音滩图、王家滩及台盘子图、洛碛箭滩图。[②]蒲兰田写作《川江航行指南》之目的是“为航行于川江宜渝段的轮船船长提供导航急救知识”，“能有效帮助川江船长快速学习行轮技巧，进而完全摆脱对华人领江人员的依赖”，“这种对华人领江人员的依赖情况，不仅对川江轮船船长的名声是持久的威胁，而且对于轮船船主的最大利益以及轮船上的生命财产安全来讲，亦是如此，尽可能以相对简要的方式叙述，在内容上仅呈现对轮船船长有价值的实用信息”。蒲

① 任竞、王志昆主编.巴渝文献总目 民国卷 著作文献 下.重庆：重庆出版社.2017年5月.第697页.

② 蓝勇主编.重庆古旧地图研究 上.重庆：西南师范大学出版社.2013年6月.第272页.

兰田认为川江上沉船和其他事故的发生完全是因为船只结构不合理、马力不足、船员缺少经验,有些则是船上人手不够,特别是不合格的华人领江的必然结果。因此其撰写《川江航行指南》主要是解决这种问题,特别是希望为川江轮船业主提供实用的行船指南与航道信息,以方便轮船船长摆脱对本土领江人员的依赖,进而保障川江行轮安全。①

伊方·A.多尼利:英文名为Ivon A.Donnally,民国前期来华的一位非常著名的帆船爱好者,并在1920年于上海出版了关于中国帆船的书,即《中国大帆船和其他当地的船》(也被译作《中国帆船与各地方船型》)(英文名:*Chinese Junks and Other Native Crafts*)。为了给喜欢帆船模型的人们提供建议,多尼利于1923年在上海出版了一本关于帆船介绍的小册子。后来多尼利将调查过程中所得中国传统船只照片、图片插入1920年出版的《中国大帆船和其他当地的船》后,于1924年重新以单色出版,又于1930年以彩色形式再次出版,在当时颇受关注。②国人亦将Ivon A. Donnally翻译为I.A.多纳利,③或译作I.A.唐涅利。④因长期对中国帆船关注与热爱,其对中国传统船只的构造、建筑都甚为熟悉,《峡江一瞥》一书中的众多黑白的插图与素描均由伊方·A.多尼利提供。

---

① 李鹏.近代海关对长江上游航道图的发售与编绘.长江文明.2018年第3期.第79–94页.

② 让-伊夫·博罗.中国帆船——考古之梦.文化杂志.1997年第30期.第163–180页.

③ 沈毅敏、郑明、张玉琪.比利时收藏清代制作中国船模考略.见:上海中国航海博物馆编.海与城的交融.上海:上海古籍出版社.2012年12月.第135–154页.

④《中国海洋文化》编委会编.中国海洋文化·福建卷.北京:海洋出版社.2016年7月.第181页.

峡江一瞥之夔门(原书插图)

第一章　峡江一瞥

体会这条大江的荣耀与危险的最好方法，是乘坐当地的小船旅行。在接下来的描述中，作者会竭力给读者描述穿越三峡时的见闻，这些见闻就像是站在挂子船的甲板上看到的一样。

注补：

峡江：《中国省别全志·四川省》认为“峡江”系“重庆、宜昌两地间，长约360海里之水道，乃是长江航运最为困难之处。所谓三峡天险即在此间，占120余海里”。[①]

大江：即长江，此处蒲兰田特指的是长江上游这一段，亦可呼为川江、峡江。《长江图说》载清末“长江为东半地球各水道中之最大者”，“江之发源未及深考，惟知由西藏以北，向东南顺流，长约千里而至云南，又偏向东北，再转向正东而入于海，自西藏至扬子江口，以直线计约一千九百里，自四川边界至扬子江口，以水道计之约三千里”，“长江分界别名，颇难划一，统言之曰大江，分言之曰扬子江、曰金沙江，按《一统舆图》：自江口至四川长寿县以东约扬子江，自长寿县以西至叙州府以东曰大江，自叙州以西渐折转而南以及云南，又折转向北以至塔城关曰金沙江，又西北而至前藏，曰布垒楚河，又西北则析支，而名亦各异焉”。[②]光绪《巫山县志》将长江呼为“大河”，载“大河即大江，西自奉节县流入县境，经县南门下东流下入湖北巴东县界”。[③]而蒲兰田在本书中所叙述的并不限于宜宾以下河段，还包括宜宾以上的岷江河段和金沙江河段。《中国省别全志·四川省》认为“长江叙州下游部分称作大江，水势骤然倍增，河道渐次扩宽”，“水流不似其上游金沙江一般湍急，又不像岷江一

①［日］东亚同文会编，李彬、万健、高润译．中国省别全志·四川省．北京：中国文史出版社．2020年8月．第128-136页．

②（清）王德均．长江图说．见：（清）王锡祺编录．小方壶斋舆地丛钞三补编 上．沈阳：辽海出版社．2005年12月．第499页．

③（清）连山、（清）白曾煦修，（清）李友梁等纂．光绪巫山县志·卷六·山川志．清光绪十九年刻本．

般时急时缓其度不定”。[①]蓝勇教授指出从《尚书·禹贡》提出“岷山导江”开始，中国古代学者长期以岷江为长江正源，汉唐宋元时期人们并没有金沙江比岷江长的明显意识，更不知金沙江为长江正源，只是到了明代万历以后人们才开始认识到金沙江应为长江正源。但将金沙江看作长江正源并不是明代通识，明代通识是指金沙江流入“大江”（长江），并不是指金沙江为长江正源，也不是指金沙江远于岷江。明人对金沙江的了解主要是对马湖以下的马湖江的了解更准确一些，而关于马湖以上河流注入金沙江的先后错误较多。明代大多数学者并没有对整个金沙江长度、沿途行程具体的记载，更没有将其与岷江做比较，更谈不上都知道金沙江为长江正源及“岷山导江”的错误，反而认为金沙江入“大江”。[②]到了清代，仍然有诸多方志记载长江正源是岷江，如道光《忠州直隶州志》载“岷江在州南，自丰都县流入州境”[③]。道光《江北厅志》亦载流经江北厅的是“岷江”，“源出川西松潘边外西番地之岷山羊膊岭”，“至厅治城南有嘉陵江水从西北来会之”。[④]咸丰《云阳县志》载“东瀼河，自县北九龙池发源，南流至县东一里入岷江”[⑤]。同治《合江县志》载“大江，在县北，即岷江，自泸州流入”[⑥]。同治《巴县志》载“岷江，县西南，自江津县流入巴界，东北入长寿县界”[⑦]。光绪《丰都县志》仍载“岷江，治南江水东经涪州一百里入县境”[⑧]。光绪《奉节县志》载“岷江，治南门外，亦名蜀江，源自岷山，会百川经于夔，汇为瞿塘，一名汶江”[⑨]。这些清末沿长江的诸多方志认为长江正源为岷江，并仍然以岷江称呼流经合江、巴县、江北、丰都、忠州、云阳、奉节等地的长江。《四川考略》载“大江自青海入省东南流，贯注全省，成圆弧形，转东北至夔州入湖北界，为诸川之壑”，仍认为岷江为长江正源。[⑩]

---

①［日］东亚同文会编，李彬、万健、高润译．中国省别全志·四川省．北京：中国文史出版社．2020年8月．第126-127页．

②蓝勇．长江正源探索历史是非考辨．历史研究．2005年第1期，第173-178页．

③（清）吴友篪修、（清）熊履青纂．道光忠州直隶州志·卷一·山川．清道光六年刻本．

④（清）福珠朗阿修，（清）宋煊、（清）黄云衢纂．道光江北厅志·卷一·舆地志·山川．清道光二十四年刻本．

⑤（清）江锡麒修、（清）陈昆纂．咸丰云阳县志·卷一·山川．清咸丰四年刻本．

⑥（清）秦湘修、（清）杨致道纂，（清）瞿树荫等续修、（清）罗增垣等续纂．同治合江县志·卷六·山川志．清同治十年刻本．

⑦（清）霍为棻、（清）王宫午修，（清）熊家彦纂．同治巴县志·卷一·疆域志·川．清同治六年刻本．

⑧（清）田秀栗、（清）徐浚镛修，（清）徐昌绪纂、（清）蒋履泰续纂．光绪丰都县志·卷一·舆地志·山川．清光绪十九年刻本．

⑨（清）曾秀翘修、（清）杨德坤等纂．光绪奉节县志·卷七·山川．清光绪十九年刻本．

⑩（清）龚柴撰．四川考略．上海着易堂清光绪十七年铅印本．

小船:近代长江流域航行船只种类颇多,但峡江地区滩险浪高,航行船只种类则因当地条件限制,显得较为独特。近代川江木船历次调查中,最多的一次发现了70多种木船名称,考虑到许多船名、船型的消失,历史上川江可能曾出现100多种木船名称或船型。对近代川江木船船型的调查并不是由国人开始的,而是由受西方人控制的中国旧海关开始的,始于19世纪80年代。后来,西方国家、日本和我国的一些文献都先后对川江船型、命名、分类做了记载。据《海关十年报告:重庆(1882—1891)》《海关十年报告:宜昌(1882—1891)》记载,主要有厂(敞)口麻秧子、辰州麻秧子、辰边子、辰驳子、辰条子、桥眼船、千担哥、金银锭、秋秋船、秋子船、冲盐棒、厚板、小辰驳子、桡拐子、牯牛船、瓜皮船、贯牛舵、贵州麻秧子、锅铲头、老鸦秋、柳叶帮、橹板、马耳哆、毛板、毛鱼秋、南河船、南(楠)板麻鹊尾、鹅儿子、扒扦船(竹筏)、扒窝子、百甲头、白(柏)板麻鹊尾、半头船、三板船、收口麻秧子、大河船、太红船、刀口船、提篮船、钓钩子、舵龙、舵龙子、草药船、乌江子、乌龟壳、烟火船、阴阳合、麻阳子、麻雀尾、鳅船、辰扁子、桡摆子、沽阳子、扒窝、划子、五板、脚船、跨子等名目的木船。据《长江上游的帆船与舢板》记载,清末长江上游地区的木船有麻秧子、梢麻秧、涪州浆轮面粉船、坐船(漂浮住船)、红船(救生船)、龙船、改良木船、宜昌划子、重庆划子、撒网捉鱼船、竹筏、扒窝子、吉林陀煤船,大宁河神驳子,乌江的歪尾盐船、小歪尾船、蛇船、涪州过河船,嘉陵江的老划秋、舵笼子、巴湾船、东河船、板罾捉鱼船、金银锭、厂边边,綦江的小河船、三板船,赤水河的木料船、杉木筏子,沱江的中元驳、歪尾船、锅铲头、毛鱼秋,岷江的南河船、小木船、大木船、沙船、汽车过渡船、水老鸦捕鱼船、小花船、花船,雅江的竹筏船,关河的木船。据《在重庆日本领事馆管内状况》收录的《重庆领事馆辖区内事情》,三峡民船35种:白板麻雀尾、收口雀尾、南板麻雀尾、麻秧船、辰驳子、鳅船、五板子、胯子船、阴阳同、乌龟壳、马耳声、厂口麻秧子、原(厚)板、舵笼子、小表(辰)驳子、鹅儿子、草菜船、毛鳅、锅钟头、辗船、大河船、贯牛舵、毛板、烟火船、瞻哥、老雅秋、南河船、杖杆船、百甲头、牛头船、乌江子、钓钩子、表(辰)边子、麻秧子、牯牛船,岷江民船17种:大四舱挂子船、三舱挂子船、三舱小挂船、大南河船、五板船、小南河船、麻阳船、小半头船、毛篷船、朵杆船、大河船、毛鳅船、辗船、百甲头船、草菜船、锅钟头船、竹筏,沱江9种:柳叶船、小河船、金银定、秋秋船、秋子船、冲盐船、瓜皮船、歪屁股船、木板船,嘉陵江14种:毛板、五板、燕尾船、舵笼、扒舵、桃子船、鳅子、州帮、老娃邱、强半船、三板、扒湾船、半头、槛载船,涪江4种:毛板、舵笼、贯牛、草菜。以上共记载79种木船,因各流域间五板、草菜、大河、老雅秋(老娃邱)、舵笼子、百甲头、锅钟头为同一种船型,实际记载了67种木船。[①]

三峡:主要指瞿塘峡、巫峡和西陵峡三段长江大峡谷,"三峡是自然的三峡,更是人文的三峡"[②]。历史时期三峡的概念所指是经常有变化的,"汉代《水经》载有广溪峡、巫峡和西陵峡,但汉代三峡作为地名还没见于书面","东汉末三峡作为地名估计已广泛在民间使用了。三国以后三峡作为地名已广泛使用于书面了","魏晋南北朝时期今天三峡库区概念的地域上已有了两个三峡","一个是巴郡之三峡,一个是巴东郡之三峡","唐初,今三峡从西向东仍称广溪峡、巫峡、西陵峡","北宋时期今瞿塘峡又叫西陵峡,今西陵峡又叫归峡","明清时人们对于三峡的名称趋统一,开始习惯称今瞿塘峡为夔峡和瞿塘峡,今巫峡仍称为巫峡,今西陵峡称为西陵峡,直至今日"。[③]光绪《奉节县志》载"瞿塘峡:治东十三里,两岸对峙,中贯一江,滟滪当其口,瞿者,大也,唐水所聚也;又云瞿者,渠也,秋冬水落为瞿,唐者唐也,春夏水溢为唐"[④]。《奉节县志》载瞿塘峡曾名曰广溪峡、夔峡等,"瞿塘峡还曾名西陵峡,与荆州的西陵峡容易混淆"。[⑤]《峡江图考》载"瞿塘峡险滩不止一处,黑石、石板峡、扇子石、燕须漕、台子角、白果背等皆大石,缘岸矗立,犬牙相错,水不能直流,舟如蛇行,水大湍急,不触东便触西,是以难行,道光三年湖北职员李本忠捐资万余两,将黑石滩内燕须漕、石板峡一一凿去,并将白果背纤道一一划平,现在水势较平,挽纤得力,商民赖之",瞿塘峡"旧名西陵,乃三峡之门,两岸对峙,中贯一江,滟滪当其口"。[⑥]光绪《巫山县志》载巫山县巫峡在"县东三十里,与瞿塘峡、巴东峡并称三峡"[⑦]。同治《东湖县志》载"西陵峡,在县西北十五里,三峡之一。袁崧《宜都记》:'自黄牛滩东入西陵界,至峡口一百许里,山水纡曲,林木高茂,哀猿发声,岩谷响应,行者闻之,莫不怀土。'"[⑧]《巴船纪程》载同治时期西陵峡"所见巉岩峭壁,怪形诡

---

① 蓝勇.传统制造名实类分无序与技术时代断层研究———以近代川江木船船型调查反映的现象为例.西南大学学报(社会科学版).2019年第5期.第180–189页.

② 蓝勇主编.千古三峡.福州:福建人民出版社出版发行.2003年6月.第15页.

③ 蓝勇主编.长江三峡历史地理.成都:四川人民出版社.2003年5月.第418–419页.

④ (清)曾秀翘修、(清)杨德坤等纂.光绪奉节县志·卷七·山川.清光绪十九年刻本.

⑤ 四川省奉节县志编纂委员会编纂.奉节县志.北京:方志出版社.1995年12月.第726页.

⑥ (清)国璋撰.峡江图考·上册·宜昌至夔府水道程途.清光绪二十七年上祥袖海山房书局石印本.

⑦ (清)连山、(清)白曾煦修,(清)李友梁等纂.光绪巫山县志·卷六·山川志.清光绪十九年刻本.

⑧ (清)金大镛修、(清)王柏心纂.同治东湖县志·卷六·山川志.清同治三年刻本.

状，顷刻百变，土人辄名其一二，余皆不胜纪述”[1]。光绪八年(1882年)《归州志》载“归峡与瞿塘峡、巫峡，昔称三峡，连亘七百里，重岩叠嶂，隐蔽天日，非亭午夜中不见日月”[2]。《蜀游闻见录》载清末民初“三峡为入川要道”，“瞿塘峡逼近白帝城山根，去夔城仅五里，山横水阻，为川省第一险要，自来用兵者所必争也。下行百余里即巫山峡，三峡以巫峡最长，舟行以巫峡为险，峡中水激如箭，石壁陡绝，无路可攀，仰视天仅一线。再下为湖北秭归、巴东二县，中有新、泄二滩，及最著名之各险滩甚多，且多泡水，舟行者均有戒心，所谓巴峡是也。近地理教科书中，以瞿塘、巫山、西陵，称为三峡”。而1913年冬徐心余“任四川长江下游水警署时，自丰都至奉节，辖地五州县之多，任事八阅月之久，常与地方人士，谈及三峡名称，均以瞿塘、巫山、巴峡对，未闻有所谓西陵者”，可见徐心余等人认为瞿塘、巫山、巴峡为“三峡”。[3]“长江三峡地区是连接中国中西部的天然通道，也是一个世界上少见的拥有几千年文明史的大峡谷。”[4]蓝勇认为世界上的大峡谷十分多，但是没有一条河流拥有长江三峡这样一个长400多千米而有7000多年深厚文明沉淀的大峡谷。早在汉晋时期就有了“三峡”这一称呼，主要就是指今天的长江三峡，郦道元《水经注》载“巴东三峡巫峡长，猿鸣三声泪沾裳”即是指此。唐宋时期几乎所有文化名人都到过三峡，写过相关名篇，如李白的“两岸猿声啼不住，轻舟已过万重山”和杜甫“无边落木萧萧下，不尽长江滚滚来”等，同时唐宋亦有大量以三峡作为绘画题材的名作，最著名者系李公麟的《蜀川胜概图》，明清时期有吴守忠的《三峡通志》、贺笏臣的《峡江救生船志》等三峡历史地理志书涌现。[5]清末以来，国家贫弱，西南地区成为列强觊觎的重要资源产地，于是外国人竞相侵航三峡所在峡江地区，三峡在外国人的游记、笔记中出现的频率大增。随着立德乐侵航川江得逞后，川江行轮兴起，在“瑞生”号失事后又长期停滞，但穿越三峡仍是外国人重要的冒险活动，其目的更是在这一冒险活动之外寻找更多的商机，为其宗主国服务，而当时尚属封闭的大西南地区更是列强竞相争夺的目标，于是穿越峡江成为众多西方民众的心愿，蒲兰田的《峡江一瞥》是颇受想领略峡江风光的普通外国读者欢迎和关注的。

挂子船：清代后期称掛子船、艕子船，大型的称桡摆子。挂子船又有“撑窗掛子”之称，是一种大型的专用客船，官员多取用。据陈明申《夔行纪程》记载，挂子

---

① (清)洪良品.巴船纪程.不分卷.清光绪十七年上海著易堂铅印本.

② (清)沈云骏修、(清)刘玉森纂.光绪归州志·卷一·地舆志·险隘.清光绪八年刻本.

③ 徐心余著.蜀游闻见录.成都：四川人民出版社.1985年5月.第6页.

④ 蓝勇主编.长江三峡历史地图集.北京：星球地图出版社.2015年9月.前言.

⑤ 蓝勇主编.长江三峡历史地理.成都：四川人民出版社.2003年5月.第1页.

船子"内装门窗，安放桌椅，盖顶板为官船"。最早记载挂子船的是《支那政治地理志》，据其记载，此船载重400～600担，所属地为重庆宜昌，是一种客船。后来《支那开港场志》和《管内状况》也记载了这种船，分成大四舱、三舱、三舱小三种，大小分别是100，80，70尺（1尺约为0.33米）长，载重分别是600，500，400担。《支那省别全志》称这种船长可达100尺，载重可达20～30吨。据《申报》记载，这种船因船舱方正，形如清代服饰中的外褂而名。所以严格讲应为"褂子船"，而非"挂子船"。这种船可载三四十人，纤夫水手一般也要四五十人。民国后期这种船已经绝迹，重庆仅在唐家沱卡子有一只作为关船，但清代最多时有400多只。[①]亦有人认为挂子船"内装门窗，安几席，上盖顶板，专以载人而为客船"[②]。挂子船有"船体高、工精细"的特点。[③]赵永康《川江地理略》中载浙江人俞陛平"蜀闱校士毕，乞假三月回籍省亲"，路线即顺江东下，"所赁舟称'四舱艕子'，颇明敞。归路有期，征尘初浣，背灯欹枕，不自知其寐之酣也"，"四舱艕子"即有四个官舱（客舱）的挂子船，底平而宽，吃水浅，适合在岷江这类水浅流急的河流上航行。据俞陛平诗歌"榜人摧桨十枝齐"可知俞氏租赁的这艘挂子船，有10名桡工划桨。[④]日本人中野孤山的《横跨中国大陆 游蜀杂俎》中对挂子船亦有类似介绍。[⑤]《成都通览》载大四舱挂子船"长十丈（1丈约为3.33米），宽一丈二"，从成都到重庆的租船"价约一百两"，三舱大挂子船"长八丈，宽一丈"，从成都到重庆的租船价格约为"八十两"，三舱小挂子船"长七丈，宽一丈"，从成都到重庆的租船"价约六七十两"。[⑥]东亚同文书院编的《中国省别全志·四川省》载挂子船，"主要是乘客用，少有结构比较狭长者，然速度快，易操纵。依其船只大小以及旅客容纳能力，有二仓、三仓之区别，船小者可装20吨，大者可装30吨"[⑦]。

---

① 蓝勇．近代川江木船主要船型流变及变化原因研究．四川大学学报（哲学社会科学版）.2018年第4期．第14–28页．

② 王隆毅主编．巴文化史话．成都：四川人民出版社.2016年11月．第74页．

③ 蓝勇著．西南历史文化地理．西南师范大学出版社.1997年3月．第401页．

④ 赵永康．川江地理略．北京：团结出版社.2016年12月．第1–4页．

⑤［日］中野孤山著，郭举昆译．横跨中国大陆 游蜀杂俎．北京：中华书局．2007年1月．第73页．

⑥（清）傅崇矩编．成都通览 上．成都：巴蜀书社.1987年7月．第305页．

⑦［日］东亚同文会编，李彬、万健、高润译．中国省别全志·四川省．北京：中国文史出版社.2020年8月．第149页．

从宜昌出发(原书插图)

美国人科诺拍摄的清末峡江舿子客船[①]

---

① 蓝勇主编.重庆历史地图集.北京:星球地图出版社.2017年1月.第331页.

英国人陶维新拍摄的清末峡江舿子客船[①]

从宜昌出发，随即来到三峡下游。虽然这里仅距海洋一千多英里，但从海上来到三峡的这段旅程却多少有些乏味。我们这艘挂子船的船老板不得不为这次旅行重新检查船只、雇佣船员，更不用说结清他的债务了，等等。但在租船契约被签订和四分之三的旅费支付给他以前，他什么事情都不会做的。可是，一旦最终出发，如果幸运地遇到一阵上行的顺风，且所有的风帆都打开后，随着前甲板上的各色船员吹着口哨呼唤着更多的上风，游客便会在船中愉快地享受帆船平稳地疾驶了。

注补：

宜昌：宜昌溯江直通巴蜀，东连富饶的江汉平原，顺江畅达汉沪。素有"三峡门户""川鄂咽喉"之称。[②]清末东湖县与宜昌府同治一地，宜昌府城与东湖县城系一地。同治《东湖县志》载"东湖县旧为州，城初治下牢戍，唐贞观九年，乃移建步阐垒，《水经》名故城洲，胡渭《禹贡锥指》注载洲北岸上有步阐故城，其地即今彝陵州治云。宋南渡初，迁于江右，傍紫阳山。建炎中，复移治石鼻山。绍兴中复旧。端平中徙江南。元复移于大江左，因唐旧基。明亦因之，即今县城也。其制旧为八门，今七门。正东为东湖门，即今大东门。正南为南藩门，即今大南门。西南为文昌门，即今小南门。正西为西上门，即今中水门。西北之西为西塞门，即今镇川门。西北之北为北左门，即今小北门。正北为北望门，即今大北门。由东湖门至西塞门

---

① 蓝勇主编．重庆历史地图集．北京：星球地图出版社.2017年1月．第331页．

② 中共宜昌市委政策研究室、宜昌市人民政府经济研究室合编．宜昌市情.1986年7月．第1页．

一里有奇，由南藩门至北望门三里有奇。旧尚有小东门，形家言于风俗不利，开则多怪，旧时遂闭其一，相沿至今，且为台镇之，土人呼为‘威风台’云”，“洪武十二年，彝陵守御千户所许胜、知州吴冲霄，绅士易思、陈永福等率众修砌城垣，高二丈二尺，周围八百六十三丈，垛口三千九百零三垛。东南北三面皆濠，阔四丈五尺，深二丈，西一面临大江”，“成化四年，知州周正、千户常垕复修，高五丈，外砌石，横直勾连，彼此相制，内筑土为卧羊坡，下绕以围，堪容走马”，“崇祯十七年甲申三月初八日，逆贼张献忠自荆入彝，据其城十九日，驱妇女平城，官私衙舍焚毁无遗”，“大清顺治四年，时州归版图，兵民自河西还城中，十二年荆州镇郑四维率属登城踏验，通计崩塌一百二十余丈，顺治十三年请发帑银，委彝左营游击张琦修葺，城垣方有启闭，十四年总镇张大元及知州孔斯和捐资重修”，“康熙三年，淫雨弥月，城复于隍频圮，六年，知州鲍孜规画缮修，城垣巩固”，“雍正五年，霖雨，倒塌一百六十丈有零，知州何广廷奉文发帑兴修”，“乾隆二十四年，陆续倒塌城垛二百一十丈零，倒城墙四十一丈八尺，垛口数如之，知县蔡本椶详请帑银重修，报可。二十六年，复倒塌城垛六十四丈九尺五寸，城墙三段共十丈七尺，小北门城楼一座，知县林有席详请并修，前后领帑缮葺，二十七年工竣，有记”。[①]清末同治年间宜昌地区“其地通岷蜀之门户，据荆襄之上游，商贾辐辏，物产殷繁，环水整山，俨称雄郡”[②]。同治《宜昌府志》载“郡城即彝陵州城，初治下牢戍，唐贞观九年，乃移建步阐垒。宋南渡初，迁于江右，傍紫阳山。建炎中，复移治石鼻山。绍兴中，复旧。端平中，徙江南。元复移于大江左，因唐旧基。明亦因之，即今城是也。其制，旧八门，今七门。正东东湖门，即今大東门。正南南藩门，即今大南门。西南文昌门，即今小南门。正西西上门，即今中水门。两北之西为西塞门，即今镇川门。西北之北为北左门，即今小北门。正北北望门，即今大北门。东湖门至西塞门一里有奇，南藩门至北望门三里有奇”[③]。光绪前期吴焘的《游蜀后记》载“宜昌为入川门户，舟行者入峡，陆行者取道施南，皆于此分路”[④]。咸丰八年（1858年）签订《天津条约》后，汉口被辟为通商口岸，因长江航运之便利，地处川鄂咽喉之宜昌遂成为列强争相觊觎的目标，于是英、美、法等列强的民间及官方军事力量频频侦查汉口以上至宜昌乃至重庆的航道。[⑤]

---

①（清）金大镛修、（清）王柏心纂．同治东湖县志·卷九·营建志·城池．清同治三年刻本．

②（清）聂光銮修，（清）王柏心、（清）雷春沼纂．同治宜昌府志序．清同治四年刻本．

③（清）聂光銮修，（清）王柏心、（清）雷春沼纂．同治宜昌府志·卷四·建置志·城池．清同治四年刻本．

④（清）吴焘．游蜀后记．抄本．见：李勇先、高志刚主编．巴蜀珍稀交通文献汇刊．第九册．成都：成都时代出版社．2016年12月．第180页．

⑤ 周永峰编著．长江流域的引航救助．武汉：长江出版社．2015年9月．第129页．

光绪二年(1876年)《中英烟台条约》签订,宜昌从此开埠,使英国得到了入侵中国巴蜀腹地的权利及桥头堡,英国从这一不平等条约中所获得的各项权益,很快被其他列强"一体均沾",西方势力皆以宜昌为基地进入西南地区进行侦察刺探,宜昌成了列强向中国西南进发的基地。[1]故而立德乐、蒲兰田等人历次试航峡江地区皆以宜昌为出发点,蒲兰田写作此书亦是以宜昌为出发点。

宜昌城(原书插图)

清末民初宜昌码头小景[2]

① 邓少琴编著.近代川江航运简史.重庆地方史资料组.1982年10月.第1-3页.
② 蓝勇主编.长江三峡历史地图集.北京:星球地图出版社.2015年9月.第205页.

清末宜昌城全景[①]

民国时期宜昌码头棚户[②]

穿过层层小船之间的水路，利用近岸缓缓的回水，我们的挂子船离开了宜昌，将其抛在船尾后面，西坝岛上船员的家，逐渐进入人们的视野。航船在此休息时，开始为船舶、船员补充这次航行必需的物资。在“全体上船”的口令声中，主帆再一

① 蓝勇主编.长江三峡历史地图集.北京：星球地图出版社.2015年9月.第246页.

② 蓝勇主编.长江三峡历史地图集.北京：星球地图出版社.2015年9月.第204页.

次升起，游客发现他们正在进入长江的第一个大峡谷——黄猫峡，黄猫峡与灯影峡一起，构成了外国人所熟知的宜昌峡。十六英里长的大江，冲破一系列山峦的束缚，恣意奔腾向前，巨大的岩石构成了它的岩体江岸。这个峡谷给游客展现的风景让他们忘掉了乘坐轮船从上海到宜昌时的单调景观，让游客成为自然的热爱者，也让其心情愉悦。然后，他的思绪会在一个全新的不受世俗的束缚的世界里遨游，并且尽情地享受自然的壮丽景色。

注补：

西坝岛：亦称西塞坝、西塞洲。同治《东湖县志》载“西塞坝，一云西塞洲，县西北城外，隔一溪，水落可陆行径达”①。同治《宜昌府志》亦有相同记载。②西坝岛是湖北宜昌长江中的一个小岛，位于长江北岸，系一大沙洲，居民甚众，在汽船未通川江前，为民船之停泊所，极为繁盛，今已衰落。③西坝岛正当西陵峡口，临江扼险，历来被兵家当作水上要塞。④岛上在三国时曾建有陆抗城，至今留有陆抗屯军的屯甲沱地名。

黄猫峡：长21里，自南津关起至石牌珠。⑤黄猫峡又名宜昌峡，是西陵峡中最后一个小峡，因峡中峭壁上有一黄色岩石，酷似一只蜷伏在那里的黄猫而得名，峡区内的名胜古迹很多，主要的有石牌和石龙洞等。⑥清末民初的黄猫峡“冬季，风向通常与水流方向相反。若逆流而上，船夫通常靠岸驶船，高立桅杆，扬帆乘风而行。若顺流而下，则收帆取道江中，最大程度地借助水势”⑦。

灯影峡：又称明月峡，长约三十里，自石牌珠迄黄陵庙。⑧同治《东湖县志》载“明月峡：在县西二十里，悬岩间白石状如月”⑨。同治《宜昌府志》载“明月峡：在县西二十里，悬岩间白石状如月。李白诗：春水月峡来。欧阳修诗：江上挂帆明月峡”⑩。清末民初，灯影峡“每当落霞晚照，峡中山影栩栩如生，极似灯影戏中的人

---

①（清）金大镛修，（清）王柏心纂．同治东湖县志·卷六·山川志．清同治三年刻本．

②（清）聂光銮修，（清）王柏心、（清）雷春沼纂．同治宜昌府志·卷二·疆域志·山川．清同治四年刻本．

③ 王镛．蜀风集 文守仁先生遗著．1998年3月．第363页．

④ 湖北省宜昌市文艺创作室《三峡风物》编写组编．三峡风物．1980年7月．第20页．

⑤ 王镛．蜀风集 文守仁先生遗著．1998年3月．第363页．

⑥ 朱技能、程建设编著．三峡旅游手册．成都：四川人民出版社．1988年5月．第114页．

⑦［英］唐纳德·曼尼著，赵省伟编，彭金枝、栾晓敏译．西洋镜：一个英国风光摄影大师镜头下的中国．广州：广东人民出版社．2018年4月．第18页．

⑧ 王镛．蜀风集 文守仁先生遗著．1998年3月．第364页．

⑨（清）金大镛修，（清）王柏心纂．同治东湖县志·卷六·山川志．清同治三年刻本．

⑩（清）聂光銮修，（清）王柏心、（清）雷春沼纂．同治宜昌府志·卷二·疆域志·山川．清同治四年刻本．

物，故名灯影峡”①。灯影峡在西陵峡中扇子峡下游、长江西岸，距宜昌市约17千米。两岸峰峦高达五六百米，岩壁色泽乳白，皎如明月。其中马牙山头，屹立巨岩四堵，状如《西游记》中师徒四人偕行的模样，每当夕阳斜照，晚霞透射峰顶，从峡中远望，此四岩好似灯影摇曳，故有灯影峡之名。②

当游客继续前行，这座峡谷的全貌逐渐展现出来，游客们会发现宜昌峡的确非常宏大。幽静深邃的长江，在险峻的石灰岩崖壁之间威严地流淌，这些崖壁的顶部都是巨大的岩体和峰峦，就像中世纪城堡上的城垛。而这些看起来像中世纪城堡城墙的陡崖上，一些地方为灌木、草丛所覆盖，有些则只有色彩各异的巨大裸露岩体。这样的崖壁，让阳光明媚的晴天真正成为拥有壮丽风景的万花筒，而游客坐在轮船中仓促通过时是无法完全彻底地欣赏完这些风景的。

注补：

中世纪城堡：中世纪城堡是西欧中世纪文明的重要载体，是与西欧封建制度相伴而生的产物，在中世纪中晚期遍布于西欧各地，王室、贵族、骑士依靠城堡统治地方。③西欧中世纪城堡“是防御敌人进攻的堡垒，也是贵族骑士及其家庭成员的住所，城堡的军事功能使其防御设施完备，城堡的日常居住功能使其生活设备齐全，许多城堡既是军事堡垒又是生活乐园”。公元9世纪是西欧城堡建设的繁荣时期，最主要的标志是石质城堡取代了木质城堡，“石头取代木头作为主要材料后，城堡的规模、结构和形状都随之发生变化。城堡的规模更为高大宏伟，结构更为复杂，外观形状的主要变化由原来方型（形）建筑逐渐向圆形和其他多种形状转变”。“公元11世纪中叶到公元13世纪，城堡进入发展的全盛时期，随着经济的发展和哥特式建筑的风行，城堡的数量和建筑风格都有显著增加和明显变化。在西欧各地，城堡星罗棋布，有些城堡扼守军事要地，有些挟持水陆要道，有些雄踞峻岭之巅，还有些耸立在平原上。”“目前，保存下来最好的中世纪城堡大多在不列颠岛上的威尔士地区。”14世纪开始，城堡开始衰落，到15世纪衰落速度加快，衰落的原因是“政治统一所带来的和平和地方贵族失去领地统辖权，使城堡的发展失去了合适的社会土壤”，另一个原因是“城堡越来越不能满足居住者追求舒适的要求”。④

---

① [英]唐纳德·曼尼著，赵省伟编，彭金枝、栾晓敏译．西洋镜：一个英国风光摄影大师镜头下的中国．广州：广东人民出版社．2018年4月．第58页．

② 国家文物局主编．中国名胜词典 精编本．上海：上海辞书出版社．2001年4月．第832页．

③ 赵阳．社会变迁中的英国中世纪城堡．北京：生活·读书·新知三联书店．2017年7月．第1–2页．

④ 倪世光著．西欧中世纪骑士的生活．保定：河北大学出版社．2004年8月．第122–127页．

乘风破浪穿过宜昌峡(原书插图)

宜昌峡虽然风景如画,但绝不是宜昌到夔府之间最壮观的峡谷。这里的峡谷景观能够很好地被读者所理解,因为笔者正是带着读者的眼光,去描绘水位较低的冬日里的峡谷景观的。宜昌峡峡谷景色在不同季节的变化是如此巨大和奇妙,因而书中描绘的景色必须针对特定的季节才能清晰地体会。

石牌——宜昌峡(原书插图)

注补：

石牌：清末石牌系石鼻山下一巨石，状如牌，故名。同治《东湖县志》载“石鼻山在河西铺，峙江干，县西北四十里。高五百余仞，下临江流，中有巨石，横六七十丈，如簰筏，因名，亦曰石鼻，后周移州治于此”[①]。同治《宜昌府志》载“石鼻山，在县西北四十里，高五余仞，下临江流，中有巨石，横六七十丈，如簰筏，因名，亦曰石牌，后周移州治于此”[②]。《行川必要》载石牌珠在“河中”，“下大南漕水船绕北岸，不可大意”，而“石牌”在“南岸”，“南漕水”即“谓不大不小之水，且有大小南漕之分”。[③]《峡江图考》载石牌在“河中”，“中平水险”，“石牌珠排立江心，洪流激撞，上中水至险”。[④]今天的石牌是位于长江三峡西陵峡右岸、长江南岸的一个小村庄，隶属于湖北省宜昌市夷陵区，方圆35千米，因一块高40米，顶宽12米，厚4米，重达4300余吨，形如令牌的花岗岩巨石而得名。也因为这块巨石，长江在这里突然右拐110度。正因为这个弯和两岸兀立的石壁，自古以来，这里就是据守长江的天险，有着“上护川江，下扼荆当”之称，历来是军事要地。[⑤]原石牌村庄被淹没，村庄后靠，现在已经成为令人瞩目的三峡人家5A级景区的旅游线路的组成部分，建有旅游码头等旅游服务设施。

通过宜昌峡时，“龙洞”是值得去的一个景点，该景点位于离平善坝不远的长江右岸，而海关关口即位于平善坝。当地中国人说，这个被水冲蚀的洞穴绵延有数英里长，洞穴里面还有一个出口。“龙洞”得名于洞穴底部形成的一个奇特的类似于一条龙的软石灰石，这一岩石距离洞穴口不过数码的距离。

---

①（清）金大镛修，（清）王柏心纂．同治东湖县志·卷六·山川志．清同治三年刻本．

②（清）聂光銮修，（清）王柏心、（清）雷春沼纂．同治宜昌府志·卷二·疆域志·山川．清同治四年刻本．

③（清）贺缙绅、即罗缙绅．行川必要．不分卷．清光绪四年刻本．

④（清）国璋撰．峡江图考·上册·宜昌至夔府水道程途．清光绪二十七年上祥袖海山房书局石印本．

⑤ 李涵主编．档案揭秘 改变世界格局的历史细节．北京：北京时代华文书局．2016年4月．第50页．

南沱——宜昌峡中一个独特的角落(原书插图)

平善坝(原书插图)

注补:

龙洞:即石龙洞,亦称“神龛洞”“龙穴”。《宜昌县志》载石龙洞“位于县西石牌,是目前三峡中发现的第一大溶洞”①。三峡蓄水之前,石龙洞“从船上看去,颇像一条巨龙张着巨口,洞中宽若厅堂,深若地窟,泉水叮咚,冬暖夏凉。洞中的钟乳石形

① 湖北省宜昌县地方志编纂委员会编纂.宜昌县志.北京:冶金工业出版社.1993年2月.第76页.

态生动，引人遐想”[①]。《中国长江三峡大辞典》载石龙洞“位于黄猫峡南岸的悬崖绝壁间”，“洞底的钟乳石形成一条巨大蜿蜓的长龙；洞顶洞壁的钟乳又形成许多形态各异的小龙”，1915年秋，英国驻宜昌领事许勒德陪同《远东杂志》欧籍记者欧尔温夫妇到石龙洞探险，欧尔温随即在《远东杂志》发表《神龛洞探石龙记》，于是石龙洞名声大噪，石龙洞中石龙的发现甚至被正在图谋称帝的袁世凯集团视为“祥瑞”，使得石龙洞名声更加显赫。[②]《神龛洞探石龙记》随即被甘作霖翻译成中文发表于《东方杂志》，文章载石龙洞位于平善坝税关之上游“一英里许”，在“江之右岸”，“华人名此穴曰神龛洞，洞口有巨石，石后约八码许，又有一石，形状绝诡异，略如蟠曲之爬虫，虽依稀形似，未为酷肖，然华人垂注之情，则显甚殷切”，“据土著相告，谓此洞有时亦称‘龙穴’，穴长五十里，直通宜昌相近之龙王洞，故其名甚著”。[③]

平善坝：道光《大清一统志》载“在东湖县西北十五里，自蜀出峡，至此相庆，故名”，意即渡过了峡江最险部分，至此可以庆贺在波涛汹涌的峡江劫后余生，因平善坝以下江流平缓并且安全矣。[④]平善坝在长江南岸，峡势之险，江流之急，至此改善，故其地以此得名，有宜昌关之分关，自四川而来之船，征税于此。[⑤]同治《东湖县志》载“平善坝：在县西北三十里，按《一统志》云：‘峡势之险，至此稍平善矣。’”[⑥]同治《宜昌府志》载“平善坝：在县西北三十里”，“峡势之险，至此稍平善矣”，意即峡江之险，至此稍微缓和。[⑦]《行川必要》载小平善坝在“南岸”，“枯水防浅”；大平善坝在“南岸”，设有“盐卡”，“宜昌至此三十里，下水此处靠船不及，转靠红溪亦可”，所谓“靠船”即指“挽泊也”。[⑧]清末民初，为加强对川盐中私盐的稽查，沿江设有各类局所关卡“查验水运过道盐载”，分别是：邓关盐运所、怀德镇分卡、江口盐运所、虎渡溪盐运所、大河坝盐运所、县门关盐运所、纳溪分卡、合江督销局、江北督销局、唐家沱分卡、香国寺分卡、万巫督销局、合川盐运所、巫山盐运所、洞岗嘴盐卡、泸纳督销局、夔关盐运所、宜昌平善坝掣验局、官渡口、平善坝查验处等，除江北督销局、合川

① 朱技能、程建设编著．三峡旅游手册．成都：四川人民出版社．1988年5月．第114页．

② 柏世友等主编．中国长江三峡大辞典．武汉：湖北少年儿童出版社．1995年9月．第289页．

③ 甘作霖．神龛洞探石龙记．东方杂志．1916年第13卷第4期．第66–68页．

④（清）穆彰阿等修，（清）李佐贤等纂．道光大清一统志．上海：商务印书馆．民国二十三年据清道光二十二年进呈写本影印本．

⑤ 王镛．蜀风集 文守仁先生遗著．1998年3月．第364页．

⑥（清）金大镛修、（清）王柏心纂．同治东湖县志．卷六·山川志·清同治三年刻本．

⑦（清）聂光銮修，（清）王柏心、（清）雷春沼纂．同治宜昌府志·卷二·疆域志·山川．清同治四年刻本．

⑧（清）贺缙绅、即罗缙绅．行川必要．不分卷．清光绪四年刻本．

盐运所额配“巡船二只”，唐家沱分卡额配“坐船一只，划子一只”，官渡口额配“坐船一只”外，包括平善坝等在内的其余局所关卡均额配“巡船一只”，用于稽查私盐。“此外每年夏秋临时添设之灌口滩委员尚有租赁巡船五只，以为救护盐船之用”，可见平善坝等关卡局所不仅有查验缉私之功能，亦有救捞盐船之作用。[①]光绪中期英国人莫理循亦溯江而上考察时载“英国海关在平善坝设立一个海关分站”[②]。光绪后期武尔士的《长江激流行 法国炮舰首航长江上游》载“平善坝：清帝国的海关，这是个风景宜人的小镇，坐落在河谷，四周环抱着高峻的山丘”[③]。《峡江图考》载平善坝在“南岸”。[④]《中国省别全志·四川省》载“大平善坝”在长江右岸，距离重庆764千米，“山峡至此终归渐趋平坦”，“小平善坝”在长江右岸，距离重庆约767千米，“有税关”。[⑤]小平善坝因葛洲坝工程蓄水被淹没，大平善坝则仍留有部分。

右岸：即长江南岸。一般情况下河流的左、右岸，就是面向下游，左手边是左岸，右手边是右岸。

码：码是英、美等国家中比较常用的长度计量单位。1码=0.9144米。旧时上海的公共租界虽非殖民地，但作为英美在中国最大的商品销售地，早期也采用这个计量单位。[⑥]近代许多英美人民来华后于日常生活中依旧使用“码”这一距离单位，文中“数码”的距离就是相当于数米的距离。

当游客到达南沱后，这个小村庄后面的灯影峡的航行极度艰难，挂子船甲板上的物件，会随着江水不断变化的翻腾起伏而上下有序地波动和摇摆。旅客转弯进入湍急的腰站河时会领悟已经看到的景物并准备好接受新的观感。腰站河是峡江的一段呈叉状且蜿蜒曲折的江段。在十四英里的范围内，江水冲刷出一条一英里宽的山谷，从高处俯瞰时，就完全是个满是岩石、沙子、荒地的原野。峡江两岸全是成堆的鹅卵石、绵长而参差不齐的礁石、满是沙石的河湾，就像崎岖的海岸一样。獭洞滩是我们遇到的第一个险滩，除了獭洞滩和几个比较棘手的地点外，腰站河在

---

① 林振翰编．川盐纪要·第四篇第十二章·缉私．上海：商务印书馆．民国五年初版．民国八年再版．第411–412页．

② [英]莫理循著，张皓译．中国风情 风土．北京：国际文化出版公司．1998年7月．第12页．

③ [法]武尔士著，曹娅、赵文希译．长江激流行——法国炮舰首航长江上游．重庆：重庆出版社．2019年6月．第26页．

④（清）国璋撰．峡江图考·上册·宜昌至夔府水道程途．清光绪二十七年上祥袖海山房书局石印本．

⑤ [日]东亚同文会编，李彬、万健、高润译．中国省别全志·四川省．北京：中国文史出版社．2020年8月．第135页．

⑥ 叶世荪、叶佳宁著．上海话外来语二百例．上海：上海大学出版社．2015年9月．第123页．

冬天并不危险。可是,当江水水位从低水位上涨到中等水位时,情况会迅速变糟,冬日里平静透明的江水,会逐渐变成猛烈汹涌并带着漩涡的赭黄色浊流,淹没掉宽谷,在巨大且成堆的鹅卵石和礁石之间产生了许多险滩、激流漩涡和窄窄的航道,让航行变得痛苦漫长且危险,就像是专为虚弱的挂子船、粗壮的老式软布条风帆货船和现代轮船准备的一样。

注补:

南沱:位于今天湖北省宜昌市夷陵区西陵峡南岸,现在系一普通村落。同治《东湖县志》载"南沱在袁家铺,去城六十里"。当地亦有"南沱溪","在袁家铺,去城西北六十里。一源发于深溪铺中宝坪,一源发于社林铺柘檀溪,经本铺跳鱼滩、谭家坝、袁家坪,归南沱入江"。[①]同治《宜昌府志》亦载"南沱:去城六十里"[②]。清末时期南沱还是重要的关口,同治《东湖县志》载"南沱巡检司在县西,离城六十里"[③]。《行川必要》载南沱在"北岸","平善坝至此三十里,大水,泡大漩大,下水船若跑北,宜速提头,不可大意,防败黄颡洞"。[④]《峡江图考》载南沱在"北岸","大水险,泡大漩大,下水船若跑北岸,宜速提头,不可大意,防败黄颡洞","南沱水势汹涌,激流成漩,一发必三,大水至险"。[⑤]《中国省别全志·四川省》载"南沱"在长江左岸,距离重庆743千米。[⑥]

腰站河:又称"腰叉河""腰斩河"。《峡江图考》载腰站河,"此处水势虽平,沿河皆有险滩,上下水宜小心"[⑦]。清末民初腰站河"满目荒凉,尽是些礁石、河沙和荒地","两岸都是卵石、暗礁和沙滩",丰水期"随着水位渐长,江水也会日渐浑浊,掀起波澜"。[⑧]腰站河是长江中自黄陵庙起至崆岭滩,长约15千米的一段峡江,寓有拦腰斩断之意,这一段河床礁石林立,每到洪水时,露出的岩石均被水淹没,化为暗

---

①(清)金大镛修,(清)王柏心纂.同治东湖县志·卷六·山川志.清同治三年刻本.

②(清)聂光銮修,(清)王柏心、(清)雷春沼纂.同治宜昌府志·卷二·疆域志·山川.清同治四年刻本.

③(清)金大镛修,(清)王柏心纂.同治东湖县志·卷九·营建志.清同治三年刻本.

④(清)贺缙绅、即罗缙绅.行川必要.不分卷.光绪四年刻本.

⑤(清)国璋撰.峡江图考·上册·宜昌至夔府水道程途.清光绪二十七年上祥袖海山房书局石印本.

⑥[日]东亚同文会编,李彬、万健、高润译.中国省别全志·四川省.北京:中国文史出版社.2020年8月.第135页.

⑦(清)国璋撰.峡江图考·上册·宜昌至夔府水道程途.清光绪二十七年上祥袖海山房书局石印本.

⑧[英]唐纳德·曼尼著,赵省伟编,彭金枝、栾晓敏译.西洋镜:一个英国风光摄影大师镜头下的中国.广州:广东人民出版社.2018年4月.第12页.

礁，江水受礁石的阻力，改变水流方向，形成挑流。滩多、水急、泡漩多的腰叉河，只有江心航道，没有主航副航之分，是三峡航道的险要河段。[①]因江中群礁巨石，险滩特多。冬季航行群礁间，航路甚狭，夏季泡漩急流，势甚猛烈。近代逢滩马力小之轮船，船首往往冲激甚剧，故此段终年危险。[②]

獭洞滩：亦作塔洞滩、达洞滩，同治《东湖县志》载“獭洞滩：在峡江心，距县一百四十里，最险”[③]。同治《宜昌府志》亦载“獭洞滩：在峡江心，距县一百四十里，最险”[④]。《巴船纪程》载同治时期“獭洞，一名达洞，江心有巨石，激水悍怒”[⑤]。獭洞滩在江中，距虎头滩4.5千米。大石当江心，激流触石后迅猛分流，四季俱险恶。[⑥]英国人托马斯·桑维尔·库珀在《长辫长袍闯华西》第三章中载此为“塔洞(Ta-tung)”，与此稍异，但亦记载了其情状，谓“这是一处险滩，江心有个岩石小岛，将江水一分为二，两侧水流湍急，白浪翻滚，长达300多码，直到小岛尾端才平静下来”[⑦]。武尔士的《长江激流行 法国炮舰首航长江上游》载“獭洞滩由一列低矮的岩石组成，船过的时候，这个滩大部分被淹没在水下，中间的一块岩石除外，它更靠右岸一点，而不是左岸；江的横断面变窄，水流明显抬高，涡流和漩涡搅得江水激荡，像沸腾的锅炉”[⑧]。《行川必要》载獭洞在“南岸”，“上枯水纤缆二合，添人夫；下枯水南漕水，船绕北岸，好搭南岸之水，方能归漕”。[⑨]《峡江图考》载塔洞在“河中”，“中、平、小，上下水险”，“獭洞子怪石逶迤，江心水势澎湃，触石分趋，四季水皆险”。[⑩]《中国省别全志·四川省》载獭洞在长江右岸，距离重庆723千米，“江中有怪石，水少时危险”。[⑪]

---

① 长江流域规划办公室编．三峡大观．水利出版社．1983年5月．第154页．

② 王镛．蜀风集 文守仁先生遗著．1998年3月．第365页．

③（清）金大镛修，（清）王柏心纂．同治东湖县志·卷六·山川志．清同治三年刻本．

④（清）聂光銮修，（清）王柏心、（清）雷春沼纂．同治宜昌府志·卷二·疆域志·山川．清同治四年刻本．

⑤（清）洪良品．巴船纪程．不分卷．清光绪十七年上海著易堂铅印本．

⑥ 王镛．蜀风集 文守仁先生遗著．1998年3月．第365页．

⑦［英］托马斯·桑维尔·库珀著，孙琳、马剑译．一名英商的华西游历：从宜昌到重庆．中国人文田野．成都：巴蜀书社．2020年第9辑．第224-241页．

⑧［法］武尔士著，曹娅、赵文希译．长江激流行——法国炮舰首航长江上游．重庆：重庆出版社．2019年6月．第28页．

⑨（清）贺缙绅、即罗缙绅．行川必要．不分卷．光绪四年刻本。

⑩（清）国璋撰．峡江图考·上册·宜昌至夔府水道程途．清光绪二十七年上祥袖海山房书局石印本．

⑪［日］东亚同文会编，李彬、万健、高润译．中国省别全志·四川省．北京：中国文史出版社．2020年8月．第135页．

清末民初獭洞滩“江岸遍布卵石，坑洼不平”，“纤夫蹒跚其间，对纤夫们来说，受伤是家常便饭，他们全力拽拉肩上的竹绳，同时还得低头在乱石间寻找下一个落脚地”。①

獭洞滩——帆船们正在这险滩下较为平静的水面等待被拖过獭洞滩（原书插图）

清末獭洞滩②

腰站河的一个特色是黄牛峡的白垩质崖壁，非常类似于多佛尔海峡的崖壁，这些白垩质崖壁位于河流右岸高耸险峻的斜坡上，在到达牛肝马肺峡巨大的入口前，这些白垩质崖壁会一直呈现在眼前。

①［英］唐纳德·曼尼著，赵省伟编，彭金枝、栾晓敏译．西洋镜：一个英国风光摄影大师镜头下的中国．广州：广东人民出版社．2018年4月．第26页．

② 蓝勇主编．长江三峡历史地图集．北京：星球地图出版社．2015年9月．第109页．

红石——腰站河里一个危险的礁石(原书插图)

注补:

红石:即红石子,附近有红石子滩。同治《东湖县志》载"红石子滩,在峡江北岸罗佃溪口,距县八十里,最险"①;同治《宜昌府志》亦有相同的记载②;《东归录》载同治时期"红石在北岸罗佃溪口,俗呼为红石子滩"③。《行川必要》载红石子在"北岸","下水宜衔渣波石而下,不可吊勾,亦不必宋头,此滩凶险异常,谨防打枪",所谓"宋头",即"行船投水,急流冲逼,以致回头之谓"。④《峡江图考》载"红石子"在"北岸","大水险,红石未现,定须在美人沱、山斗屏停泊,候水平再走","诸险滩惟红石为最,春夏水当际两岸,怪石错列,波涛汹涌,水路曲折,为峡江第一险要,舟行至此,必停泊避之"。⑤《中国省别全志·四川省》载"红石子"在长江左岸,距离重庆738千米,"水流量大时有危险"。⑥峡江船工号子对此便有记载,谓"庙河地方好靠船,大、

①(清)金大镛修,(清)王柏心纂.同治东湖县志·卷六·山川志.清同治三年刻本.

②(清)聂光銮修,(清)王柏心、(清)雷春沼纂.同治宜昌府志·卷二·疆域志·山川.清同治四年刻本.

③(清)洪良品.东归录.不分卷.清光绪十七年上海著易堂铅印本.

④(清)贺缙绅、即罗缙绅.行川必要.不分卷.光绪四年刻本。

⑤(清)国璋撰.峡江图考·上册·宜昌至夔府水道程途.清光绪二十七年上祥袖海山房书局石印本.

⑥[日]东亚同文会编,李彬、万健、高润译.中国省别全志·四川省.北京:中国文史出版社.2020年8月.第135页.

二、三珠把河拦，崆岭赛过鬼门关。上六角，下六角，红石凶水真正恶”[1]。但同治《东湖县志》亦载“红石：在荆门山下，踞水之涯，舟过其处，必挽索以攀之，有风则奋楫而上”[2]；同治《宜昌府志》亦有相同的记载[3]。但荆门山在今宜昌市下游，并不在宜昌前往重庆的峡江中，可知同治《东湖县志》与同治《宜昌府志》所载“红石”或并非宜昌上游峡江中的红石。

黄牛峡：同治《东湖县志》载“黄牛峡：在县西九十里，巨石排空，惊涛拍岸，峡中最险处也。汉诸葛亮立祠祀黄牛之神。碑记云：‘犹有董工开导之势。古传所载，黄龙助禹开江治水，九载而功成，信不诬也。’后人于庙侧立武侯祠”；同治《东湖县志》亦载黄牛峡有“黄牛滩，俗呼大老翁滩、小老翁滩，在峡江南岸，距县九十里，最险”。[4]同治《宜昌府志》亦有相同的记载。[5]

多佛尔海峡：英文名为Strait of Dover，法语名加来海峡（Pas de Calais），在英吉利海峡东部，介于英国和法国之间，最窄处仅33千米，是国际航运要道，欧洲大陆去英国的最短海道。[6]海峡大部分水深35～55米，最深点64米，海底多石砾与砂子，少淤泥，两岸均有白垩质峭壁，原是连成一体的白垩高原，后经两侧隆起，中间断陷，形如地堑。[7]多佛尔海峡最著名的就是其白色悬崖，白色悬崖也是当地重要的航道标识。

腰站河的另一个特点是，船只随时可能会遭遇意外，卸下货物并成功修复再重新出发后，船只可能会于某一时刻在上游或者下游不远的地点再次完全失事。

如果旅客选择步行通过险恶的腰站河的话，他应当心登上右岸，因为环顾峡江左岸，他会在江水的最高水位线上发现一条清晰的小路，可能只有半英里长，但足能使旅客避开攀爬岩石的疲劳与江滩上紧随而来的纤夫，有时还能避开不能入乡随俗的严肃问题。在腰站河的河湾与其他水域上能经常看到人们用水獭与鸬鹚来捕鱼，这是非常有趣的。

---

① 宜昌市文化局、三峡大学三峡文化研究中心.三峡民间艺术集粹.武汉：长江文艺出版社，2003年5月第1版，第30～32页。

② （清）金大镛修，（清）王柏心纂.同治东湖县志·卷六·山川志.清同治三年刻本.

③ （清）聂光銮修，（清）王柏心、（清）雷春沼纂.同治宜昌府志·卷二·疆域志·山川.清同治四年刻本.

④ （清）金大镛修，（清）王柏心纂.同治东湖县志·卷六·山川志.清同治三年刻本.

⑤ （清）聂光銮修，（清）王柏心、（清）雷春沼纂.同治宜昌府志·卷二·疆域志·山川.清同治四年刻本.

⑥ 辞海（修订稿）·地理分册·外国地理.上海：上海人民出版社.1977年5月.第189页.

⑦ 袁伟华主编.天下名峡.广州：广东旅游出版社.2002年6月.第84页.

牛肝马肺峡(东面入口)(原书插图)

牛肝马肺峡(原书插图)

腰站河上面是牛肝马肺峡,英文名叫 Ox-liver Gorge,牛肝马肺峡宏伟壮丽的入口即是崆岭峡,英文名叫 Pierced Mountain Gorge。在这些峡谷底部的景色是如此宏伟壮丽、不可思议,这里空旷异常,并堆着许多令人生畏的崆岭石。

注补：

牛肝马肺峡：又名“马肝峡”，位于归州城东19.5千米，西起新滩凤凰嘴，东至茅坪烟家洞，全长4.5千米。[①]《巴船纪程》载同治时期“峭壁上有石悬出，如牛肝马肺形，土人因名曰牛肝马肺峡”[②]。光绪八年(1882年)《归州志》载“马肝峡，州东三十五里”，“峡口两山耸立，摩天崖石，下垂如马肝，故名”。[③]《中国省别全志·四川省》载牛肝马肺峡距离重庆699千米，“山峡壁立，景色绝佳”。[④]牛肝马肺在湖北省宜昌市西陵峡上段，自九畹溪溯江而上，北岸峭壁山，高悬钟乳石两处，一形成尖状，薄如肝，一形圆如肺，以此石形象，故而命名牛肝马肺，峡名以此，马肺下半已断落，上行先见牛肝后见马肺，一经指示，立可辨认。[⑤]马肺剥落大半的原因据说是在光绪年间，英国军舰开炮轰击所致，郭沫若在《过西陵峡》诗中有“兵书宝剑存形似，马肺牛肝说寇狂”句，即指此事。[⑥]

崆岭峡：《巴船纪程》载同治时期崆岭峡“绝崖峭立，飞鸟不能栖。水中有三大石，如品字，伏而不见，激水泡起，舟不敢近。俗有头珠、二珠、三珠之名，谓水漩成珠也，舟行须对石直下，至石间回舵乃安。如望见石头即让，反触碎舟矣。又有南丈珠，紧接三珠石余喷，逼溜南下，狂澜恣肆。北丈珠紧接南丈珠，溜急石露，冲激飞腾，水洄尤险”[⑦]。《行川必要》载崆岭在“河中”，“下枯水如遇大下风，船泊老关庙，不可开行，枯水当令须请本地滩师”。[⑧]光绪八年(1882年)《归州志》载“空舲峡，州东四十里，亦曰空泠峡，悬崖削立，飞猿不能渡。水势汹涌，山石荦确。夏时水涨，必空其舱，方可上下”，“江水自建平至东界峡甚奇，谓之空舲峡，即宜都、建平二界也。遥望岭表，有五六峰参差互出，上有两石人立，若攘袂相对，俗传两郡督邮争界于此，宜都督邮厥势小东倾，盖稍怯云”，“绝崖壁立，湍流迅急，挽舟甚难，务空其舲，然后得过，因名”，“峡有大石，大石左下三石联珠，峙伏水中，土人号曰三珠石，

---

① 湖北省秭归县地方志编纂委员会编.秭归县志.北京：中国大百科全书出版社.1991年5月.第122页.

②（清）洪良品.巴船纪程.不分卷.清光绪十七年上海著易堂铅印本.

③（清）沈云骏修，（清）刘玉森纂.光绪归州志·卷一·地舆志·险隘.清光绪八年刻本.

④［日］东亚同文会编，李彬、万健、高润译.中国省别全志·四川省.北京：中国文史出版社.2020年8月.第134页.

⑤ 王镛.蜀风集 文守仁先生遗著.1998年3月.第366页.

⑥ 国家文物事业管理局主编.中国名胜词典 湖北、湖南分册.上海：上海辞书出版社.1983年6月.第59页.

⑦（清）洪良品.巴船纪程.不分卷.清光绪十七年上海著易堂铅印本.

⑧（清）贺缙绅、即罗缙绅.行川必要.不分卷.光绪四年刻本。

舟行必由大石左旋，捩柁右转，毫厘失顾，舟糜礳石上矣。明万历十八年知州吴守忠始凿平之，改名通舲峡”。[①]《峡江图考》载“崆岭峡，两山耸立，摩天岩石，下垂如肺肝然，亦名牛肝马肺峡，江内湍流迅急，挽舟甚难，务空其舲，然后得过，因名”[②]。崆岭峡“位于牛肝马肺峡东端，是长江上游枯水期最难通行的险滩之一”，崆岭峡是牛肝马肺峡的门户，清末民初在崆岭峡“举目远眺，两岸峭壁隐身于云雾之中，前方水路似被切断，让人宛若置身于迷宫。入峡之后，航道旋即向左急转，绕过重峦之后，舟行便顺畅无阻”。[③]“崆岭之险，一险在峡，二险在滩。峡滩交织，怪石嶙峋，暗礁林立，江水湍急，被称为三峡‘滩险之冠’和‘鬼门关’。大小船只经过此峡此滩，无不提心吊胆。稍有疏忽，船即撞沉，其惊险超过三峡任何一处险滩。千百年来，川江就流传着‘新滩泄滩不算滩，崆岭才是鬼门关’的民谣。在漫长的岁月里，在崆岭滩翻覆的船只、淹死的船工和旅客无数”，在立德乐驾“利川”号小轮试航三峡后，在崆岭峡地区触礁沉没的轮船就有“瑞生号”“福来号”“福远号”“玛丽号”等。[④]

一块又一块的黑色岩石矗立在江心，其中一些高出水平面五十英尺，这些高出水平面五十英尺的黑色岩石，被一些更小的黑色岩石包围着，在枯水季节，这让江心一边的通道变得不可通行，又让另一边的通道布满暗礁，导致它们之间的航道变得异常狭窄、曲折且危险。在枯水季节里，当地中国人就驾驶小船在这些峡口中上下穿行，他们的家就在牛肝峡下一个叫庙河的小村庄里，村庄就在崆岭峡上面不远的地方。雇请他们服务——引水驾船过滩，一般需要提前衔接，特别是顺流下行时更是如此。在满布暗礁的狭窄航道中通行时，任何一个错误的判断都意味着毁灭。

注补：

庙河：即今天的湖北省宜昌市秭归县茅坪镇庙河村，“因地处江边，原江边有一庙，故名庙河”[⑤]。

---

① (清)沈云骏修，(清)刘玉森纂．光绪归州志·卷一·地舆志·险隘．清光绪八年刻本．

② (清)国璋撰．峡江图考·上册·宜昌至夔府水道程途．清光绪二十七年上祥袖海山房书局石印本．

③ [英]唐纳德·曼尼著，赵省伟编，彭金枝、栾晓敏译．西洋镜：一个英国风光摄影大师镜头下的中国．广州：广东人民出版社．2018年4月．第6-58页．

④ 周永峰编著．长江流域的引航救助．武汉：长江出版社．2015年9月．第23-24页．

⑤ 秭归县地名领导小组编．湖北省秭归县地名志．秭归县新华印刷厂印刷．1982年9月．第358页．

黄牛峡——附近有黄陵庙(原书插图)

注补:

黄陵庙:原名黄牛庙,亦名黄牛灵应庙。在西陵峡中黄牛峡黄牛山麓,是西陵峡中著名古迹之一。相传始建于汉,后毁,唐大中元年(847年)复建,名黄牛祠,李白、白居易、欧阳修、黄庭坚、陆游等历史名人游此后均留有名篇佳句。[①]同治《东湖县志》载"黄陵庙:祀禹及镇江王,在西塞坝,明州判秦云建,崇祯十五年及康熙十八年重修。一在三斗铺,一在黄牛峡,兼祀黄牛,汉诸葛亮建,有牌记,历代重修"[②]。《东归录》载黄陵庙祭祀黄陵神,"故老相传黄陵神即黄龙,助禹开江者"[③]。《行川必要》载老黄陵庙在"南岸","南沱至此三十里,下大水船至此,宜衔渣波石为妥"。[④]《峡江图考》载黄陵庙在"南岸","有庙宇,下水大水险,船至此,宜衔渣波石为妥"。[⑤]《中国省别全志·四川省》载"黄陵庙"在长江右岸,距离重庆735千米,"水流

① 国家文物事业管理局主编.中国名胜词典.上海:上海辞书出版社.1981年10月.第774页.

② (清)金大镛修,(清)王柏心纂.同治东湖县志·卷十·祠祀志.清同治三年刻本.

③(清)洪良品.东归录.不分卷.清光绪十七年上海著易堂铅印本.

④(清)贺缙绅、即罗缙绅.行川必要.不分卷.光绪四年刻本。

⑤ (清)国璋撰.峡江图考·上册·宜昌至夔府水道程途.清光绪二十七年上祥袖海山房书局石印本.

量大时有危险，奇景多”。[1]《千古三峡》载“在黄牛峡内的九龙山麓的黄陵庙，原称黄牛祠、黄牛庙。相传是春秋时期为纪念神牛助大禹开峡成功而修建的，也有说是诸葛亮修建的，这些都不是很可靠。其实到宋代时期才有黄陵庙的确切记载，如北宋夷陵县县令欧阳修将黄牛庙改为黄陵庙，后写有《黄牛峡祠》。黄陵庙后历代屡经战乱，洪水、大火损坏较大，特别是明代黄陵庙在战火中完全毁坏。到明代万历年间重新修建而成。主殿禹王殿高约22米，立柱36根，重檐歇山式屋顶。据说过去大殿供奉木质禹王像，约4米高，僧人在后操作，有人跪拜时便站立回敬。原来的大柱上有木雕黄龙，但这些都不复存在了。禹王殿侧有武侯祠，禹王殿前有戏楼和山门，为清代所建”[2]。

抵达崆岭峡（原书插图）

1900年12月28日，德国轮船“瑞生”号在其首航中从宜昌出发3小时后，就在这些礁石上失事。她在进入这弯曲的航道并撞上珍珠般密布的暗礁之前，行程都很顺利。她在侧舷被撕开了一个巨大的洞口后变得无法操控，顺着激流向下漂流了半英里之后，一头扎进江底。现在她就躺在二十三英寻深的水底。她是一艘非常好的明轮翼式轮船，型号类似于“肇通”号，但是她速度更快。

注补：

“瑞生”号：近代德国建造的商船，建造于里克马公司，长二百一十呎（英尺旧也作呎），吃水六呎六寸（1寸约为3.33厘米），为入川最大之船，于光绪二十六年（1900年）十一月初六（12月27日）从宜昌出发，除华人外，尚有西人34人，在当日中午在崆岭滩触礁失吉。虽然岸边的救生红船竭力营救，但华人死者甚多，西人仅

① [日]东亚同文会编，李彬、万健、高润译．中国省别全志·四川省．北京：中国文史出版社．2020年8月．第135页．

② 蓝勇主编．千古三峡．福州：福建人民出版社．2003年6月．第146-147页．

淹毙船主1人，系川江轮船第一次失吉，此后峡江地区商业行轮受阻多年。[①]武尔士的《长江激流行 法国炮舰首航长江上游》载“瑞生”号轮船“是艘非常棒的船，装有独立的机轮，时速能达16海里”，是因研制潜水艇受到过德国政府资助的德国亨宝轮船公司负责营运，在崆岭滩失吉时因“崆岭滩有个红船站，他们立刻赶来，救出了所有的欧洲人，除了船长，然而中国人却死了好几个，还有船，带着它所装载的所有东西，沉入水底”。[②]“瑞生”轮失事后，各国商轮望而却步，不敢再入川江者近10年之久。[③]亦有报道说“瑞生号”轮船失吉时上有中外乘客百余人，德籍船长布里台格和12名乘客遇难，“瑞生号”失吉后，1918年，川江航政部门在崆岭滩大珠石上刻上“对我来”三个大字，警示、引导过往船只，此后“崆岭滩啊崆岭滩，十船过滩九船翻；劝君莫怕‘对我来’，保你通过鬼门关”这一民谣流传开来，但崆岭滩仍然事故频发。[④]

英寻：英制中测量水深的长度单位，在英国以往的殖民地及英联邦国家中使用。1英寻约为1.829米。文中“二十三英寻”即42.067米。

“肇通”号（“金沙”号）：光绪二十四年（1898年）立德乐以“利川”号入侵川江得逞后，光绪二十六年（1900年），他又在上海订造一艘商轮“先行”号，又称“肇通”轮，长54.864米，宽9.144米，深1.829米，1000马力，载重331.8吨。“肇通”轮由英国船长蒲兰田驾驶，于6月12日由宜昌启航入川，6月20日到达重庆，途中浪沉木船2只，造成船工2人落水死亡，这是侵入川江的第二艘外轮。[⑤]“肇通”号是一条用明轮推进器推进的轮船，属于一种机械动力船，在动力推进方式上是由蒸汽机带动明轮，使桨轮转动，桨轮上的叶片拨水，推动船舶前进。随着巴蜀地区义和团运动兴起，英国政府借口保护侨民，将“肇通”号明轮船征募用来转移疏散那些在长江上游的英国侨民。有鉴于此，光绪二十八年（1902年），为维护其在包括长江上游在内的中国西部地区的经济利益，强化峡江地区的军事力量，英国皇家海军购买了“肇通”号明轮船，并将其改造，加装了两门大炮和7挺马克西姆重机枪，配备了身着蓝衫的水兵。“肇通”号明轮船被英国海军重新命名为“金沙”号军舰，此后该舰在长江上游服役20年左右的时间，到1921年为止，“金沙”号炮舰一直是英国皇家海军在

---

① 邓少琴编著．近代川江航运简史．重庆地方史资料组．1982年10月．第60-61页．

② [法]武尔士著，曹娅、赵文希译．长江激流行：法国炮舰首航长江上游．重庆：重庆出版社．2019年6月．第29-31页．

③ 江天凤主编．长江航运史 近代部分．北京：人民交通出版社．1992年5月．第237页．

④ 周永峰编著．长江流域的引航救助．武汉：长江出版社．2015年9月．第24页．

⑤ 四川省地方志编纂委员会编纂．四川省志·交通志 上．四川科学技术出版社．1995年5月．第76页．

长江上游的旗舰，后来“金沙”号被“蜜蜂”号（HMS Bee）炮舰所取代。1921年4月4日，“金沙”号明轮被卖给了上海的一家商行，用于从宁波运送鸡禽至上海，结束了其军队服役的生涯。①

崆岭峡（原书插图）

崆岭峡航道中心的巨石（原书插图）

峡江左岸最高洪水位线上方，有一条非常好的小路，从这条小路上俯瞰江流，崆岭峡的绝妙风光，可以尽收眼底。在枯水期最低水位时，旅客需要经常上岸，步行绕过这条危险的航道，在这一过程中需要带上一名船夫或纤夫来引路。

① 李明义著．洋人旧事——讲述百年前发生在宜昌的故事．宜昌：三峡电子音像出版社．2016年8月．第224-228页．

经过了崆岭峡后，人们必须在一个叫作庙河的小村庄重新登船，如果有顺风的话，就升起主帆；如果没有，就需要人工摇橹，喊着号子通过宏伟的牛肝峡。牛肝峡仅一里格长，并从正西折向西北部。牛肝峡中河流弯曲处就是美丽的九畹溪，英文名叫 Nine Cornered Stream。一条小路蜿蜒在险峻的悬崖上，人们花一些时间登上九畹溪溪口后面的小村庄，顺着蜿蜒在九畹溪上的小道爬上陡峭的悬崖。在悬崖边，有令人兴奋的平坦小道，还有最广袤、最天然的风景。经过千辛万苦欣赏到牛肝马肺峡后面的奇妙山峰，也算是对脱离主要航线的丰富补偿吧。

注补：

里格：陆地及海洋的古老的测量长度的单位。测量陆地时一里格通常被作为3英里，约长4.8千米；测量海洋时一里格通常被作为3海里，约长5.6千米。

九畹溪：《行川必要》载九畹溪在"南岸"，"此处未刻以后，防上下暴风"。[1]光绪八年（1882年）《归州志》载"九畹溪：州南三十五里"[2]，"九畹乡：距城正南百二十里"[3]。光绪二十七年（1901年）《归州志》载九畹溪又名"九湾溪"，"九畹溪源出长阳县境为响板溪，溪南隶长阳，北隶归州。北流五十里迳八方牌，左受云台荒水。又东北十五里过长阳桥，又东北十里过溇溇桥，又东北过媳妇桥、将军桥，又东北二十里过杨林桥，右受板桥河水。又东北十里迳建平驿，有观音桥。又东北二十里迳龟堡，右受老林河水。又北流二十里为营兵河，左受邓家河水。又北十里迳水田坝。又北五里迳后岩。又北十里迳土地垭。又北十里迳黄岩。又北三十里迳聚鱼，方为九畹溪口"。[4]《峡江图考》载九畹溪在"南岸"，"此处未刻以后，防上下暴风"。[5]20世纪90年代初《秭归县志》载"九畹溪位于秭归东南部。发源于云台荒南麓、朱溪荒西北部，依河段为三渡河、林家河、老林河、九畹溪河，统称九畹溪，向北流至聚鱼坊注入长江。主流由林家河、老林河、周坪河等支流汇集。流长42.3公里，境内流域面积514.5平方公里"[6]。

---

①（清）贺缙绅、即罗缙绅．行川必要．不分卷．光绪四年刻本．

②（清）沈云骏修，（清）刘玉森纂．光绪归州志·卷一·地舆志·山川．清光绪八年刻本．

③（清）沈云骏修，（清）刘玉森纂．光绪归州志·卷二·建置志·乡镇．清光绪八年刻本．

④（清）黄世崇纂修．光绪归州志·卷十四·山水志二．清光绪二十七年刻本．

⑤（清）国璋撰．峡江图考·上册·宜昌至夔府水道程途．清光绪二十七年上祥袖海山房书局石印本．

⑥ 湖北省秭归县地方志编纂委员会编．秭归县志．北京：中国大百科全书出版社．1991年5月．第107页．

一艘货船在新滩顺流而下(原书插图)

头滩——新滩的头滩(原书插图)

新滩的白骨塔[①]

①[美]威廉·埃德加·盖洛著.晏奎、孟凡君、孙继成译.扬子江上的美国人:从上海经华中到缅甸的旅行记录.济南:山东画报出版社.2008年2月.第83页.

离开牛肝峡，游客就会到达新滩下面，新滩英文名叫 New Rapids，虽说名字叫新滩，但它根本不是新的，它的历史可以追溯到三百年前。历史上，新滩形成于长江南岸的塌方，大量的岩石沉到江里，最终在枯水期阻塞了长江，在一段时期内船只航运完全停止。可是，最后长江找到了自己的路线，它冲破岩石，在阻塞长江的塌方中到处都冲出了缺口，就像巨大的水闸，船只通过它时需要将船上的货物都卸掉，并拆除桅杆、船舵和其他所有可以去掉的东西，然后仅凭人力拖动。甚至在今天，这些急流在冬季的几个月里，也仍是相当可怕。新滩的险滩共有三个，即头滩、二滩、三滩，英文名叫“Head, Second and Third Rapids”，它们的位置极为相近。头滩，英文名叫 Head Rapid，是迄今为止最难通过的险滩。这里需要用最结实坚韧的竹制缆绳，缆绳的一头被牢固地绑在甲板上面的桅杆上。一百多个男人在岸边险滩的尽头手脚并用地拉船，慢慢地、一寸一寸地挪动，船才得以从暗礁之间的空隙中继续前进。拉船的缆绳在巨大的拉力下噼啪作响，滔滔的江水以一种极好的节奏奔腾着，可是峡江两岸的礁石看起来让人感觉非常不舒服。总之，这给游客制造了一段焦虑的煎熬时刻。一条有缺陷的系船索、一个不结实的绳结、一个错误的操作都意味着船只会在参差不齐的礁石上失事，这样的事故总是在长江上游等待着游客。

注补：

新滩：《巴船纪程》载同治时期新滩，“今商贾至此，必避其险，或停舟，另觅小船，分物载之，曰起拨；两岸居民以拉滩放滩为业，曰滩子；凡上水曰拉滩，下水曰放滩；放之法，必倒其船，使尾就前，眠桅下柁，或雇土人熟知水性者为之”，“闻前此滩子甚横，恐索百端，为行旅患，严中丞澍森官楚臬时，严禁其弊，立石刊定滩事章程，今利赖焉”。[①]《东归录》载同治时期“新滩南岸曰官漕，北曰龙门，激湍怪石，舟不可近。其官漕差可行，故舟多由南上。然滩亦有三，第一滩有癞子石，横出江心，阻绝中溜；有鸡心石，大石罗列，舟从中溜而下，必经石旁，水道极狭，至险。第二滩有天平石，乱石交错；有豆子石，圆石突出江面，激水如沸，至险。第三滩上游石多逼成泡漩，水涸时石级悬绝，舟下如坠千尺，至险”[②]。《行川必要》载新滩头滩在“北岸”，“上南漕水船用篾三合，平滩水用篾四合，枯水宜将货搬运陆行，船扯大外顶枯水，防鸭子石有浅，靠头须小心，上下枯水，宜请滩师”；新滩二滩在“北岸”，“老关庙至此三十里，上大小南漕水枯，用牵篾二合，挽船防浅”；新滩三滩在“北岸”。[③]光绪八

---

①（清）洪良品．巴船纪程．不分卷．清光绪十七年上海著易堂铅印本．

②（清）洪良品．东归录．不分卷．清光绪十七年上海著易堂铅印本．

③（清）贺缙绅、即罗缙绅．行川必要．不分卷．光绪四年刻本．

年(1882年)《归州志》载“新滩:州东三十里,始平坦,无大滩。嘉靖间,阴雨弥月,山忽崩,坏居民百余家,两岸乱石巇岈,大石横亘江心,洪流薄石,怒涛沸腾。冬春水涸时,其险弥甚,商贾至此,停舟另觅小船分物,曰起拨”。“新滩,旧名豪三峡,汉晋时山再崩塞,故名新滩。石多水急,瞬息覆溺,舟行欲脱免者,必起拨陆行,济以虚舟。两岸居民号滩子,以搬滩起拨为业。”“明嘉靖二十一年久雨山颓,两岸壁立,大石横亘江心。天启五年,按察使乔公拱壁凿平之。”[①]光绪二十七年(1901年)《归州志》载新滩分为上新滩、中新滩、下新滩三处。其中上新滩“滩中乱石激水成漩,其下又有赖子石在江心阻截中溜,赖子石下有鸡心石,罗列江中。舟从中溜而下,必经石旁,石逼水狭,触之即碎,水小时第一险滩也。又有龙门、鸭子、麒麟、海螺诸石,海螺石高六尺,广一丈,上有小穴,吹之声满两岸,故名。新城王士正云‘楚蜀诸滩,首险在兵书、空舲二峡间,即指此’”。中新滩“宋置新安驿,州治由夔沱徙此”,“滩中乱石堆积,皆成泡漩。其下有天平石,状如天平,乱石相错截正流。又有豆子石,形圆如豆,突出江西,泡漩沸腾,亦水小时极险处也”,“宋天圣中,赞唐山崩,石壅江流,遂成新滩。皇祐中知州赵诚疏凿之,江始通。南曰官漕,北曰龙门”,即是指的中新滩。下新滩“滩中石多,激成泡漩,滩北曰射洪碛,石逼水狭,滩南曰鼓沉滩。江心石梁激成泡漩,滩声怒吼如鼓,亦水小时险处也”,“明嘉靖二十一年上沱、下沱相继崩,江复阻,天启四年按察使乔拱壁偕知州杨奇珍疏凿之,江复通”,这指的便是上新滩和下新滩。[②]《峡江图考》载新滩场在“北岸”,“一连三滩,最险,小心,上下水极险,宜昌同知分驻于此”,“新滩为峡中最险明滩”,“大石横亘,潜伏江心”,“怒涛沸腾,冬春水涸,其险弥甚,非轻舟不可上下,舟行至此,必运货陆行,名曰起拨”。[③]《蜀游闻见录》载清末民初新滩在“秭归县辖境,冬水枯时,最为险恶,水愈枯,滩愈险。本一滩也,而分为三滩,每滩止隔十余丈,上水船至此,头二滩尚易为力,至第三滩,须加纤数百名,竭全日之力,方能将滩越过。凡上水船来,须依次上拉,非耽搁三五日,不能成行。所幸两岸市场极大,饮食游戏,随地皆可畅观也”[④]。《中国省别全志·四川省》载新滩距离重庆688.5千米,“枯水期危险,长江第一险

---

① (清)沈云骏修,(清)刘玉森纂.光绪归州志·卷一·地舆志·险隘.清光绪八年刻本.

② (清)黄世宗纂修.光绪归州志·卷十四·山水志二.清光绪二十七年刻本.

③ (清)国璋撰.峡江图考·上册·宜昌至夔府水道程途.清光绪二十七年上祥袖海山房书局石印本.

④ 徐心余著.蜀游闻见录.成都:四川人民出版社.1985年5月.第82页.

滩”。[①]清末民初新滩“夏季，此处水位会达到41.76米。那时，新滩就像湖一样宽广，水面风平浪止。而到了枯水期，新滩航段则难以通行，船难时有发生，死亡率达7%”[②]。

我们的船被拖过新滩（原书插图）

新滩（原书插图）

①［日］东亚同文会编，李彬、万健、高润译．中国省别全志·四川省．北京：中国文史出版社．2020年8月．第134页．

②［英］唐纳德·曼尼著，赵省伟编，彭金枝、栾晓敏译．西洋镜：一个英国风光摄影大师镜头下的中国．广州：广东人民出版社．2018年4月．第10页．

清末新滩[1]

然而，人们没有必要如此冒险。人们可以经由陆上的路线安全舒适地通过这些险滩，这条路线位于长江左岸，即面对上游来水时是在右手边。登陆地点位于鹞子岩，英文名叫Sparrow-hawk Cliff，很快就能到达三滩上面，三滩的英文名叫Third Rapid，此处靠近双龙庙。苦力们经常在这里忙着帮人们搬运行李，每人适当收取八十或九十元现金。这条崖岸边的道路非常好，因为它有几点优势，从这条道路上人们可以欣赏并拍摄这些险滩。

在前往这条小路之前，游客应该攀爬双龙庙的台阶并爬到宝塔的上层，从那里能看到长江上最美的风景。

注补：

鹞子岩：《行川必要》载鹞子岩在"北岸"，"枯水上下行船防浅"。[2]

双龙庙：双龙庙即是新滩存放龙船的地方，历史时期归州附近历来有划龙船的习俗，龙船如果保管得好，一般可以划十年。民间保管龙船非常规范，在划完龙船后，将船倒翻过来放在庙里，用桐油刷一遍后，再用帆布将船扎紧捆好，置于庙中，派专人守护，第二年划龙船时请水木匠仔细检查后方可继续划。与新滩存放龙船的双龙寺相似，香溪的归元寺亦是存放龙船的地方。[3]光绪八年(1882年)《归州

① 蓝勇主编．长江三峡历史地图集．北京：星球地图出版社．2015年9月．第105页．

② (清)贺缙绅(即罗缙绅)．行川必要．不分卷．光绪四年刻本．

③ 冯万林主编，罗晓路、段德新副主编．宜昌记忆——宜昌市首批国家级非物质文化遗产名录集．北京：中国文联出版社．2004年6月．第25页．

志》载新滩附近庙宇较多，其中“江渎庙在新滩南岸，相传神人阴修”，“镇江庙在新滩北岸”，“双祠庙在新滩北岸”。[①]清代新滩北岸曾有镇江王爷庙，但因年久失修毁坏，于是当地在镇江王爷庙原址上修建了双龙寺与文昌阁，往来于此的外地船工仍将双龙寺与文昌阁视为镇江王爷庙，蒲兰田曾在文昌阁中长期居住，蒲兰田去世后，当地即在文昌阁原址上修建了蒲兰田纪念碑。[②]

此时，一幅长江的壮丽全景图呈现在游客面前。在游客脚下便是奔腾的急流，能够清楚地听到长江的沉闷的轰鸣，轰鸣声中夹杂着大概一百多艘帆船上船夫们的声音。这些帆船停泊在这些险滩下面的涡流中，依次等待着被拖过这些险滩。游客头顶周围都是白雪覆盖的山峰。远眺上游，狭窄绵长的兵书峡延伸至远方；遥看下游，牛肝马肺峡蜿蜒至九畹溪，九畹溪英文名叫Nine Cornered Ravine，牛肝马肺峡在九畹溪转向东部并消失在视野中。这两个峡谷都能清晰呈现在游客面前，如果阳光明媚，这些峡谷的崖壁就会光芒四射、色彩斑斓；如果天气阴沉，这条航道就像一条通往无尽忧郁区域的可怕道路。

新滩一个显著的特征是“红船”的存在，它们是长江上游的救生船。这些救生船建造得非常牢固，船舷涂成红色，并由勇敢强壮的人员操作，这些人员都能非常熟练地操作他们的小船穿过激流漩涡去营救那些不幸落水者。一年中他们会从溺亡的威胁中拯救许多中国人。这些红船根据季节变化驻扎在长江上最危险的险滩与急流上，他们驻扎在著名的危险地点附近，在听到呼救后，他们可以在最短的时间内迅速从驻扎地点冲出并拼命地划向失事的船只，营救眼看就要溺死的人们。长江上游的航行者应该随时带着一条救生红船。人们通过本国在宜昌的领事向当地中国官员要求获得一条红船，是非常必要的，而且也已成为一种惯例。当人们的船只在一些危险地点脱离航线遇险，并随着激流漩涡绝望地冲向参差不齐的暗礁时，附近存在一条救生红船是非常令人欣慰的。携带救生红船这一奢侈行为并不十分昂贵，每天仅需五百元，如果游客偶尔请他的救生红船船员吃些猪肉的话，他会得到很好的服务。

注补：

红船：即救生船，亦称救生红船，一般情况下配备精干水手六名或五名，驻扎于危险水域附近，以便随时救援。水手除了救生，还负责打捞收瘗浮尸，任务较为繁重，但待遇较有保障，资金来源较为充裕，只是民国初期以后，其职能已经有所改

---

①（清）沈云骏修，（清）刘玉森纂．光绪归州志·卷二·建置志·宫庙．清光绪八年刻本．

②［英］唐纳德·曼尼著，赵省伟编，彭金枝、栾晓敏译．西洋镜：一个英国风光摄影大师镜头下的中国．广州：广东人民出版社．2018年4月．第14页．

变，公益救生的初衷已经有所变化。传统认为“天地之大德曰生，而人能体天地之德，则莫如救生，当其沉溺水中，性命寄于呼吸，一旦救而出之，重睹天日，岂非慈航普度哉”[①]。故而传统时期非常重视拯救覆溺，因此官方、民间均大量设置了救生船，特别是峡江地区极为险要，为保障行旅安全，社会各界均加大了对救生船的支持力度。如乾隆时期东湖县在白龙洞、严希沱、大峰珠、沾山珠、红石子、锅笼子六滩各设救生船一只，“每只额设水手六名，每名岁给工食银七两二钱”，救生船水手的工食银资金来源一年之中有所不同，“秋冬二季以黄牛、三斗、果园三铺租谷七十八石照时价折给”，春夏二季“其余不敷之项，俱于藩库请领给发”。[②]到咸丰时期宜昌府东湖地区救生船已“岁久滋弊，名存实亡”，于是“咸丰十年，署东湖县令刘浚乃劝谕商民增设红船二十艇，专在红石循环救护”，并设忠恕堂管理红船救生，延请正直士绅主管堂务，其资金来源主要系“知县金大墉禀请前署知州唐协和会同刘浚倡劝，先后得捐资资三千五百缗，置田纳租，以赡经费”，官员劝捐、商民捐施所得资财主要用于置买镇川门外铺面房二间、黄草坝田九块，以这些田房所收资金作为这二十艇红船的维持运作资金；后邑绅傅文烺等呈请将不再惊险的城河红船二只移至红石滩救助沉溺，但红石滩经费渐绌未行，“知县金大墉禀请六滩(红石滩、白龙洞、严希沱、大峰珠、锅笼子、沾山珠)应领经费一百八十两移并红石，尚不能给，盐局委员会补同知刘浚乃议盐、厘二局月各捐钱二十缗助之”，于是申请通过，“著为令焉”，盐、厘二局每月捐施的四十缗钱是这两只从城河移过来的红船的支持资金。[③]“峡江红船事始于山东丁稚璜抚军捐白金四千、翁玉甫中丞交金糈一入典生息”，正是丁稚璜、翁玉甫二位官员捐施的资金使得峡江红船得以设置并维持运作。[④]光绪二年(1876年)丁宝桢因“赴川路经归、巴一带，极赖沿途红船保护之力，因悯该水手出没水中，隆冬衣薄，难以御寒，拟捐银购买羊皮马褂分给各水手”，遂“汇寄九七平银四百两”给当地管带水师健捷新副中营罗缙绅购置羊皮马褂九十件施送舵工水手，尚剩余“四百八十九串，谨会同宜昌府瞿守将所存之钱移交东湖县熊令饬本地典铺承领生息，其息钱按季凭折支取，拟积息钱，两年更换皮衣一次”，因此项钱款来源较少，故皮衣管理较为严格，“每年定于十月半发给，至次年二月半饬缴本营验收，以免蒙混侵蚀”；盐运使衔督办川盐总局事务湖北即补道唐因宜昌

①（清）沈云骏修，（清）刘玉森纂．光绪归州志·卷三·赋役志·救生船．清光绪八年刻本．

②（清）林有席修，（清）严思濬、（清）林有彬纂．乾隆东湖县志·卷六·山川志·救生船只附．清乾隆二十八年刻本．

③（清）聂光銮修，（清）王柏心、（清）雷春沼纂．同治宜昌府志·卷四·建置志·救生红船．清同治四年刻本．

④（清）沈云骏修，（清）刘玉森纂．光绪归州志·卷三·赋役志·救生船．清光绪八年刻本．

“虎牙滩形势危险”，遂“设红船驻滩防护，由盐、厘两局拨钱一千串发交宜郡质典新顺、晋昌两铺具领，每月每串生息十文，每年共生息钱一百二十串，并据该两铺各愿乐输钱三十串，随同生息按季呈缴宜局”，“由宜局支发”作为虎牙滩救生红船维持资金。同治九年(1870年)，“程观察督办盐局时会同宜昌府方太守禀请于崆岭等滩续添三只”救生船，“按季由盐局发给工食并救生赏犒”；新滩救生船三只归“新滩同知”“经管督率”，经费主要“仰宜昌川盐局迅即筹拨钱二千串发典生息备用”。① 同治年间巴东县“添设三松子滩、青竹漂、作油二滩救生船，水手十二名，每名工食银七两二钱，共银八十六两四钱”，所需资金“赴司请领”。②光绪时期巫山县黑石滩、三缆子滩、库套子滩、香炉滩设有救生船四只，每船六名水手，“每名水手月支工食钱六钱，共银一百七十二两八钱”，同时又在龙宝滩、跳石滩、黄金藏滩设有救生船三只，“每名月支工食银六钱，共银一百二十九两六钱，遇闰加增”，上述七处险滩所需全部工食银接在“地丁银内留支”。③光绪时期奉节地区高桅滩、青崖子滩、二沱滩、滟滪石滩、石板峡滩、小黑石滩、男女孔滩均设有救生船，每船水手六名。④咸丰《云阳县志》载“云阳所属险滩救生船”时，详载了云阳六处险滩的救生船，“马岭滩，在县西三十里，小水极险，大水次险，设有救生船一只，水手六名”，“塔江滩，在县西十里，小水次险，大水平，设有救生船一只，水手六名”，“宝塔滩，在县东一里，大水极险，小水次险，设有救生船一只，水手六名”，“东洋滩，在庙矶滩上，小水极险，大水次险，设有救生船一只，水手六名”，“庙矶滩，在县东四十五里，小水最险，大水次险，行舟畏之，设有救生船一只，水手六名”，“磁庄滩，在东洋滩下，小水极险，大水次险，设有救生船一只，水手六名”。⑤同治末云阳知县叶庆樽委潘秉坤创设红船局，“制造红船三只，复令县人戴正贤捐设红船一只”，创设初期“仅集钱二百余串”，并不能保证救生红船的长期运作。到光绪十七年(1891年)时，云阳知县施学煌将红船局改为救生局，并“每年自捐三百串，又提朱学庠振款三百串，合旧有经费及田租称息契约等交县人训导卢志升管理，增设红船二只”。虽有知县及县人的捐助，但清末云阳救生红船经费亦并不充裕，导致“屡易主管，渐以玩敝”。救生事业在1916年后逐渐废弛，救生局所剩救生红船改作义渡船，剩余资财资助城厢小

①(清)贺缙绅、即罗缙绅．峡江救生船志．卷一．文件．光绪九年刻本．

②(清)廖恩树修，(清)萧佩声纂．同治巴东县志·卷四·赋役志·赋役．清光绪六年刻本．

③(清)连山、(清)白曾煦修，(清)李友梁等纂．光绪巫山县志·卷九·赋役志．清光绪十九年刻本．

④(清)曾秀翘修，(清)杨德坤等纂．光绪奉节县志·卷十·赋役．清光绪十九年刻本．

⑤(清)江锡麒修，(清)陈昆纂．咸丰云阳县志·卷二·水利志．清咸丰四年刻本．

学及义渡。[①]万县于乾隆三年(1738年)七月“钦奉上谕”于“湖滩、双鱼子、窄小子、媳妇面四滩各设救生船一只”,“每船水手六名”,“每名岁支工食银七两二钱,岁共支工食银一百七十二两八钱,遇闰加增”,其资金来源于“动支杂项钱粮”,故“按季具领赴驿盐道库请领支给”。[②]长寿县王家滩“旧设救生船二只,养蚕堆等滩通融备用,同治九年,成都将军崇捐银八百两,添设二只”,成都将军崇的捐银成为王家滩、养蚕堆等处救生船的维持资金。[③]重庆府巴县救生船主要分为岷江救生船和嘉陵江救生船两部分,均于乾隆三年(1738年)由知县王裕疆创设。岷江航道七十七处险滩中“择最险者十一滩,详设五板船五只通融救济”,每只“水手六名,共水手三十名,每名月给工食六钱,共岁支银二百一十六两,闰月加增”,同时三年小修、五年大修、十年拆造,所需银钱“俱于盐羡请领造报”;嘉陵江二十三处险滩中选择著名险滩四处“详设平底快船二只通融救济”,“每船水手四名,每名月支工食六钱,岁给银五十七两六钱”,亦于盐羡请领造报,乾隆十五年(1750年)裁。[④]到同治六年(1867年)时,“救生船水手工食银二百一十六两”则从地丁正银及其火耗中扣留。[⑤]重庆上游的长江险滩亦置有颇多救生船,如青神县“额设救生船一只,在哑婆滩下,三年小修,五年大修,又水手六名,春冬二季支工银二十一两六钱,俱赴盐道库请领”[⑥];乾隆二年(1737年)江安县在香炉滩、闹坑子滩“奉设救生船二只”[⑦];纳溪县救生船于乾隆二年(1737年)奉设于头继梁滩、二继梁滩、三继梁滩,“救生船三只,水手三十名”[⑧];合江县滔竹滩、石鼻滩、铃口滩、连石滩在“乾隆元年奉设救生船共二只,轮拨应用水手共十二名”[⑨]。江津县“康熙五十年奉文于黄石龙、蜂窝子二处险滩设救生船二只,每只水手二名、桡夫四名”,以其收入作为这二只救生船运作的经费[⑩];乾隆初期,江津救生船资金来源发生了变化,乾隆二年(1737年)钦奉上谕在“县属黄石龙滩、大鸡滩、石牛滩、灭虎滩、观音滩、蜂窝滩共设救生船三只,

① 朱世镛、黄葆初修,刘贞安等纂.云阳县志·卷二十·惠恤.民国二十四年铅印本.

② (清)刘高培修、(清)赵志本纂.乾隆万县志·卷二·赋役·杂派课程.清乾隆十一年刻本.

③ 陈毅夫等修,刘君锡、张名振纂.长寿县志·卷一·疆域·山川.民国三十三年铅印本.

④ (清)王尔鉴修,(清)王世沿等纂.乾隆巴县志·卷二·建置志·恤典.清嘉庆二十五年刻本.

⑤ (清)霍为棻、(清)王宫午修,(清)熊家彦纂.同治巴县志·卷二·政事志·岁支.清同治六年刻本.

⑥ (清)王承爔纂修.乾隆青神县志·卷之二·建置志·救生船.清乾隆二十九年刻本.

⑦ (清)雷伊纂修.乾隆江安县志·卷一·山川·救生船.民国十九年抄本.

⑧ (清)赵炳然、(清)陈廷钰纂修.嘉庆纳溪县志·卷三·疆域志·险滩.民国二十六年铅印本.

⑨ (清)叶体仁修,(清)朱维辟纂.乾隆合江县志·卷四·山川·救生船.清乾隆二十七年刻本.

⑩ (清)曾受一修,(清)王家驹纂.乾隆江津县志·卷二·地理志·险滩·救生船附.清乾隆三十三年刻本.

轮拨应用，共水手一十八名，每名每月给银六钱，岁共支银一百二十九两六钱，遇闰俱照数加增”[①]。

红船（原书插图）

德国人弗瑞兹·魏司所拍清末重庆救生红船与水手[②]

①（清）曾受一修，（清）王家驹纂．乾隆江津县志·卷四·赋役志·丁粮．清乾隆三十三年刻本．

② 蓝勇主编．重庆历史地图集．北京：星球地图出版社．2017年1月．第172页．

英国人乔治·沃伦·斯维尔拍摄的民国初年川江救生红船捞尸①

美国人科诺拍摄的清末峡江红船水手与纤夫②

尽管这个峡谷仅有几英里长，但如果有江风吹向下游时，人们继续驶往长江上游的行程就会受阻，因为在峡谷险峻的悬崖之间中没有通道，实际上在绝大多数地方甚至连山羊都没有立足之处。即使没有一点风，通过这个峡谷也是一件非常艰苦的工作。需要用长长的竹制“爪竿”，拼命地紧紧抓住岩石中的缝隙，使劲地往前

① 蓝勇主编．重庆历史地图集．北京：星球地图出版社．2017年1月．第172页．

② 蓝勇主编．重庆历史地图集．北京：星球地图出版社．2017年1月．第175页．

拉,从而在岩石中缓慢地前进。

船夫在这里认真地吹着口哨,呼唤"上风"的到来,他们可能会真的呼唤到一阵清风,因为一阵清风会让船只在一个小时内平稳急速地驶过该峡谷,可是顺着崖壁拉动船只行进可能会花费一整天的时间。

从小路返回船上时,能看到峡谷最壮丽的景色,当进入峡谷西部尽头时,其几乎垂直的崖体对着一些三四千英尺高且积雪盖顶的壮丽山峰时显得非常粗糙突兀。这些壮丽景色在阴沉的日子里的效果是让人们感觉峡谷缩短了,给人们以其是通往无尽的忧郁的神秘道路的感觉。

如果游客有足够的时间自己支配,就应该在香溪村停泊一下。香溪村是长江左岸的一个小村庄,紧邻兵书宝剑峡,游客还应该沿着这条名为香溪河的支流左岸散散步,香溪河即在香溪村这个地方注入长江。香溪河清澈透明的河水蜿蜒缓慢地流动在幽谷之中,在阳光明媚的日子,幽谷看起来非常宏伟壮丽。大约离长江一点五英里的香溪河左岸斜坡上,有一个不同寻常的洞穴,叫玉石洞,英文名叫Pure Jade Cave。人们通过在山坡高处的一个洞口进入洞穴,下行到一个约一百英尺宽、六七十英尺高的巨大的半圆形洞窟中,就会看到洞窟的穹顶和石壁镶嵌着奇特的钟乳石。其中一个钟乳石就像白玉一样,这个洞穴即得名于此。夕阳柔弱暗淡的阳光穿过洞口照入洞穴,人们可以想象在这个地方铺上漂亮的东方地毯,就会像古老的帕提亚王国的演奏厅一样了。在玉石洞的背后,通过洞穴石壁上的裂缝,接着通过一条狭窄的通道继续下行,就会到达一个相对较小的洞穴,这里有一个类似于巨大的向日葵的钟乳石。从这里还有一条狭窄的通道通往地下——当地中国人说,这条通道通往地球的中心。可是,笔者却没有旅行到如此远的地下的意向。

注补:

香溪:嘉靖《归州全志》载"香溪,州东十里,旧传昭君由兴山出此,遗纱囊异香,经宿不散,故名"[①]。《巴船纪程》载同治时期香溪"一名昭君溪,传为昭君涤妆处"[②]。《行川必要》载香溪在"北岸","上水船乘风到此,极须小心,午后风猛尤甚"。[③]光绪八年(1882年)《归州志》载"香溪,州东北二十里,源出兴山县,南流入江;其入江处谓之香溪口,一名昭君溪;相传昭君曾涤妆于此,因名;州东北四十里,盖有昭君村云"[④]。此书亦载"香溪"为"州属十八乡"之一,"香溪乡距城东北六十里","南界大

① (明)张时纂修.嘉靖归州全志·卷上·山川.明嘉靖二十八年刻本.

② (清)洪良品.巴船纪程.不分卷.清光绪十七年上海著易堂铅印本.

③ (清)贺缙绅、即罗缙绅.行川必要.不分卷.光绪四年刻本.

④ (清)沈云骏修,(清)刘玉森纂.光绪归州志·卷一·地舆志·山川.清光绪八年刻本.

江”,“与兴山交界”。[①]《峡江图考》载香溪在“北岸”,“上水船遇风到此极须小心,无后风猛尤盛”。[②]香溪在清代即是归州重要集镇,到民国初城乡市镇均不繁盛,就全县比较而言香溪是三强之一,且位于鄂西北交通要冲上,目前已经发展为香溪镇。20世纪90年代初《秭归县志》载香溪河位于秭归东北部,有东西两源:东源于神农架林区骡马店,名东河;西源于大神农架山南的红河,名西河。东西两河流至响滩汇为主流,又南流经兴山县城至游家河入秭归县境,汇屈平河,至香溪镇东注入长江。1958年以前,兴山至香溪镇能行驶两三吨的木驳船,航程39千米,顺水一天到香溪河口,逆水三天到兴山,1958年兴(山)香(溪)公路通车和1964年夏秭归高姑坪坍山阻塞江流后,河运终止。因地处香溪河与长江交汇处,香溪还是近代长江上的重要港口,也是归州地区最大港口。近代香溪河沿岸煤炭工业兴盛,所产之煤大多从香溪港运往宜昌、沙市等地,港口运煤船有100多只,年货运吞吐量2万余吨;1949年,港口有仓库2栋,可储粮、盐480吨。[③]

兵书宝剑峡:位于归州城东10千米,西起香溪水府庙,东至新滩上滩沱,全长5千米。兵书宝剑峡见诸文字始于明代,兵书宝剑在江北,白狗在江南,两峡均以物象神似而命名。[④]同治《宜昌府志》载“兵书峡,州东二十里,一名‘铁棺灵迹’,在白狗峡东。唐将军王果为雅州刺史,舟经峡中,望悬岩似棺,令人观之,果棺也,骸骨存焉。旁有碑志云:欲堕不堕遇王果,三百年后重收我。果视之愀然,为之敛祭而去。又峡为诸葛武侯藏兵书处,至今望之若存书卷,然又名铁棺峡”,“白狗峡,《舆地纪胜》云白狗峡在秭归县东二十里,亦称狗峡,又名鸡笼山,两岸壁立,白石隐见,状如狗。杜甫诗:白狗斜临北,黄牛更在东。白居易诗:白狗次黄牛,滩如竹节稠”。[⑤]《东归录》载同治时期“兵书峡一名铁棺灵碛”,“望之若存书卷然,上有锁江铁索,常隐不见,见则不祥”,“宝剑峡,望之如剑在石上,因名”。[⑥]光绪八年(1882年)《归州志》载“兵书峡,州东二十里,一名‘铁棺灵迹’,在白狗峡东,唐将军王果为雅州刺史,舟经峡中,望悬岩似棺,令人观之,果棺也,骸骨存焉”,“白狗峡,《舆地纪

①(清)沈云骏修,(清)刘玉森纂.光绪归州志·卷二·建置志·乡镇.清光绪八年刻本.

②(清)国璋撰.峡江图考·上册·宜昌至夔府水道程途.清光绪二十七年上祥袖海山房书局石印本.

③湖北省秭归县地方志编纂委员会编.秭归县志.北京:中国大百科全书出版社.1991年5月.第108-255页.

④湖北省秭归县地方志编纂委员会编.秭归县志.北京:中国大百科全书出版社.1991年5月.第122页.

⑤(清)聂光銮修,(清)王柏心、(清)雷春沼纂.同治宜昌府志·卷二·疆域志·山川.清同治四年刻本.

⑥(清)洪良品.东归录.不分卷.清光绪十七年上海著易堂铅印本.

胜》云白狗峡在秭归县东二十里，亦称狗峡，又名鸡笼山，两岸壁立，白石隐见，状如狗”。[①]光绪二十七年(1901年)《归州志》载“兵书峡一名铁棺峡，又名瓦棺峡，又名白狗峡，峡南石壁中折，广五尺，相传有神力关锁，历久不坠，谓之锁山；峡北石壁一孔，相传为诸葛武侯藏兵书处，望之若书卷然”，因之以为名，明代何景明的《兵书峡》诗曰“空岩一卷书，绿苔字应灭。志决功不成，千载有余烈”，即是对其描述。[②]《峡江图考》载“兵书峡，俗传为诸葛武侯藏兵书处”，虽然归州的兵书峡亦名铁棺峡，但《峡江图考》载巴东县也有“铁棺峡”，巴东县“铁棺峡，石壁千仞，飞鸟不可及处有黑石横架，望之若铁棺然，故名”。[③]《中国省别全志·四川省》载兵书峡距离重庆683千米，“多巨石，危险”。[④]

玉石洞：又名神农洞、玉虚洞。《巴船纪程》载同治时期香溪村“上有玉虚洞，唐天宝中樵人遇白鹿于此”[⑤]。光绪八年(1882年)《归州志》载“去江岸五里许，隔一溪，所谓香溪也，过溪又里余，为玉虚洞，有熙宁中谢师厚、岑岩起题名，又有陈尧叟所作记，叙此洞本末，云唐天宝中猎者始得之”[⑥]。今天的玉石洞位于归州城东12千米，香溪河东岸的刘家坝。洞上还有两个小洞，一名青莲，一名水帘。“归州八景”的“三洞参佛”和“玉洞灵泉”即指此。洞长约85米，宽约45米，高约50米，空间约15万立方米，底平面约0.35万平方米。玉虚洞启于唐天宝五年(746年)，一群猎人追捕野兽至此，发现此洞。消息传开，游人便络绎不绝。苏轼赴京应试途经香溪，未能前往一游，终生遗憾：“玉虚悔不至，实为舟人诳。闻道石最奇，寤寐见怪状。”[⑦]

帕提亚王国：起于伊朗高原东北部，位于里海东南带，东临巴克特里亚，西接米底。约公元前3世纪中期，属于印欧语系的达赫游牧部落联盟的帕奈部落自中亚进入伊朗高原的帕提亚。亚历山大帝国崩溃后，帕提亚属塞琉古王国统治。公元前247年，帕奈部落领袖阿尔萨息率领部落起义，杀死塞琉古总督，建立阿尔萨息王朝(公元前247—公元前226年)。我国史书按阿尔萨息音译称其国为安息，概称

---

①(清)沈云骏修，(清)刘玉森纂．光绪归州志·卷一·地舆志·险隘．清光绪八年刻本．

②(清)黄世崇纂修．光绪归州志·卷十四·山水志二．清光绪二十七年刻本．

③(清)国璋撰．峡江图考·上册·宜昌至夔府水道程途．清光绪二十七年上祥袖海山房书局石印本．

④［日］东亚同文会编，李彬、万健、高润译．中国省别全志·四川省．北京：中国文史出版社．2020年8月．第134页．

⑤(清)洪良品．巴船纪程．不分卷．清光绪十七年上海著易堂铅印本．

⑥(清)沈云骏修，(清)刘玉森纂．光绪归州志·卷一·地舆志·古迹．清光绪八年刻本．

⑦湖北省秭归县地方志编纂委员会编．秭归县志．北京：中国大百科全书出版社．1991年5月．第123页．

“安息帝国”。帕提亚王国建立之初,曾一度臣服于塞琉古王国。到公元前2世纪初,塞琉古王国在罗马帝国打击下衰落了,帕提亚逐渐强盛起来。至公元前1世纪初,其与当时的罗马帝国、贵霜帝国和中国的东汉帝国并称为世界四大帝国。但2世纪开始,内讧不断,逐渐衰落,226年,帕提亚被新兴的波斯萨珊王朝所取代。[1]

从新滩看兵书宝剑峡(原书插图)

清末秭归县城[2]

① 令狐若明主编.世界上古史.长春:吉林大学出版社.2007年9月.第209-212页.

② 蓝勇主编.长江三峡历史地图集.北京:星球地图出版社.2015年9月.第257页.

探索完玉石洞，人们应当走水路完成这个回程旅行，登上定期往来于香溪河上的运煤船是不错的选择。香溪河是如此的浅、曲折、湍急，以至于下行的时候产生了一种类似于从瀑布上或者从之字形路上下降的刺激经历。

重新回到我们的船上继续前进，我们必须应付一段湍急的河流，大江的这段河流被认为是归州河，得名于峡江左岸山坡上一个古老独特的小城镇。河道中密布着巨大的礁石，就像峡江中其他地方遍布的巨大礁石一样，礁石从左岸一直延伸到湍急的江中，就像巨大的防波堤，形成一连串急流、漩涡。由于缺乏大风，直到抵达滚子角前，一整天的艰苦奋斗以跨越这段急流显得非常必要，滚子角的英文名叫Roller Point。在洩滩映入眼帘之前，游客还可以再次长舒一口气并放松放松。

注补：

滚子角：《行川必要》载滚子角在“南岸”，“上大水，船用纤缆二合，添人夫；下大水，南漕水枯，须衔角而行，不可放松，防败球门乌石，若漫包有四五尺水，两岸可行”。[①]《峡江图考》载滚子角在“南岸”，“大水上下水险”。[②]

洩滩：《行川必要》载洩滩在“北岸”，“上大水，扯漕内大船用篑四合，小船三合，正南漕水或漫平水，重载提头；枯水南北二岸，俱可行船，顶枯水腮内防浅；下枯水船绕北岸，好搭南岸之水”。[③]光绪八年(1882年)《归州志》载“洩滩：州西二十里。水势汹涌。有洩床，石长三十余丈，水落则石出，水涨则若隐若见。行者无不惊怖。土人云，有洩无新，有新无洩，盖言新洩二滩水涨则洩险，水涸则新险耳”[④]。《峡江图考》载洩滩在“北岸”，“大小上下水均险”，“洩滩，江心有石，名洩床、洩枕，逼水成漩，大水险”。[⑤]《中国省别全志·四川省》载“洩滩”在长江“江左部”，距离重庆650.5千米，“水流量大时危险”。[⑥]清末民初洩滩江面“密布着大大小小的漩涡，当江面处于中等水位时，此处尤为凶险”[⑦]。

---

①(清)贺缙绅、即罗缙绅.行川必要.不分卷.光绪四年刻本。

②(清)国璋撰.峡江图考·上册·宜昌至夔府水道程途.清光绪二十七年上祥袖海山房书局石印本.

③(清)贺缙绅、即罗缙绅.行川必要.不分卷.光绪四年刻本.

④(清)沈云骏修,(清)刘玉森纂.光绪归州志·卷一·地舆志·险隘.清光绪八年刻本.

⑤(清)国璋撰.峡江图考·上册·宜昌至夔府水道程途.清光绪二十七年上祥袖海山房书局石印本.

⑥[日]东亚同文会编,李彬、万健、高润译.中国省别全志·四川省.北京:中国文史出版社.2020年8月.第134页.

⑦[英]唐纳德·曼尼著,赵省伟编,彭金枝、栾晓敏译.西洋镜:一个英国风光摄影大师镜头下的中国.广州:广东人民出版社.2018年4月.第72页.

滚子角，纤夫们利用固定在峭壁表面的滚子（绞盘）绞动600码长的竹制缆绳以拖动船只上滩（原书插图）

美国人凯尔拍摄的民国初年失事于洩滩的外轮[①]

一个奇妙的且具有“乔纳与鲸鱼”这一传说特点的神话被附加到了蚂蟥沱前滩的一个庙宇上，这座庙宇位于归州河的左岸，在老归州的对面，这座庙宇叫屈原庙，

① 蓝勇主编．重庆历史地图集．北京：星球地图出版社．2017年1月．第253页．

是根据屈原府圣地的传说建立起来的，屈原是大约七百年前最受皇帝喜爱的大臣，他失宠之后感到非常懊恼，于是他投江自尽。可是，他的尸体被一条大鱼吞下并带回其在蚂蟥沱的家乡，然后被完好无损地抛给在河床上等候他归来的姐姐。屈原的姐姐为屈原举行了葬礼并修建了坟墓。中国人认为屈原的尸体仍然在木乃伊化状态下完整地保存着，那条大鱼仍在附近出没，引起了三个可怕的大漩涡，即屈原三泡。正是因为长江的这种可怕状况，人们修建了屈原庙，并长期保存下来。

注补：

乔纳与鲸鱼：也被译作“约拿和鲸鱼”，圣经旧约中的故事。约拿拒绝耶和华派他去亚述都城尼尼微传预言的命令，但却坐船逃往他施。耶和华见约拿不肯听从自己的话，就让海里风浪大作，随即约拿落海并被耶和华安排的鲸鱼吞入腹中。约拿在鱼腹待了三天三夜，并不停地向耶和华祷告，感谢耶和华没有让他淹死，并赞美耶和华的神力，发誓效忠耶和华。耶和华听到了约拿的祷告后，才让鲸鱼把约拿吐到陆地上，九死一生的约拿于是再次接受了去亚述都城尼尼微传预言的命令。

老归州：即旧归州。《行川必要》载老归州在“南岸”，“下枯水，船靠此处，遇有上风，不可开行，恐败冰盘碛”。①《蜀輶日记》载老归州“山顶平阔，堞址隐隐，相传楚王旧城，其下为屈原三沱，有三闾大夫祠、宋玉宅、女媭砧。放翁诗：‘江上荒城猿鸟悲，隔江便是屈原祠。’《入蜀记》：‘宋玉宅在秭归县东，今为酒家垆矣。’薄暮登岸，蹋乱石至山顶，徘徊久之。东望，烟霭明灭间，两岸对刺天外，盖即兵书峡也。按归州，古夔国。后夔归姓封此，故又称归国也。周封熊绎为楚，其后楚东徙，而封熊挚于此，故有夔子城。汉曰秭归，三国为吴西偏重镇”②。《游蜀后记》载“老归州，民居寥落，盖州治在新州也”③。《中国省别全志·四川省》载“旧归州”在长江右岸，距离重庆672.5千米，“右岸居民稀疏”。④

屈原：战国时期楚国诗人、政治家，大约公元前340年至公元前278年。其先受楚怀王信任，迁任左徒、三闾大夫，主张对内改革政治，修明法度，选贤任能，对外联齐抗秦。后因遭到保守贵族的排挤诽谤，被先后流放至汉北和沅湘流域。楚国郢都被秦军攻破后，屈原自沉于汨罗江，以身殉国。其文学作品有《离骚》《九歌》《九章》《天问》等。原稿中蒲兰田认为“屈原是大约七百年前最受皇帝喜爱的大臣”，这

---

①（清）贺缙绅、即罗缙绅．行川必要．不分卷．光绪四年刻本。

②（清）陶澍著．蜀輶日记．见：陶澍集．长沙：岳麓书社．1998年8月．第565页．

③（清）吴焘．游蜀后记．抄本．见：李勇先、高志刚主编．巴蜀珍稀交通文献汇刊·第九册．成都：成都时代出版社．2016年12月．第178页．

④［日］东亚同文会编，李彬、万健、高润译．中国省别全志·四川省．北京：中国文史出版社．2020年8月．第134页．

实际是错误的，近代距离屈原去世，至少为2200多年，造成这种错误，主要还是因蒲兰田系英国人，对中国历史不甚熟悉。

屈原庙：亦称屈左徒庙、屈清烈公庙、屈原祠。光绪八年(1882年)《归州志》载“屈左徒庙，城东五里，在江滨，经兵火后已成荒土，知州王景阳以载在祀典，捐俸重修，端阳祭祀。雍正十一年湖北学正凌如焕率领捐修齐整，按其地名屈公沱，又名乐平里”①。光绪二十七年(1901年)《归州志》载“屈清烈公庙，旧名屈原祠”，“即屈原宅也；在州东五里屈公沱，一名乐平里；唐元和十五年刺史王茂元始建祠，宋元丰三年封清烈公，乃立庙；元泰定间州尹王秃哥不花、至正四年郡长密儿哈吗相继重修；明万历二十五年知州孙鹤年重修；国朝康熙八年知州王景阳、雍正十一年学正凌如焕、乾隆末署知州王沛亹、嘉庆二十五年知州李炘先后重修，岁以五月五日致祭”。②民国《湖北通志》载屈原庙在归州“州东五里”，屈原庙后有屈原墓，庙因墓而名。③

屈原三泡：亦称屈原三沱、屈原沱、屈沱、屈溪。《巴船纪程》载同治时期“屈沱，一曰屈溪，宋端平中，移归州县治于此，后徙”④。《东归录》载同治时期“屈原三泡即屈原沱也”⑤。《行川必要》载屈原三泡在“河中”，“下枯水，船绕南岸，好搭北石门之水，冰盘碛误事皆由此来路未清也”。⑥光绪八年(1882年)《归州志》载“屈原三泡，水急漩深，水大至险”⑦。光绪二十七年(1901年)《归州志》载“屈原三泡，即屈原沱，有渡，北受响谷溪水，南受苏溪水，江北有屈原庙，即屈原宅也。江南为旧州市，古白沙市也，市后楚台山为楚丹阳城，宋端平三年州治徙此”，“滩中水急漩深，水大水小无滩，水平极险，响谷溪、屈原宅边涧水与石相激，其声如鼓”。⑧《峡江图考》载“屈原三泡，水势湍急，逼遛水漩，大水至险”⑨。民国《湖北通志》载“屈沱在州东五里南岸”，“今沱北岸有屈公祠、三闾大夫墓”。⑩

---

①(清)沈云骏修，(清)刘玉森纂.光绪归州志·卷二·建置志·宫庙.清光绪八年刻本.

②(清)黄世崇纂修.光绪归州志·卷十·祠祀志.清光绪二十七年刻本.

③吕调元、刘承恩修，张仲炘、杨承禧纂.湖北通志·卷二十·舆地志二十·古迹六附陵墓寺观.民国十年刻本.

④(清)洪良品.巴船纪程.不分卷.清光绪十七年上海著易堂铅印本.

⑤(清)洪良品.东归录.不分卷.清光绪十七年上海著易堂铅印本.

⑥(清)贺缙绅、即罗缙绅.行川必要.不分卷.光绪四年刻本.

⑦(清)沈云骏修，(清)刘玉森纂.光绪归州志·卷一·地舆志·险隘.清光绪八年刻本.

⑧(清)黄世崇纂修.光绪归州志·卷十四·山水志二.清光绪二十七年刻本.

⑨(清)国璋撰.峡江图考·上册·宜昌至夔府水道程途.清光绪二十七年上祥袖海山房书局石印本.

⑩吕调元、刘承恩修，张仲炘、杨承禧纂.湖北通志·卷二十·舆地志二十·古迹六附陵墓寺观.民国十年刻本.

人们在洩滩拖一艘帆船过滩(原书插图)

“蜀通”号冒着黑烟蹒跚着通过洩滩(原书插图)

清末洩滩[1]

抵达洩滩，需要加一条缆绳，外加二十多个纤夫抓住缆绳尾部就足以把船拖过洩滩，因为洩滩在枯水期还是相当温顺的。

可是，安全平淡的行进并不能持续很长时间。长江北岸一侧猛烈的流水，将大量碎石直接冲到河床半道上，形成巨大的扇形碎石堆延伸入长江将其阻塞。于是，巨大的扇形碎石堆，约束着春天的长江洪水就像在一个漏斗中流动一样，导致更大的洪水如同倾斜的水舌一样猛烈地冲击巨大的扇形碎石的外围。

大约每秒三十英尺的流速是一个非常可怕速度，经常有多达一百多条帆船在这个险滩下相对平静的水面上，等着被拖过险滩。十分不幸的是游客的船只"打张"，这就是说，船只刚进入这个险滩就疯狂地偏航或者从其航线上偏离并随波逐流。一转眼就被冲到下游很远的地方，她不得不停在一长排船的最后，而片刻之前她还是排在最前面的。

注补：

打张：《行川必要》载"打张"即"船上滩时或因断缆，或扬头外枪，遂致顺流直下，名曰打张"。[2]

在开拓川江轮船航线的日子里，"蜀通"号作为第一艘长期运行的轮船，与威严的洩滩有过多次交锋。这艘小轮船不仅要拖她自己，还要拖她的伙伴，即由她拖动

① 蓝勇主编．长江三峡历史地图集．北京：星球地图出版社．2015年9月．第106页．

②（清）贺缙绅、即罗缙绅．行川必要．不分卷．光绪四年刻本．

的没有动力的“驳船”。“蜀通”号依靠船上的绞盘和一根很长的钢缆将它的伙伴拖上这个险滩，这根钢缆铺在满是岩石的岸上且末端被紧绑在了最大的岩石上。有时候拉“驳船”过险滩是困难且繁重的，只能一步一步地向前挪动，钢丝绳上的拉力总量几乎快要使钢缆断裂了。事实上有许多次钢缆确实断裂了，就像小提琴的弦线突然断裂发出弦声，接着“驳船”就被冲到险滩下游很远的地方去了。所有的工作都必须重做一次，有时甚至还要做第三次。

有一次“蜀通”差一点就因为没有习惯去检查船只而过早地失事。在下午晚些时候抵达洩滩后，“蜀通”停泊在险滩下面过夜，离一排停泊在洩滩下等着过洩滩的帆船并不远。其中两艘帆船正好满载煤油。大约午夜时分，所有的人都被一团耀眼的光和一阵恐怖的嘈杂声惊醒。其中一艘满载煤油的帆船着火了，且在没来得及从这一排帆船中分开之前，又点燃了另外一艘满载煤油的帆船。最终这两艘船被拖出了这一排帆船，哎！由于没有在主流航道之中，这两艘船只能在漩涡中旋转飘荡，从头到尾猛烈地燃烧。对“蜀通”号的问题是，这两艘着火的帆船将会采取哪条路线前行，是靠近“蜀通”号呢，还是远离“蜀通”号？如果靠近“蜀通”号，则意味着“蜀通”号将会毁灭。乘客们迅速登岸，他们可不想第二次被命令下船时才登岸。轮船尽可能快地启动了，系泊缆绳已经挑出，准备好随时从这一排船中分离出来了。但是在那漆黑的夜晚，如果“蜀通”号真的从这一排船中分离出来，前面则会有咆哮的险滩、暗礁、岩石等着她，数英里内都没有下锚的地方。人们每次焦虑地看着这两艘燃烧着的帆船时，它们都在激流中或近或远地飘荡着，在漩涡中画着圈。它们将很快从漩涡中冲出，要么冲进奔腾的急流中，要么冲进“蜀通”号停泊的缓水区域。最后，在它们到来时，虽然缓慢，但它们肯定会径直朝“蜀通”号冲去。此时这两艘满载煤油的船上发出噼噼啪啪的爆炸声和煤油燃烧的嘶嘶声，船上跳跃的火焰达到十五英尺高。人们没有机会乘救生船去牵引这两艘燃烧着的船，因为他们根本没办法接近那熊熊燃烧的运煤油的帆船。那是一种只能坚持到底的情况，就像阿拉伯人信奉真主一样。我们只得坚持，准备好最后一刻从这一排帆船中分离开。当这两艘燃烧着的船越来越近时，在我们船上就能感受到这两艘船燃烧所散发出来的热量。当时，在准备用斧头砍断最后一根系船索以离开这一排帆船的关键时刻，一个友好的漩涡困住它们并将它们带远了一点，接着它们被远远地冲到下游地区去了，当它们从“蜀通”号旁边通过时，“蜀通”号被灼热了。此时，人群中迸发出一阵快乐的欢呼声，但此时还为时尚早。另一个漩涡抓住一些燃烧着的遗弃物，把它们带回并靠近“蜀通”号的船尾，然后这个漩涡突然把它们干脆地抛向奔腾而下的激流中。那是一个特殊的夜晚，永远都不会被忘记。

牛口滩(原书插图)

从失事船只中打捞起来的物品(原书插图)

离开洩滩后,轮船经过两个小时的航行,将游客带到了牛口滩,英文名叫Buffalo Mouth Reach。在枯水期这段江水非常温顺,但在丰水期确实非常狂暴,包括石门,英文名叫Stone Gates,以及两个八斗滩,英文名叫Eight Bushel Rapids,在这一危险航道有许多船只罹难。船只先是被汹涌的漩涡困住,失去巨大的船首后变得无法操作——船首是被汹涌的漩涡折断的,接着她在一些岩石尖和礁石堆上撞得粉碎。

注补：

牛口滩：牛口滩因位于牛口附近而得名，牛口则因位于牛溪水入长江口而得名。《行川必要》载牛口在"北岸"，"归、巴交界处，大小水，上水船须用篷四合，遇有大风，须带尾缆，方可亮船"，所谓"尾缆"即指"船进滩腮，防逆流横冲，用尾缆以收船尾"，而"滩腮"即指"滩下回流处"，所谓"亮船"即指"解缆开船也"。[①]光绪八年（1882年）《归州志》载"牛口，在州西七十里，接巴东县界，昔曾设有巡司"[②]。光绪二十七年（1901年）《归州志》载"牛口有市，旧为牛口巡检驻处，有渡，前归仁乡人捐建。北受牛溪水，溪西隶巴东，东隶归州。牛溪水源出巴东陈家坡，南流迳柳池子入州境，又南流二十里过迎宾桥入江，为牛口"；牛口滩"水势南趋，大泡时作，水大极险，为江水入州境险滩之一，一名上八斗，以其下有八斗滩，故名"。[③]清末英国人丁格尔载牛口滩"水浅时平静，水大亦甚难行"[④]。《峡江图考》载牛口滩在"北岸"，"大小水，上下水险，上水须带野缆"，"牛口山脚，碎石直入江心，水势汹沌，四季皆险"。[⑤]《行川必要》载"野缆"即指"船进滩腮，用野缆以收船头"[⑥]。《中国省别全志·四川省》载牛口滩在长江左岸，距离重庆633.5千米，"水流量大时危险"。[⑦]牛口是清代归州县内长江岸边重要的集镇。[⑧]

石门：《行川必要》载上石门在"北岸"，"上大水有风可过河，无风不可前进；下满架大水泡漩极大，凶险异常；船绕南岸，好搭北岸之水，小船更宜小心"，所谓"满架水"即"谓极大水淹满平也"。[⑨]《峡江图考》载"上石门滩"在"北岸"，"大水险，泡漩大，上下均宜小心，上水须带野缆"，"上石门，两岸山脚横截江心，水势湍急，大水极险"。[⑩]光绪二十七年（1901年）《归州志》载长江过"石门山"形成了"石门滩"，

---

①（清）贺缙绅、即罗缙绅．行川必要．不分卷．光绪四年刻本．

②（清）沈云骏修，（清）刘玉森纂．光绪归州志·卷一·地舆志·险隘．清光绪八年刻本．

③（清）黄世崇纂修．光绪归州志·卷十四·山水志二．清光绪二十七年刻本．

④［英］丁格尔著．丁格尔步行中国游记．上海：商务印书馆．1925年10月．第12页．

⑤（清）国璋撰．峡江图考·上册·宜昌至夔府水道程途．清光绪二十七年上祥袖海山房书局石印本．

⑥（清）贺缙绅、即罗缙绅．行川必要．不分卷．光绪四年刻本．

⑦［日］东亚同文会编，李彬、万健、高润译．中国省别全志·四川省．北京：中国文史出版社．2020年8月．第132页．

⑧ 湖北省秭归县地方志编纂委员会编．秭归县志．北京：中国大百科全书出版社．1991年5月．第253页．

⑨（清）贺缙绅、即罗缙绅．行川必要．不分卷．光绪四年刻本．

⑩（清）国璋撰．峡江图考·上册·宜昌至夔府水道程途．清光绪二十七年上祥袖海山房书局石印本．

“两岸山足横截，水势湍急，水大极险”。①

八斗滩：历史时期湖北省宜昌市秭归县西长江中的险滩。同治《巴东县志》载“八斗滩：县东大江有上八斗、下八斗，水满则平，半亦平，惟及八分时最险，故名”②。《行川必要》载小八斗在“北岸”，“上大水此处凶险，有顺风过河，船盖滩脑上方可”；大八斗在“北岸”，“洩滩至此三十里，上南漕水，船用大篾二合，大水用三合，须带尾缆为妥；下大水船绕南岸，好搭北岸之水，满架大水，泡漩极大，小船尤宜小心”。③光绪八年(1882年)《归州志》载八斗滩有两处，即上八斗滩、下八斗滩，“上八斗，水势南趋，大泡时作，水大至险”；“下八斗，怪石嶙峋，水急漩涌，水小至险”。④光绪二十七年(1901年)《归州志》载牛口滩“一名上八斗”，即牛口滩亦叫上八斗滩。而八斗滩“今名下八斗，怪石嶙峋，水急漩涌，水大极险”。⑤《峡江图考》载大八斗滩在“北岸”，“大、小水，上下水险，大水上水须带尾缆，下水船绕南岸，搭北岸之水，江中水急漩大，招柁不能应手”，“八斗滩，水势南趋，大泡时作，夏秋二季至险”。⑥《中国省别全志·四川省》载“大八斗”在长江左岸，距离重庆636.5千米，“水流量大时危险”，“小八斗”在长江左岸，距离重庆639千米，“平常水量时危险”。⑦

清末牛口滩⑧

①(清)黄世崇纂修.光绪归州志·卷十四·山水志二.清光绪二十七年刻本.

②(清)廖恩树修，(清)萧佩声纂.同治巴东县志·卷二·舆地志·山川.清光绪六年刻本.

③(清)贺缙绅、即罗缙绅.行川必要.不分卷.光绪四年刻本。

④(清)沈云骏修，(清)刘玉森纂.光绪归州志·卷一·地舆志·险隘.清光绪八年刻本.

⑤(清)黄世崇纂修.光绪归州志·卷十四·山水志二.清光绪二十七年刻本.

⑥(清)国璋撰.峡江图考·上册·宜昌至夔府水道程途.清光绪二十七年上祥袖海山房书局石印本.

⑦[日]东亚同文会编，李彬、万健、高润译.中国省别全志·四川省.北京：中国文史出版社.2020年8月.第134页.

⑧蓝勇主编.长江三峡历史地图集.北京：星球地图出版社.2015年9月.第108页.

至少六艘红船在丰水期被配置在这一危险的河段，红船英文名叫life-boats，他们的船员以表现再三证明了他们与我们的救生员有着相同的不屈不挠的勇气与技术。

牛口滩位于这一危险河段的最前面，牛口滩英文名叫Buffalo Mouth Rapid，牛口滩的江水可能没有泄滩的狂暴汹涌，但是要经过它却更加危险，主要是因为牛口滩下有巨大的漩涡。"森林云雀"号炮艇就是在这里遇险的。一个巨大的漩涡抓住了这艘炮艇的尾部的一瞬间，她三个强有力的船舵变得相当无用，致使她不能通过紧急转向摆脱漩涡。接着，她的侧舷陷入激流之中，发动机立即颠倒，急流与这艘炮艇的动力结合起来，强行带着她撞向了满是岩石的岸边，她的船首撞得起褶皱，使她就像是硬纸板做的一样。幸运的是，她是用防水型材料构建而成的。炮艇上的工程师将炮艇船首撞得起褶皱的部分移除，把这些板材和框架弄直后重新将它们铆接在一起，最后用螺栓将它们固定回原位。这项工作做得如此之好，以至于到重庆后几乎看不到一点这次意外事故的痕迹。

注补：

"森林云雀"号、"山鹬"号："森林云雀"号英文名为"HMS WoodLark"，"山鹬"号英文名为"HMS Woodcock"，皆系英国建造的军舰。不同著作对其具体中文名的翻译有所差异。"森林云雀"号，《重庆开埠史稿》译为"山莺"号；《跨出封闭的世界：长江上游区域社会研究(1644—1911)》译作"山莺"号；《中国省别全志·四川省》译作"乌德科"号。"山鹬"号，《重庆开埠史稿》译为"山鸡"号，《跨出封闭的世界：长江上游区域社会研究(1644—1911)》译作"山鸡"号；《中国省别全志·四川省》译作"乌德拉"号。为加强对中国西南地区的侵略，英国皇家海军中国舰队却急需一批能够穿过三峡、抵达长江上游的炮舰。驻华英军随后得到了"森林云雀"号和"山鹬"号，这两艘炮舰均建造于光绪二十三年(1897年)，最初都准备派往尼罗河，但因第二年英军在乌姆杜尔曼击败马赫迪军队，炮舰对驻苏丹英军作用骤减，于是两舰被拆解后送往中国进行重新组装，为便于重新组装，拆散的船身都加以数字标记。两船从光绪二十四年(1898年)8月开始在英国皇家海军中国舰队服役，光绪二十六年(1900年)，两舰成功穿越三峡，成为首批抵达长江上游口岸重庆的西方军舰，两舰在重庆驻留的30年间，对长江上游的水文进行了测量。[①]光绪二十六年(1900年)三月初六"森林云雀"号和"山鹬"号从宜昌出发，初七过大同滩到新滩，初九抵泄滩，水流速度过大，炮舰不能通行，迁延至十四日才通过，上至牛口，漩流甚大，"森

①［英］Angus Konstam著，［英］Tony Bryan绘，王小可、徐云辉译．长江上的炮舰：1900—1949年．北京：海洋出版社．2016年8月．第24-25页．

林云雀”号舰尾误陷漩流，至将车叶绞毁，停泊修理，乃得开始，二十九日过夔，四月初四过万，初九抵渝。四月十五日“山鹬”号复开航上行，十九日抵达泸州，二十三日回渝，“森林云雀”号于四月二十四日驶泸，二十八日返渝。光绪二十七年(1901年)秋“山鹬”号复上驶至嘉定，以探测上游水道。[①]《中国省别全志·四川省》载“1901年英国炮舰‘乌德科’号以及‘乌德拉’号曾溯游”到达嘉定。[②]

我们的船被安全地拖过牛口滩后，竹制粗缆被收回来盘好，所有的东西又被安排得很舒适，两个小时的顺风将秋风亭和巴东县城带入我们的视野，巴东县城对面的长江左岸上有一座电报站，大概所有的巴东人都会为此自吹自擂。

注补：

秋风亭：秋风亭为北宋寇准任巴东县令时建于江北旧县坪左的亭子。同治《巴东县志》载“秋风亭，在旧县治左，寇莱公建，南宋乾道间尚存，县尉王宁孙即亭以祀公，后废。明知县盛杲改建今治西高岗之上，叶祯委民赵英葺之，废。国朝康熙初年知县司世教重建，复废于兵。嘉庆二十一年知县黄桂昌重建，同治五年知县李桢葺之”[③]。民国《湖北通志》载“秋风亭”在巴东县“县治西，亦寇准建”，登秋风亭，“观莱公手植桧，未尝不怅然流涕，叹古人之不可作也”。[④]现在的秋风亭位于县人民政府背后海拔173.72米的高岗上，系明正德年间仿原寇准建于江北旧县坪左的秋枫亭而建，历经修葺，清光绪二十四年(1898年)再次修葺后保存至今，亭形方，木质结构，高10米许，内外四柱，飞檐两层，四角钻尖顶，翘角抬梁雕饰龙头含珠，屋面灰筒瓦，瓦当有“万古不朽”铭纹。[⑤]

巴东县城：同治《巴东县志》载“县治依巴山之麓，背山为城，面水为池，前滨江岸，后逼高峰，营建所不能施，故向无城郭”[⑥]。《巴船纪程》载同治时期巴东县“县无城郭，厘市负江而居”[⑦]。《行川必要》载巴东县城在“南岸”，“大八斗至此三十五里，归州至此九十里，上大南漕水，此处可靠船，切不可低，防下岸有浅”。[⑧]《峡江图考》

---

①邓少琴编著.近代川江航运简史.重庆地方史资料组.1982年10月.第58页.

②[日]东亚同文会编，李彬、万健、高润译.中国省别全志·四川省.北京：中国文史出版社.2020年8月.第247页.

③(清)廖恩树修，(清)萧佩声纂.同治巴东县志·卷二·舆地志·古迹.清光绪六年刻本.

④吕调元、刘承恩修，张仲炘、杨承禧纂.湖北通志·卷二十·舆地志二十·古迹六附陵墓寺观.民国十年刻本.

⑤湖北省巴东县志编纂委员会.巴东县志.武汉：湖北科学技术出版社.1993年10月.第496页.

⑥(清)廖恩树修，(清)萧佩声纂.同治巴东县志·卷三·建置志·城池.清光绪六年刻本.

⑦(清)洪良品.巴船纪程.不分卷.清光绪十七年上海著易堂铅印本.

⑧(清)贺缙绅、即罗缙绅.行川必要.不分卷.光绪四年刻本.

载巴东县城在“南岸”，“依山临江，街市冷落”。[①]《中国省别全志·四川省》载“巴东县”在长江“右岸”，距离重庆620千米，“不设城郭，唯有街道一条”。[②]清末民初巴东县城即信陵镇，信陵镇为县治始自南宋，此后历代因之，信陵镇北濒长江，南依金字山，当水陆交通之要冲，向有“川鄂咽喉，鄂西门户”之称。[③]

电报站：清末，地处长江干流，且控扼蜀楚交通的巴东近代邮电开始得到发展。光绪十二年(1886年)十二月，汉渝电报干线经巴东长江北岸架设。光绪二十九年(1903年)九月，县城和大支坪始设报房。县城报房接转通往四川、大支坪的电报；大支坪报房接转施南、利川及野三关的电报。光绪三十三年(1907年)，邮传部电政司在巴东设四等电报局。宣统元年(1909年)，巴东报房接转小桥驿和施南支店的电报。[④]蒲兰田所指的“电报站”即是设于巴东县城的县城报房。

清末巴东县城[⑤]

①(清)国璋撰.峡江图考·上册·宜昌至夔府水道程途.清光绪二十七年上祥袖海山房书局石印本.

②[日]东亚同文会编，李彬、万健、高润译.中国省别全志·四川省.北京：中国文史出版社.2020年8月.第134页.

③湖北省巴东县志编纂委员会.巴东县志.武汉：湖北科学技术出版社.1993年10月.第19页.

④湖北省巴东县志编纂委员会.巴东县志.武汉：湖北科学技术出版社.1993年10月.第181页.

⑤蓝勇主编.长江三峡历史地图集.北京：星球地图出版社.2015年9月.第249页.

英国的“森林云雀”号小型军舰（原书插图）

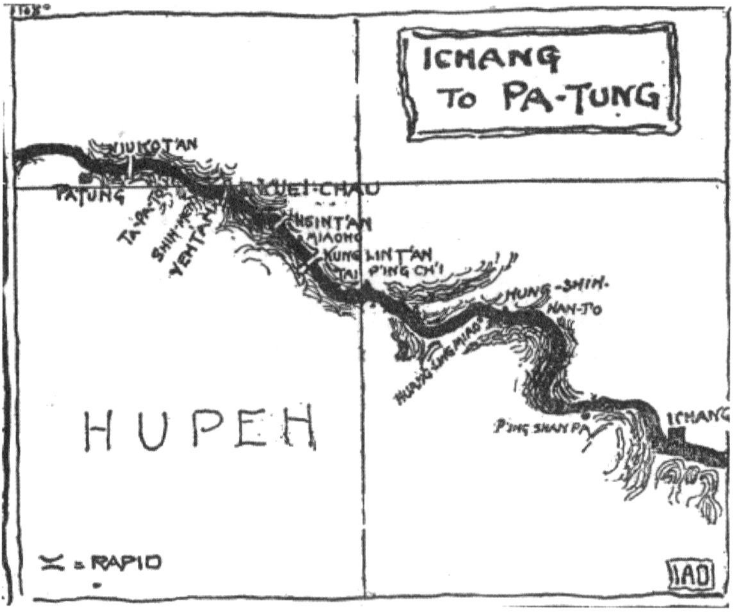

宜昌到巴东的航道图(原书插图)

在巴东县城上游一英里左右的地方会遭遇另一个险滩，即青竹标。青竹标在枯水期是一个非常险恶的险滩，主要是由于它有又长又乱的航道。

注补：

青竹标：同治《巴东县志》载“青竹标滩：东瀼、青竹标本蛇名，其行最驶，滩水似之”[①]。《行川必要》载青竹标在“南岸”，“上南漕水，两岸俱可行船，下小南漕水，船顺北岸，好搭南岸之水，谨防跑北”。[②]《峡江图考》载青竹标在“南岸”，“小水上下水险”，“青竹标，本蛇名，其行最驶，滩水似之”。[③]《中国省别全志·四川省》载青竹标位于长江右岸，距离重庆618千米，“枯水期有危险”。[④]

从青竹标到官渡口是一段大约五英里的比较好行驶的路程，官渡口是位于巫峡下游底部的一个小村庄。巫山大峡，英文名叫Witches Mountain Great Gorge，是长江诸峡中最长的峡谷，而且被认为是到重庆的途中最为壮观的峡谷。这个峡谷绵延近三十英里，能给游客展现出各种各样的峡谷河段景观。巫峡令人敬畏且寂静，如果阴雨绵延，巫峡会笼罩在阴暗之中，这一庄严肃穆只会被一连串小瀑布冲击岩石时所发出的隆隆声所打扰。如果阳光明媚，巫峡就会美丽漂亮且万紫千红、五光十色。从悬崖峭壁到江边的鹅卵石，从平地到斜坡，都闪耀着各种颜色。当一阵微风拂过江面，巫峡的魅力会随着一千多名纤夫洪亮的号子声而增加，因为他们要向风神呼喊并吹口哨以期风神能帮他们与强有力的急流做斗争。

注补：

官渡口：《行川必要》载官渡口在“北岸”，系“盐卡”，“巴东县至此卅里，下大水靠船不高不低，吊向乃安；此处若不能笼岸，即靠西瀼口，枯水由此开船，要搭水清楚；上大水有风，船可前进；无风，停泊，防败母猪滩”，所谓“吊向”指“船将近险滩，或宜向南，或宜向北，预为调定，以便下滩，又挽泊时亦云”。[⑤]《峡江图考》载官渡口在“北岸”，系一“中场”，“大水上水有风船可前进，无风停泊；大水下水船如停泊不住，即停靠下游西瀼口”。[⑥]《湖北通志》载“官渡口”在巴东县“城西三十里”。[⑦]《中

---

①（清）廖恩树修、（清）萧佩声纂．同治巴东县志·卷二·舆地志·山川．清光绪六年刻本．

②（清）贺缙绅、即罗缙绅．行川必要．不分卷．光绪四年刻本．

③（清）国璋撰．峡江图考·上册·宜昌至夔府水道程途．清光绪二十七年上祥袖海山房书局石印本．

④［日］东亚同文会编，李彬、万健、高润译．中国省别全志·四川省．北京：中国文史出版社．2020年8月．第133页．

⑤（清）贺缙绅、即罗缙绅．行川必要．不分卷．光绪四年刻本．

⑥（清）国璋撰．峡江图考·上册·宜昌至夔府水道程途．清光绪二十七年上祥袖海山房书局石印本．

⑦ 吕调元、刘承恩修，张仲炘、杨承禧纂．湖北通志·卷三十四·建置志十·乡镇二．民国十年刻本．

国省别全志·四川省》载官渡口位于长江左岸，距离重庆607.5千米。[①]《湖北省巴东县地名志》载官渡口位于长江巫峡口北岸，东连东壤口、平阳地区，南临长江，与楠木园、马鹿池地区隔江相望，从官渡口顺江东下15千米到达巴东县城，相传"官渡口原名纪塘关，因唐六陵王从此过渡，故名官渡口"。[②]

巫峡：巫峡系三峡中的一处峡谷，从巫山县城东大宁河起至巴东县官渡口止，全长46千米。光绪《巫山县志》载巫峡在巫山县县东15千米，"与瞿塘峡、巴东峡并称三峡"[③]。光绪初英国的威廉·吉尔载巫峡"总长20英里，这是扬子江上最长的峡谷"，"峡谷内非常阴暗，高耸的石灰岩群山和峭壁将其封闭在内，植被稀疏，向上只能看到一线单调灰暗的天空，看不到其他船只的孤独之感，使峡谷更显阴沉"。[④]《游蜀后记》载巫峡"今讹为乌山峡，峡中之险，与瞿塘略同，然岸上奇丽不可言状，崖愈高，江愈曲，每一转折，必有一山横栏，前望若无路可通"[⑤]。

长江上游丰水期的巫峡（原书插图）

①［日］东亚同文会编，李彬、万健、高润译．中国省别全志·四川省．北京：中国文史出版社.2020年8月．第133页．

②姚大胜主编，巴东县地名领导小组编．湖北省巴东县地名志．湖北省巴东县国营印刷厂印刷.1983年8月．第133页．

③（清）连山、（清）白曾煦修，（清）李友梁等纂．光绪巫山县志·卷六·山川志．清光绪十九年刻本．

④［英］威廉·吉尔著，［英］亨利·尤里编，曾嵘译．金沙江．北京：中国地图出版社.2013年7月．第62页．

⑤（清）吴焘．游蜀后记．抄本．见：李勇先、高志刚主编．巴蜀珍稀交通文献汇刊．第九册．成都：成都时代出版社.2016年12月．第178页．

整个巫峡，江风始终萦绕在险峻的山崖底部，这些山崖的垂直高度在一些地方达到了一千英尺甚至更高，到处都是高峻绮丽的山峰，坚硬的石壁上像纸一样布满了层层褶皱，因为造物主的重大失误，它们才被从不同的多个角度安置于此。在巫峡中的许多地区，岩层水平地分布着，这些墙体一样的岩壁侧面形成了许多阶地，这些低一些的阶地上分布着大量坑洞，单调且垂直地延展到枯水期悬崖底部的水面上，有点类似于管风琴的巨大管子。

这个峡谷的广阔无垠让人敬畏，因而它被恰当地命名为巫峡。巫峡恶魔般的敌意与《浮士德》中的女巫难分伯仲，任何乘坐当地船屋或帆船在夏季穿越巫峡的人都会为此作证。当大洪水来临之时，洪水将会把峡江江面提升到一百英尺高，远比其冬天的水面高得多。洪水使长江充满了滔天的红色江水，红色江水以之字形路线向下游猛冲，猛烈地冲撞着长江左右两边如墙体一般的粗糙岩石，并分化成各种各样的回流与漩涡，直到整个峡谷都回旋着大量湍急的洪水，给这些脆弱的船只呈现出了一条漫长而危险的航道。为克服夏季洪峰情况下巫峡的通航困难，夏季穿越巫峡可能要花费一个星期的大部分时间。然而，随着夏秋交替、秋冬更迭，滔天的急流会逐渐降为清澈平静的流水，这一平静只会被不时从幽深的峡谷中传来的岩石碎屑竞相落下的声音打破。

培石镇位于长江右岸，大概在整个巫峡的中间位置，是湖北省与四川省的分界标志，从培石镇开始，就有一条铺设得很好的路沿着悬崖一直延伸到巫山县城，巫山县城是巫峡西端的一个城镇。

注补：

《浮士德》：钱春绮翻译《浮士德》时，在其序言中认为《浮士德》是歌德毕生的作品，歌德从二十五岁开始到八十二岁完成，花了近六十年的时间。"《浮士德》不仅是德国最伟大的文学巨著，也是世界文学中的瑰宝，评论家把它和荷马的史诗、但丁的《神曲》、莎士比亚的戏剧并称为世界文学中最伟大的作品"，《浮士德》还被译成各种文字出版。"歌德的《浮士德》，结构庞大，内容复杂，歌德自己八十年的全部生活和思想都倾注在这部巨著里面，具有极深刻的哲学内容，反映广泛的多方面的生活"，该著作"通过浮士德这个人物的发展，体现出新兴资产阶级的进步的知识分子追求为人类社会谋求自由和幸福的理想的目标而努力奋斗的精神，说明只要人们肯努力实践，敢斗争，敢争取，就会克服一切矛盾和困难，不断前进，走向光明的大道"，同时"《浮士德》是一部不太易懂的古典著作，原文中有许多矛盾之处，还有许多意义含糊、晦涩费解的地方，各研究家和注释家常有各种不同的解释，尚无定论"。①

① [德]歌德著，钱春绮译．浮士德．上海：上海译文出版社.2011年1月．第1–18页．

培石镇:《巴船纪程》载同治时期培石“为今楚蜀交界处,培石四十八方,历数难清;交界处两岸各断,草树亦分向发生,亦一异也”①。《行川必要》载培石在“南岸”,“上南漕水船用长篁二合,靠头亮船须小心,枯水防打张”。②光绪《巫山县志》载“培石镇:县东南七十里”③;“培石:县东南七十里大江边”,培石镇以此为名④。《峡江图考》载培石镇在“南岸”,系一“中场”,“小水上水险,防打张,大水行北岸”。⑤民国时期培石镇系“川鄂交界处也,有培石四十八堆,南岸群峰,有向背各异者”,“培石产桐油,镇有民居数十户,在舟中遥望,树木丛杂,风景尚佳”。⑥

巫山县城:《巴船纪程》载同治时期巫山县“城缘山为墉,南临大江,正对巫山”⑦。《行川必要》载巫山县城在“北岸”,“青石洞至此六十里,万流至此一大站,下枯水倘遇上风,船宜在此停泊;满架大水如多船开行,切忌齐趋并进”。⑧光绪《巫山县志》载“巫山县,汉隶南郡,吴孙休分为建平郡。缘山为墉,周十里一百一十步,东、西、北三面皆带旁溪深谷,南面岷江环之。明正德二年,知县唐书正其方位。东带宁河,南瞰大江,西倚高唐观,北包阳台山。筑修石城,为门四:曰丛秀、巫山、会仙、阳台。嘉靖二十九年大水城塌。万历元年知县赵时凤重修,周围七百五十七丈,高一丈八尺,垛口三百六十,高五尺。后知县张维任因县多火灾,更四门之名以镇之,东曰永清,南曰临江,西曰广济,北曰镇源,后毁于兵燹。国朝乾隆三十二年,知县朱斐然奉文动帑重修,共计七百十六丈,石砌砖封,更四门之名,东曰太清,南曰平江,西曰盛源,北曰世润,报销银一万二千五百五十九两四钱二分七厘。咸丰十年被水淹没臌裂,报勘劝捐,修葺完竣。嗣于同治九年,河水泛涨,淹塌二十处,城身女墙一百二十六丈,当经知县李咏禀报有案,光绪十四年知县和闿禀请就地劝

---

①(清)洪良品.巴船纪程.不分卷.清光绪十七年上海著易堂铅印本.

②(清)贺缙绅、即罗缙绅.行川必要.不分卷.光绪四年刻本.

③(清)连山、(清)白曾煦修,(清)李友梁等纂.光绪巫山县志·卷三·疆域志.清光绪十九年刻本.

④(清)连山、(清)白曾煦修,(清)李友梁等纂.光绪巫山县志·卷六·山川志.清光绪十九年刻本.

⑤(清)国璋撰.峡江图考·上册·宜昌至夔府水道程.清光绪二十七年上祥袖海山房书局石印本.

⑥侯鸿鉴.漫道南国真如铁:西南漫游记.沈阳:辽宁教育出版社.2018年1月.第94页.

⑦(清)洪良品.巴船纪程.不分卷.清光绪十七年上海著易堂铅印本.

⑧(清)贺缙绅、即罗缙绅.行川必要.不分卷.光绪四年刻本。

捐，培修完竣”[①]。《游蜀后记》载巫山“县城背山面江，周围六七里，临高视下，约数百尺，贸易者多在城外，登城四望，层岚叠嶂，日月蔽亏，无复平地也”[②]。《成都通览》载清末巫山县城，“城在山上，冷淡异常，商在城外”[③]。《中国省别全志·四川省》载清末民初巫山县城“县城背后皆是山地，西有阳台山”，“城墙高1丈，周长3英里，有3门，其中2门面向江面，其中1门面朝后山而开。城内大半归于荒芜，人家多数位于江边，然此地人口应是不出3000人，城内有县衙门、邮局、高等小学堂等。此地昔日虽曾是一大都会，今日已是衰微至极，商业不振，只不过是一上下长江之船舶停泊地”。[④]

在培石镇附近见到的巫峡（原书插图）

①（清）连山、（清）白曾煦修，（清）李友梁等纂．光绪巫山县志·卷四·城池志．清光绪十九年刻本．

②（清）吴焘．游蜀后记．抄本．见：李勇先、高志刚主编．巴蜀珍稀交通文献汇刊·第九册．成都：成都时代出版社．2016年12月．第178页．

③（清）傅崇矩编．成都通览　下．成都：巴蜀书社．1987年7月．第393页．

④［日］东亚同文会编，李彬、万健、高润译．中国省别全志·四川省．北京：中国文史出版社．2020年8月．第81–82页．

清末民初的培石[①]

游客应该沿着这条崖壁间的道路前行，这条道路非常容易通行，从这条路上可以看到许多漂亮的景色。从清水洞开始，巫峡在这里有个大转弯，清水洞英文名叫Clear Water Cave，这里能看到“巫山十二峰”的绝好风景，“巫山十二峰”的英文名叫the Twelve Fantastic Peaks。

注补：

清水洞：光绪《巫山县志》载“清水洞：县东南里许”[②]。《巫山县志》载清水洞“今改名陆游洞，位于巫峡西口北岸，洞底有长20米、高3米石壁，有游人墨迹题咏19处，由于年深日久，加之游人抚摸，内容难辨，最早有北宋元丰元年题咏”[③]。

巫山十二峰：《巴船纪程》载同治时期“望十二峰烟峦万状，怪石百变，有一峰独立者，有两峰相对拱揖者，有三四峰措簇倚负者”，“然十二峰者不可悉见，所见八九峰，惟神女峰最为纤丽奇峭”，“闻有一峰在巴东境，故谚有‘巫山十二峰，一峰落巴东’之语”。[④]光绪《巫山县志》载“峡中有十二峰：曰望霞，其峰特出，彩霞辉映；曰松峦，古松蓊郁；曰朝云，每日常有彩云；曰翠屏，耸翠如屏；曰集仙，峰顶石列如仙相聚；曰聚鹤，峰多松杉，夜有鹤聚；曰净坛，群峦秀净；曰起云，其峰常有云气腾起；曰上升，其峰突兀，势若飞升；曰飞凤，形若凤翔；曰登龙，其形蜿蜒，如龙腾霄汉；曰圣

① 蓝勇主编.长江三峡历史地图集.北京：星球地图出版社.2015年9月.第251页.

② (清)连山、(清)白曾煦修，(清)李友梁等纂.光绪巫山县志·卷六·山川志.清光绪十九年刻本.

③ 四川省巫山县志编纂委员会编纂.巫山县志.成都：四川人民出版社.1991年12月.第553页.

④ (清)洪良品.巴船纪程.不分卷.清光绪十七年上海著易堂铅印本.

泉，峰顶有泉清冽。然十二峰不可悉见，所见八九峰，惟朝云峰最为纤丽”[①]。民国时期巫山十二峰分别是“1.望霞、2.翠屏、3.朝云、4.松峦、5.集仙、6.聚鹤、7.浮坛、8.上升、9.起云、10.飞凤、11.登龙、12.圣泉”[②]。据同治年间的《巴船记程》载“闻有一峰在巴东境内，故谚有‘巫山十二峰，一峰落巴东’之语”，而今天人们所指的十二峰却全在巫山县境内，说明清末以前十二峰的位置与现在不同的，或即当时巫山十二峰横列江北绵延进入巴东，其中一著名者在巴东县，即所谓“一峰落巴东”。[③]《游蜀后记》载“巫山十二峰，俱在北岸”[④]。今天普遍认为巫山十二峰，六峰在江南，六峰在江北，而《巴蜀旧影》的作者山川早水记载十二峰时也记载十二峰“皆排列于北岸”，而蓝勇在为《巴蜀旧影》作序时则以实地考察及文献梳理确定了宋代以来的巫山十二峰均在江北，只是在清末采编《巫山县乡土志》时才将其位置弄乱。[⑤]

在巫峡大转弯拐角处下游不远的左岸悬崖上，有一座“孔明碑”，位于险峻的悬崖上，在水面上不远的地方，有一个又大又圆又平且有凿痕的石头，像一个大圆石板，关于这块岩石有一段能让人铭记的传说。此外，每个王朝的末期，这块石板的表层都会脱落，留下一片全新的石板记录新的历史。

注补：

孔明碑：《峡江图考》载孔明碑在“北岸”，“大水险，水乱流，上水两岸皆可走”。[⑥]《巫山县志》载孔明碑在“集仙峰脚临江面10米余，石灰岩壁光洁，呈椭圆状，宽14米，高17米，阴刻‘重岩叠嶂巫峡’（光绪《巫山县志》记“万垒保障巫峡”误）大字，每字宽12米，高0.75米，阴刻深0.02米，另有‘名峰耸秀’‘巫山十二峰’‘钦差四川巡抚’‘嘉靖十八年十月’等小字，局部字迹风化剥落，难以辨认，民间传说诸葛亮率师入蜀于此刻下《隆中对》策论，后刘备发兵攻吴大败，陆逊领兵追至巫峡，阅读碑文，深受感动，乃罢兵东归”。[⑦]

---

① （清）连山、（清）白曾煦修，（清）李友梁等纂．光绪巫山县志·卷六·山川志．清光绪十九年刻本．

② 侯鸿鉴．漫道南国真如铁：西南漫游记．沈阳：辽宁教育出版社．2018年1月．第94页．

③ 蓝勇著．深谷回音 三峡经济开发的历史反思．重庆：西南师范大学出版社．1994年11月．第199页．

④ （清）吴焘．游蜀后记．抄本．见：李勇先、高志刚主编．巴蜀珍稀交通文献汇刊·第九册．成都：成都时代出版社．2016年12月．第178页．

⑤ ［日］山川早水著，李密、李春德译，蓝勇审定．巴蜀旧影：百年前一个日本人的巴蜀行纪．成都：四川人民出版社．2019年1月．第4页．

⑥ （清）国璋撰．峡江图考·上册·宜昌至夔府水道程途．清光绪二十七年上祥袖海山房书局石印本．

⑦ 四川省巫山县志编纂委员会编纂．巫山县志．成都：四川人民出版社．1991年12月．第552页．

去巫山路上的石桥(原书插图)

摆脱这个巨大峡谷的限制,进入一片更为空阔的旷野,游客可能会有一种奇怪的如释重负的感觉,因为巫峡如墙壁一样厚重的悬崖逐渐开阔起来并能看到巫山县城了。巫山县城是从长江下游上来所能看到的第一个有城墙环绕的四川城镇,位于四川与湖北交界处。巫山,就像位于长江边的大多数城镇一样,位于长江支流与长江的交汇点上,这条支流在当地被叫作"小河",英文名叫Small River,这条"小河"实际上就是"大宁河",英文名叫Ta-ling,类似于"刚朵拉"小船的中国小型帆船能够在大宁河里航行约两百里,据说坐在这样一艘小船上顺大宁河而下是最有趣的体验。著名的植物学家欧内斯特·亨利·威尔逊在其最有趣且最具启发性的《一个博物学家在华西》一书中的第一卷第七页讲道:"1910年,我通过一条鲜为人知的陆上通道从宜昌旅行到成都,在这一旅程中,我穿过了岷江东部从左岸注入长江的所有最主要的河流,观察到令人惊奇的事实是它们全都适于各种尺寸的船只通行很长的距离,但通过询问我发现大多数长江支流上的航运在其与长江的交汇处前二至五英里的范围内就停止了。"

注补：

大宁河：大宁河，发源于大巴山南麓，全长250余千米，流经重庆市巫溪、巫山两县，于巫山县龙门峡口汇入长江。[①]《三省边防备览》载“夔州府之水在大宁、巫山者，曰马连溪，俗称为大宁河，《水经注》称其出于‘万顷池’，今查大宁、太平老林山内，并无所谓‘万顷池’者。河有二源：东溪出一碗泉，会苦草坝之水，至神鹿坪；西溪出九龙池，会河口之水，至下保河，又东下至两河口，会东溪水，合流至谭家墩，盐厂溪发源红池坝，西来注之；南下大宁折而东南至水坪，入巫山界；大昌各山沟水，西来注之；至巫山县城东流入于大江，此河小舟自盐厂至巫山，水程二百八十里，小舟上下运载盐米杂货，其至两河口，则运煤薪而已”[②]。道光《夔州府志》载“大宁河在县东门外，源出县北界，南流二十五里，至城东又东南流八十里至大昌废县界，转入巫山县，合大江，即古之巫溪水也”[③]。光绪《大宁县志》载“大宁河源由东西两溪合流至溪口，与盐厂后溪河汇，又流过五溪口门洞滩剪刀峰下，经县北绕城东而南，左受渔渡溪水，右受马连溪水，合流过王爷滩，出峡至庙溪河，入巫山界，即古巫溪也”[④]。光绪《巫山县志》载“小河，即大宁河，由废大昌县绕县治东南汇入大江，昔传逆流逵至留石，则有科甲之应，屡验”[⑤]。近代大宁河“运输船全系载重3吨左右木船，俗称‘辰驳子’”[⑥]。

“刚朵拉”小船：英文名为Gondola，亦被翻译为“公朵拉”“贡朵拉”，威尼斯常见的一种两头翘、底部平的狭长小舟。

《一个博物学家在华西》：近代英国人欧内斯特·亨利·威尔逊的作品，在1913年第一次出版。[⑦]19世纪末和20世纪初，威尔逊是一位活跃在中国、美国和英国的植物学家、探险家、摄影家、植物采集人和作家。他于清末在中国中西部及中国台湾进行了植物采集，采集植物过程中通过文字、照片记述了大量清末自然与人文景观，并形成《一个博物学家在华西》(*A Naturalist in Western China*)，是研究清末中国自然地理与人文地理的重要参考书。

---

① 郑敬东、唐德正等著．重庆古文化资源研究．重庆：重庆出版社．2014年1月．第120页．

② (清)严如熤辑．三省边防备览·卷五·水道．清道光二年刻本．

③ (清)恩成修，(清)刘德铨纂．道光夔州府志·卷六·山川志．清光绪十七年据清道光七年刻版重修本．

④ (清)高维岳修，(清)魏远猷等纂．光绪大宁县志·卷一·地理志·山川．清光绪十一年刻本．

⑤ (清)连山、(清)白曾煦修，(清)李友梁等纂．光绪巫山县志·卷六·山川志．清光绪十九年刻本．

⑥ 四川省巫山县志编纂委员会编纂．巫山县志．成都：四川人民出版社．1991年12月．第216页．

⑦ 李明义著．洋人旧事——讲述百年前发生在宜昌的故事．宜昌：三峡电子音像出版社．2016年8月．第61页．

清末巫山县城码头①

清末民初的巫山县城②

从巫山再次出发时，长江江面已经变得相当宽阔了，再也没有被两面崖壁束缚的感觉了，这一感觉在巫峡中是一直存在的。在接下来抵达风箱峡前十三英里的航行中，一段名副其实的由急流险滩构成的艰难险途将摆在游客的面前，这段艰难险途中最主要的障碍就是下马滩，英文名叫 Dismount Rapid，下马滩与泄滩非常相似，它是因为深谷里汹涌的支流携带并堆积于此的碎石阻塞长江而形成的。从这

① 蓝勇主编.重庆历史地图集.北京：星球地图出版社.2017年1月.第233页.

② 蓝勇主编.重庆历史地图集.北京：星球地图出版社.2017年1月.第233页.

一深谷上行大概十五里，有一个叫作老龙洞的巨大洞穴，其英文名叫Old Dragon Cave，通过这一巨大洞穴的武将都要下马鞠躬，因而即以此命名这一险滩。

注补：

下马滩：《行川必要》载下马滩在“北岸”，“巫山至此二十五里，上枯水用纤簟二合，此处凶险异常，下枯水船宜直下，方得平稳”。[①]光绪《巫山县志》载“下马滩，县西北二十里，考《盐法志》一名虾蟆滩，南为将军滩，冬春时两滩夹流，水急浪大，吼声如雷”[②]。《峡江图考》载下马滩在“北岸”，“大水上水险，与将军滩对岸”，“下马滩，当春冬水枯时，江中乱石纵横，漬漩汹涌，水势尚缓，《夔州府志》列为三等险滩”。[③]《巫山县志》载解放后下马滩等险滩在航道整治过程中被“一一炸掉，并设置助航设施”[④]。《中国省别全志·四川省》载下马滩在长江左岸，距离重庆约529千米，“丰水期上航感觉非常困难”。[⑤]

老龙洞：即赤溪洞，老龙洞是俗称。光绪《巫山县志》载“赤溪洞，县治西北二十里，俗传明正统土木之变，此龙保驾；至天顺初年赐金字匾额，封为赤溪，开府护国龙王，凡遇天旱，祷雨屡应；其水冬温夏凉，一日三潮，辰、午、暮不愆期；中有石，形如犀牛，背有自生石水田七坵，深不可测；洞门峭削如墙，广丈余，高二丈许，人尝拥火进，历头二塘，至三塘则愈深，真仙境也。俗呼为老龙洞，国朝从祀东井寺；县令钟鋆稟详总督丁宝桢提奏御赐‘五溪泽溥’四字”[⑥]。《巫山县志》载老龙洞在朝阳乡二里村，“有间歇泉，每日三潮，洞口左侧岩壁，有石刻6幅，均横书长方形，大者长1.67米，宽0.7米，小者长0.88米，宽0.5米。多为本县知县题，其中有前明敕赐‘护国佑民’和光绪十一年御赐题刻‘玉溪潭溥’字样”[⑦]。

---

① (清)贺缙绅、即罗缙绅．行川必要．不分卷．光绪四年刻本．

② (清)连山、(清)白曾煦修，(清)李友梁等纂．光绪巫山县志·卷六·山川志．清光绪十九年刻本．

③ (清)国璋撰．峡江图考·上册·宜昌至夔府水道程途．清光绪二十七年上祥袖海山房书局石印本．

④ 四川省巫山县志编纂委员会编纂．巫山县志．成都：四川人民出版社．1991年12月．第213页．

⑤ [日]东亚同文会编，李彬、万健、高润译．中国省别全志·四川省．北京：中国文史出版社．2020年8月．第132-222页．

⑥ (清)连山、(清)白曾煦修，(清)李友梁等纂．光绪巫山县志·卷六·山川志．清光绪十九年刻本．

⑦ 四川省巫山县志编纂委员会编纂．巫山县志．成都：四川人民出版社．1991年12月．第552页．

下马滩(原书插图)

拖肚子、独树子、焦滩、油札碛、李拐滩和铁滩都是水流较浅的小滩,但是,虽然如此,这些小滩对于当地船只来说也是非常麻烦的。特别是焦滩更是如此,焦滩有宽广的水面,其周围江水以漩涡的形式猛烈地奔腾着,那是一个非常危险的地方,很多船只在此失事。

注补:

拖肚子:《行川必要》载拖肚子在"北岸","上枯水有顺风可过河,无风,加纤,添人夫,枯水船下东关嘴,在此吊向,好搭南岸之水"。[①]光绪《巫山县志》载"拖肚子,北岸上,枯水有顺风可过河,无风加纤添人夫,枯水船下东关嘴,在此吊向,好搭南岸之水"[②]。《峡江图考》载拖肚子在"北岸","小水上水险"。[③]《成都通览》载"拖肚子在江左,小水险"[④]。《中国省别全志·四川省》载拖肚子在长江左岸,距离重庆522.5千米,"水流量小时有危险"。[⑤]

①(清)贺缙绅、即罗缙绅.行川必要.不分卷.光绪四年刻本.

②(清)连山、(清)白曾煦修,(清)李友梁等纂.光绪巫山县志·卷七·水利志.清光绪十九年刻本.

③(清)国璋撰.峡江图考·上册·宜昌至夔府水道程途.清光绪二十七年上祥袖海山房书局石印本.

④(清)傅崇矩编.成都通览 下.成都:巴蜀书社.1987年7月.第393页.

⑤[日]东亚同文会编,李彬、万健、高润译.中国省别全志·四川省.北京:中国文史出版社.2020年8月.第132页.

独树子：亦名“读书子”。《行川必要》载读书子在“北岸”，“上枯水，船用纤篾一合，南漕水纤篾二合，添人夫”。[①]光绪《巫山县志》载“独树子，北岸，上枯水船用纤篾一合，南漕水纤篾二合，添人夫”[②]。《峡江图考》载独树子在“北岸”，“小水上水险”，“独树子滩，南漕水急溜汹涌，行船需当留心”。[③]

焦滩：《行川必要》载焦滩在“南岸”，“上大水用纤缆二合”。[④]光绪《巫山县志》载“焦滩，南岸，在江上游，离城四十七里，上大水用纤篾二合。每年自十月起至次年四月止，水枯石出，漬漩盘旋，虽属汹险，水势较缓，尚可趋避，为小水次险之滩。系原议螃蟹碛等六十八滩之内，报部列为三等险滩”[⑤]。《峡江图考》载焦滩在“北岸”，“小水上水险”。[⑥]《成都通览》载“焦滩在江左，小水险”。[⑦]《中国省别全志·四川省》载焦滩在长江左岸，距离重庆516.5千米，“水流量小时有危险”。[⑧]

油札碛：《行川必要》载油札碛在“北岸”，“上枯水最险，行船用大缆一合”。[⑨]光绪《巫山县志》载“油札碛，北岸，上枯水最险，行船用缆一合”[⑩]。《成都通览》载油札碛“在江左，对门为李拐子滩”[⑪]。《中国省别全志·四川省》载油札碛在长江左岸，距离重庆503.5千米，“对岸为李拐子滩”。[⑫]

李拐滩：亦名“鲤拐滩”。《行川必要》载鲤拐滩在“南岸”。[⑬]光绪《巫山县志》载“李拐滩，县西北六十五里”；[⑭]“李拐滩，南岸”。[⑮]《峡江图考》载李拐滩在“北岸”，

---

①（清）贺缙绅、即罗缙绅．行川必要．不分卷．光绪四年刻本．

②（清）连山、（清）白曾煦修，（清）李友梁等纂．光绪巫山县志·卷七·水利志．清光绪十九年刻本．

③（清）国璋撰．峡江图考·上册·宜昌至夔府水道程途．清光绪二十七年上祥袖海山房书局石印本．

④（清）贺缙绅、即罗缙绅．行川必要．不分卷．光绪四年刻本．

⑤（清）连山、（清）白曾煦修，（清）李友梁等纂．光绪巫山县志·卷七·水利志．清光绪十九年刻本．

⑥（清）国璋撰．峡江图考·上册·宜昌至夔府水道程途．清光绪二十七年上祥袖海山房书局石印本．

⑦（清）傅崇矩编．成都通览　下．成都：巴蜀书社．1987年7月．第393页．

⑧［日］东亚同文会编，李彬、万健、高润译．中国省别全志·四川省．北京：中国文史出版社．2020年8月．第132页．

⑨（清）贺缙绅、即罗缙绅．行川必要．不分卷．光绪四年刻本．

⑩（清）连山、（清）白曾煦修，（清）李友梁等纂．光绪巫山县志·卷七·水利志．清光绪十九年刻本．

⑪（清）傅崇矩编．成都通览　下．成都：巴蜀书社．1987年7月．第393页．

⑫［日］东亚同文会编，李彬、万健、高润译．中国省别全志·四川省．北京：中国文史出版社．2020年8月．第132页．

⑬（清）贺缙绅、即罗缙绅．行川必要．不分卷．光绪四年刻本．

⑭（清）连山、（清）白曾煦修，（清）李友梁等纂．光绪巫山县志·卷六·山川志．清光绪十九年刻本．

⑮（清）连山、（清）白曾煦修，（清）李友梁等纂．光绪巫山县志·卷七·水利志．清光绪十九年刻本．

"枯水上水险"。[1]《成都通览》载李拐子滩在江右，对门油札碛。[2]《中国省别全志·四川省》载李拐子滩在长江右岸，距离重庆503.5千米。[3]

铁滩：光绪《巫山县志》载"铁滩，县西南九十五里"；[4]"铁滩，南岸，下大水，船防败，此处宜小心"[5]。

接下来来到宝子滩，这仅仅是这段艰难险途中间的一个棘手的险滩。宝子滩看似特别不喜欢轮船，它已经在此"劫掠"了两艘轮船的方向舵而令其遇险，它也将其他几艘轮船硬拖进它剧烈的漩涡中打转，试图将这些轮船裹挟着撞向其丑陋的礁石，将其撞得粉碎。

注补：

宝子滩：《成都通览》载"宝子滩在江左，大水险"[6]。《中国省别全志·四川省》载宝子滩在长江左岸，距离重庆512.5千米，"水流量大时危险"。[7]《巫山县志》载解放后宝子滩等险滩在整治航道过程中被"一一炸掉，并设置助航设施"。[8]

这一整段航行都在考验游客的耐心，船老板和全体船员都一样，人们不得不佩服长江上游船夫与纤夫们的勇气和耐力。他们常常冒着巨大的性命危险从早到晚连续与长江上的惊涛险滩做斗争，为此他们只能得到最少的货币报酬，辅以粗制大米与蔬菜做成的一日三餐，但他们通常都是欢乐愉快的。

在这一段航程中的错开峡，英文名叫 False Gorge，来源于河神禹王治水的传说。三千四百二十六年前，禹王坐在涂山上导水，但在这里山神反抗他，直到术士巫子以猿人的外形到来帮他解决这个问题。从巫子的鼻孔中吹出的一阵飓风使这些山向西部裂开得更远些，这导致了风箱峡的形成，风箱峡的英文名叫 Wind-box Gorge。人们也相信术士巫子帮助禹王开过巫峡，并确信巫子应当在巫峡居住过，巫峡即取自他的名字。

---

①（清）国璋撰．峡江图考·上册·宜昌至夔府水道程途．清光绪二十七年上祥袖海山房书局石印本．

②（清）傅崇矩编．成都通览 下．成都：巴蜀书社．1987年7月．第393页．

③［日］东亚同文会编，李彬、万健、高润译．中国省别全志·四川省．北京：中国文史出版社．2020年8月．第132页．

④（清）连山、（清）白曾煦修，（清）李友梁等纂．光绪巫山县志·卷六·山川志．清光绪十九年刻本．

⑤（清）连山、（清）白曾煦修，（清）李友梁等纂．光绪巫山县志·卷七·水利志．清光绪十九年刻本．

⑥（清）傅崇矩编．成都通览 下．成都：巴蜀书社．1987年7月．第393页．

⑦［日］东亚同文会编，李彬、万健、高润译．中国省别全志·四川省．北京：中国文史出版社．2020年8月．第132页．

⑧ 四川省巫山县志编纂委员会编纂．巫山县志．成都：四川人民出版社．1991年12月．第213页．

注补:

错开峡:光绪《巫山县志》载“斩龙台,治西南八十里;错开峡,一石特立。相传禹王导水至此,一龙错行水道,遂斩之,故峡名错开,台名斩龙”[①]。光绪《巫山县志》载“泗瀼,县西南七十里,涧水横通大江,两山对峙,一名错开峡,距大江五里,有斩龙台,俗传大禹错开神女授册,始劈三峡”,“锁龙洞:县西九十里,亦作镇龙洞”。[②]《峡江图考》载“错开峡,距大江五里,有斩龙台,俗传大禹错开神女授册,始劈三峡”[③]。后人据这一传说,结合当地龙洞、错开峡、斩龙台等地名加以加工,创作形成了现在当地较为流行的一种关于错开峡的传说:“相传,瑶姬手劈恶龙后,有十一条当即丧命,另一条却在霹雳未响之前躲进龙坪坝龙洞内。过了几年,这条龙想顺长江逃回东海,就变成白胡子老汉,向正在割草的放牛娃问路。放牛娃拿着镰刀向大溪一指,叫他向北方走。恶龙逃跑心急,现出原身,却顺着镰刀的弯弯往东窜去,在龙湾打了一个滚(今铜鼓乡龙湾村),拐弯开了一条峡谷,把长江水倒灌进来,造成洪灾。这时,大禹便擒住恶龙,用铁链将它锁在石柱上。后来,恶龙想磨断铁链逃跑,大禹便把它拖到一块大石坪上斩了。因此,人们把这峡谷称错开峡,把石柱称‘锁龙柱’,将石坪称为‘斩龙台’。”[④]

风箱峡:光绪《奉节县志》载“风箱峡,在瞿塘峡中赤甲山下崖穴间,高不可升,相传鲁班之风箱也,又云乃古兵书匣”[⑤]。光绪《巫山县志》则载“风箱峡:在旧大昌县境内悬壁之上,累累形类风箱,或类棺,人不能近,攀援而至,即见大蛇”。[⑥]《成都通览》载“风箱峡在江左,峡中风雨甚多,一带有山路”[⑦]。《奉节县志》载“风箱峡位于赤甲山中部,其崖隙间,有约宽两米的裂缝上有横木两根,陈放着5口深褐色的长形木匣、状如铁匠用的风箱(又有藏兵书的木匣之说)故名风箱峡。据考古学家鉴定,风箱实为2000多年前巴人悬棺”[⑧]。今风箱峡在奉节县城东10千米,瞿塘峡西

---

①(清)连山、(清)白曾煦修,(清)李友梁等纂.光绪巫山县志·卷三十·古迹志.清光绪十九年刻本.

②(清)连山、(清)白曾煦修,(清)李友梁等纂.光绪巫山县志·卷六·山川志.清光绪十九年刻本.

③(清)国璋撰.峡江图考·上册·宜昌至夔府水道程途.清光绪二十七年上祥袖海山房书局石印本.

④四川省巫山县志编纂委员会编纂.巫山县志.成都:四川人民出版社.1991年12月.第644页.

⑤(清)曾秀翘修,(清)杨德坤等纂.光绪奉节县志·卷三十四·古迹.清光绪十九年刻本.

⑥(清)连山、(清)白曾煦修,(清)李友梁等纂.光绪巫山县志·卷三十·古迹志.清光绪十九年刻本.

⑦(清)傅崇矩编.成都通览 下.成都:巴蜀书社.1987年7月.第392页.

⑧四川省奉节县志编纂委员会编纂.奉节县志.北京:方志出版社.1995年12月.第728页.

段，系长江横切七曜山余脉而成，因峡谷北岸绝壁上几条垂直裂缝中堆放有一些长方形的木匣，实为战国时代巴人岩棺多具，形若风箱，故名之为风箱峡。[①]

“奥立”号军舰：法国军舰，亦翻译为“奥尔里”号(Ory)。[②]光绪二十七年(1901年)11月，因四川地区义和团运动兴起，法国派遣“奥立”号军舰以保护侨民为借口，与另外两艘法舰“大江”号(Tahsiang)、“阿纳利”号(Oery)一并通过峡江抵达重庆，威胁四川义和团运动。[③]一种说法是蒲兰田曾任“奥立”号军舰的领航员，被立德乐聘为船长以后，他率先驾驶“肇通”号明轮船在川江上驶到重庆，作为川江领江的先驱，列强航业界对蒲兰田早有耳闻。在蒲兰田投奔效力于英国皇家海军的请求遭到拒绝以后，法国海军趁机而入，蒲兰田在光绪二十七年(1901年)被法国海军聘任为长江上游航段的官方领航员。当年年底蒲兰田成功地将法国“奥立”号炮舰领航到重庆，从而赢得了法国海军的赞赏。蒲兰田在供职于法国海军期间，常年带领“奥立”号炮舰往返于宜昌至重庆之间，且有很多时间是在重庆。为了照顾好夫人索菲娅，方便索菲娅在重庆起居生活，光绪三十一年(1905年)7月，蒲兰田在重庆购置了谢文安的土地，在彭长发等14人的见证之下，薄蓝田出资票银640两与谢文安签订了地契合同，并在英国驻重庆领事馆注册登记了这块土地，这就是现在位于重庆南岸区上新街老码头96号的蒲兰田公馆。[④]

错开峡(原书插图)

---

① 万县地区地名办公室编.四川省万县地区重要地名诠释.1987年9月.第311页.

②［法］武尔士著，曹娅、赵文希译.长江激流行——法国炮舰首航长江上游.重庆：重庆出版社.2019年6月.第2页.

③ 隗瀛涛、周勇著.重庆开埠史.重庆：重庆出版社.1983年2月.第47页.

④ 李明义著.洋人旧事——讲述百年前发生在宜昌的故事.宜昌：三峡电子音像出版社.2016年8月.第231-232页.

风箱峡（原书插图）

法国“奥立”号军舰（原书插图）

法国人拉蒂格拍摄的航行于重庆城外的法舰“都大”号①

在这一连串险滩的上游，离风箱峡入口不远处有一个石头，即猫子石，英文名叫Cat Rock，它在枯水期对顺流而下的船只是一个巨大的威胁。猫子石位于长蛇梁所构成的航道最窄处的激流中，长蛇梁英文名叫Long Snake Reef，长蛇梁从对岸缓缓地伸入长江，延伸得很宽，使长江在这一段因江面变窄而形成激流，横跨长蛇梁的激流猛烈而直接地撞向猫子石。

当接近这段危险的航道时，下行船只的船老板与头纤都站在了甲板上，在那里他们能更好地指挥船员。一旦命令下达给这些光膀子的船员，就不管什么样的天气——不管下雨、下雹还是下雪——这些船员都要脱掉衣服，每个船员都弯下赤裸的背，套上拉纤的背带，拉纤的背带在巨大的拉力作用下嘎嘎作响。船老板和头纤都连续不断地大声呼喊，督促这些船员更加努力地工作。舵手和领江通力合作，有能力操纵着帆船迎着顺风而非逆风前行。帆船以她最好的状态劈波斩浪，缓慢前进。得益于良好的领航与驾驶，帆船以一码或更短的距离避开了江中的礁石。一切都进行得很顺利，船老板点上了他长长的烟斗，汗流浃背的船员们重新穿回了他们破旧的衣服。但并不是每一次都如此顺利，不少帆船都在猫子石遇险失事。

从前，峡江上没有轮船往来时，一个居于重庆的欧洲家庭，包括父亲、母亲和一个孩子被特许乘坐挂子船前往宜昌。船老板在到达夔府后便在那里泊船，此时，一阵强烈的江风吹起，乘客们急于到达目的地，抗议他在此停船并怂恿他继续前进，但船老板解释，在江风如此肆虐的时候尝试通过猫子石是非常危险的。可是，当船

① 蓝勇主编.重庆历史地图集.北京：星球地图出版社.2017年1月.第254页.

老板正在思考其他拖延的办法时,乘客们坚持前进,船老板在绝望中继续向下游前进。但是,哎!太多的不利因素结合在一起,船老板未能平安地通过猫子石。尽管非常不情愿,狂风和激流将这艘船推向猫子石,船舷撞上了猫子石后被撞成了碎片。幸运的是这个家庭的成员在这艘船沉没之前,在全体船员的帮助下设法爬上了猫子石,他们在那里被当地的救生船救起时全身都湿透了,他们船上的东西什么都没能留下,更不用说他们的船了。这一事例已经被引用来证明无论游客多么小心,他哪怕知道河流的一点点情况或关于河流的一些危险,在一些看似合理的理由被提出时,他都不应该说服他的船老板赶快前进。

当安全渡过这些令人烦恼的激流险滩后,这些激流险滩被恰当地称作"朝圣者的阶梯",当游客到达风箱峡入口后发现这些峡谷险滩绝不是最无趣的,风箱峡英文名叫Wind-box Gorge,还可能是到重庆的航程中最独特别致的峡谷。风箱峡中有险峻且覆盖着矮树的斜坡、险峻清晰的峭壁和伟岸的山麓、活像巨人的梯道,峡谷中散落着各种各样的礁石,如黑石和石板夹,它们使长江在丰水期成了最危险的航道,黑石的英文名叫Black Rocks,石板夹的英文名叫Stone Projecting Shelf。

注补:

黑石:《行川必要》载"黑石"在"南岸","上大水有大顺风方可前行,此处为瞿塘第一险处","小黑石"在"南岸","下大水船到此绕北岸,不可采头,不可吊勾"。[①]光绪《奉节县志》载因黑石而成滩者,有两处,即小黑石滩和黑石滩,在县东瞿塘峡内,"小黑石滩,在江下游,离城二十五里,该滩上下各有石梁一道,约长里许;每年自四月起至十月止,江水泛涨,水淹石梁,二面急水直冲黑石,连发喷漩,滩深无底;船至喷漩,艄舵不应,顷刻覆溺,为大水极险之滩",因黑石滩滩险异常,"旧设救生船一只,水手六名",以资拯溺捞毙;"黑石滩,在县东三十里,谚云:'滟滪冒顶,黑石下井',言其险也","黑石滩在滟滪堆下瞿塘峡内,滩不止一处,小黑石、石板夹、扇子石、燕须礳、台子角、白果背皆大石缘岸矗立,犬牙相错,水不能直流,舟如蛇行,水大湍急,不触东则触西,一触则舟碎矣;道光三年邑令万承荫招募湖北职员李本忠捐资,将黑石滩内石板夹、扇子石、燕须礳、台子角等石一一凿去,并将白果背数十里牵道一一划平,用银一万三千余两,现在水势较平,挽牵得力,商民赖之"。[②]《峡江图考》前文载黑石在"北岸","大水险,上水走此险","黑石滩,距夔城三十里,谚云'滟滪冒顶,黑石下井',言其险也;《吴船录》:瞿塘峡中有黑石滩最险,两山束江,

---

① (清)贺缙绅、即罗缙绅.行川必要.不分卷.光绪四年刻本.

② (清)曾秀翘修,(清)杨德坤等纂.光绪奉节县志·卷七·山川.清光绪十九年刻本.

骤起水势，不能平也”，后文地图中载“小黑石”在“南岸”，“黑石下沱”在“北岸”。[①]《中国省别全志·四川省》载北黑石在长江“左岸”，距离重庆492千米；小南黑石在长江“右岸”，距离重庆493千米，“水道狭窄，为巫山界”。[②]可见黑石有两处，黑石在北岸，小黑石在南岸，《行川必要》载“黑石”在“南岸”是明显有误的，应该是在“北岸”。《巫山县志》载解放后大黑石滩等险滩在整治航道过程中被“一一炸掉，并设置助航设施”。[③]

石板夹：亦名“石板甲”。《行川必要》载“石板甲”在“北岸”，“上大水有顺风过河，无风不宜前行，下大水船绕北岸，搭水清楚，方可搭倒吊和尚之水，不低不高，酌中而行”。[④]光绪《奉节县志》载因石板峡而成的石板峡滩，“石板峡滩，在江下游，离城二十里，该滩两岸俱悬崖峭壁，生有石板，形如鳞甲，对面上连台子角，下接倒吊和尚，每年自四月起至十月止，江水泛涨，水淹半崖，台子角水势直冲石板滩倒吊和尚，滚起漬漩，浪大汹涌，滩深无底，船落漬漩，艄舵不应，即至覆溺，为大水极险之滩”，因石板峡滩滩险异常，“旧设救生船一只，水手六名”，以资拯溺救捞。[⑤]

沉思——船主在他的船失事后坐在他仅剩的所有东西上面（原书插图）

①（清）国璋撰．峡江图考·上册·宜昌至夔府水道程途．清光绪二十七年上祥袖海山房书局石印本．

②［日］东亚同文会编，李彬、万健、高润译．中国省别全志·四川省．北京：中国文史出版社．2020年8月．第132页．

③ 四川省巫山县志编纂委员会编纂．巫山县志．成都：四川人民出版社．1991年12月．第213页．

④（清）贺缙绅、即罗缙绅．行川必要．不分卷．光绪四年刻本．

⑤（清）曾秀翘修，（清）杨德坤等纂．光绪奉节县志·卷七·山川．清光绪十九年刻本．

风箱峡中的黑石滩(原书插图)

风箱峡中的石板夹(原书插图)

在风箱峡中段,长江左岸陡峭悬崖上的崖洞中,有一些窄窄的木头箱子,有点像中国风箱。据说它们都是棺材,但它们为什么会被放在如此不同寻常的位置仍是一个谜。往峡谷西部的尽头前行,一串凿在悬崖右岸岩石上的之字形方形孔,就会映入眼帘，传说是湖北将军孟良为他的军队建造栈道而凿出来的。孟良的军队即依靠插入这些方孔的木头柱子来建造栈道，从而爬上这悬崖，到达上面的斜坡的，为什么孟良没有从长江里继续行军则没有被记录下来。

距孟良梯几百尺的地方，从长江左岸突出了一块平石板，有两根铁柱立在这块平石板上。这块平石板叫作铁柱石，据说清朝四川统治者为了阻止巴蜀船只载盐去湖北省，于道光年间便拉了铁链连接两根铁柱，横锁江面。

注补：

孟良梯：《行川必要》载"孟良梯"在"南岸"。[①]光绪《奉节县志》载"孟良梯，瞿塘峡上，与粉壁相连，俗传孟良欲夜过河关，凿石架木为梯，今形迹犹存"[②]。《峡江图考》载"孟良梯，孟良欲过关，架木为梯，行踪犹在"[③]。《奉节县志》载"瞿塘峡南岸粉壁墙一带的绝壁上。相传是北宋杨家将孟良为运回老令公杨继业的遗体所修，故称孟良梯。现存石孔61孔，自上而下呈'之'字排列，最上端距山顶约有30米，石孔呈方形，高26厘米，深34厘米，每孔相距约为1～3米，据考证是南宋抗元战争中通往杨口城的一条古栈道"[④]。

铁柱：光绪《奉节县志》载"铁柱，瞿塘峡口石盘之上，竖铁柱二根，高六尺四寸，夏秋水没，冬春复见，上铸守关大将军徐宗武等字"，"铁锁，白帝城下岩穴中，宋景定五年守将徐宗武置以拦江，计七条，二百七十七丈五尺"，这一铁柱、铁锁是"铁锁关"的重要组成部分，"铁锁关"即在"瞿塘峡口赤甲山下"[⑤]；"铁锁关即瞿唐关"，天祐元年(904年)五月"张武请于夔东作铁絙绝江中流，立栅于两端，谓之锁峡"，而"瞿唐关在瞿唐峡"，元代时"关去城八里，管锁水铁锁二条"[⑥]。《奉节县志》载锁江铁柱"在瞿塘峡，草堂河与长江交汇处有一巨礁，上有铁柱两根，用生铁铸造，高2.3米，直径0.4米，基座高0.27米，柱身有五节宝顶，上部有纹饰，其中一铁柱下部残存'……大将军徐……'字样。据考：为南宋景定五年，由守关大将军徐宗武所铸，为南宋抗元战争遗迹"[⑦]。

在峡谷的西面入口，突兀地立于激流中像守卫着这一峡谷的即是巨大的滟滪

①(清)贺缙绅、即罗缙绅.行川必要.不分卷.光绪四年刻本.

②(清)曾秀翘修，(清)杨德坤等纂.光绪奉节县志·卷三十四·古迹.清光绪十九年刻本.

③(清)国璋撰.峡江图考·上册·宜昌至夔府水道程途.清光绪二十七年上祥袖海山房书局石印本.

④四川省奉节县志编纂委员会编纂.奉节县志.北京：方志出版社.1995年12月.第728-729页.

⑤(清)曾秀翘修，(清)杨德坤等纂.光绪奉节县志·卷三十四·古迹.清光绪十九年刻本.

⑥(清)曾秀翘修，(清)杨德坤等纂.光绪奉节县志·卷十四·关梁.清光绪十九年刻本.

⑦四川省奉节县志编纂委员会编纂.奉节县志.北京：方志出版社.1995年12月.第727-728页.

石。滟滪石在冬日枯水期高处水面约六十英尺。传说滟滪石立于一个巨大的石鼎上面，石鼎下面是一个著名的龙宫，即“夔龙宫”。当滟滪石顶部与江水齐平或江水浅得无法行船时，顺流而下的船都会停泊在夔府，直到江面水位上升或下降到能安全通过这一段航道时再继续前进。

注补：

滟滪石：亦名“艳预石”。《行川必要》载“艳预石”在“北河中”，“下南漕水关圈最险，就水劲而行，倘或跑荡，须提头停泊，候水息方可开行”。[①]光绪《奉节县志》载“滟滪石滩，在江下游瞿唐峡口，离城十里，该滩大石在江心屹立，左右漕口二道，每年自四月起至十月止，江水泛涨，水淹大石，喷漩汹涌，波浪曲折；船被水催，往往触石而碎。其深无底，为大水极险之滩”，因滟滪石滩滩险异常，“旧设救生船一只，水手六名”，以资拯溺。[②]《游蜀后记》载“滟滪石适当峡口，长约二三丈，高出水面丈余，一粗石堆耳；按滟滪一名滛预，一名犹预，询之舟人云水小时石出水面数十丈长，盛夏涨则水没石者亦数十丈，谚云‘滟滪大如象，瞿塘不可上；滟滪大如马，瞿塘不可下’，舟人以此为水候，盖石愈小，则水愈大，不可行矣”[③]。《峡江图考》载滟滪石在“峡口”，“北河中，白帝城下，中平水险，上水走南岸，抛白帝城”。[④]《蜀游闻见录》载清末民初“滟滪堆在瞿塘峡口，屹立大江之中，立夔城依斗门观之，可以验水之高下，定舟人之行止也”，“古谣云，滟滪大如牛，瞿塘不可留，滟滪大如马，瞿塘不可下，极言堆浸水中，露出如牛之大，船尚可行，若大仅如马，则水愈大，势愈凶，船不可放行矣”。[⑤]《奉节县志》载滟滪石又名滟滪堆，“原是横亘在瞿塘峡口、白帝山下的一座巨礁。长约30米，宽约20米，高约40米，逆江而立，犹如一只凶猛的拦路虎，横截半个航道，自古以来，撞沉了无数船只。‘滟滪回澜’以狂澜万卷、泡漩千重，而闻名遐迩”[⑥]。

---

① (清)贺缙绅、即罗缙绅．行川必要．不分卷．光绪四年刻本．

② (清)曾秀翘修，(清)杨德坤等纂．光绪奉节县志·卷七·山川．清光绪十九年刻本．

③ (清)吴焘．游蜀后记．抄本．见：李勇先、高志刚主编．巴蜀珍稀交通文献汇刊·第九册．成都：成都时代出版社．2016年12月．第177页．

④ (清)国璋撰．峡江图考·上册·宜昌至夔府水道程途．清光绪二十七年上祥袖海山房书局石印本．

⑤ 徐心余著．蜀游闻见录．成都：四川人民出版社．1985年5月．第29页．

⑥ 四川省奉节县志编纂委员会编纂．奉节县志．北京：方志出版社．1995年12月．第727页．

滟滪石(原书插图)

在冬季的几个月里,峡谷里的江水显得非常平静柔和,如果顺风的话,一个小时内就可以扬帆通过这个峡谷。然而在夏天,情况则完全不同,奔流而下的水量会增加约一万倍,疯狂地奔腾着,狂暴地撞击着峡谷两边的崖壁以摆脱峡谷的束缚。在这个季节里,游客乘船可能需要一两天才能通过这个峡谷,游客甚至在洪水消退之前都可能会停泊在峡谷的下游,因为在夏季洪水肆虐之时是没有船只敢出现在峡谷中的。在夏季时,这个峡谷就像是一个巨大的水闸,拦下了比冬季水面高150英尺的水,整条长江的水通过这个峡谷时汹涌地奔流着。是什么因素决定了长江目前的流经路线,长江在此将山脉的核心地段拦腰斩断后夺路而出,而不是选择一条在东北方一点点的阻力明显最小的路线前进,这对地质学家来说,将会是一个非常有趣的问题。

蓦然回首,风箱峡西部尽头的风景依旧非常美丽,天气晴朗明媚的时候,峡谷会色彩斑斓。夔门入口左面山上是古要塞白帝城,英文名叫White Emperor's City,白帝城在刘备统治时期非常繁荣,刘备即蜀汉的皇帝。在白帝城顶部有许多有趣的古老寺庙和碑铭。但是,哎!近来当地中国人在这些古迹之中修建了一座令人厌恶的看似半西式的茶楼,这简直是对古迹的亵渎。游客乘船顺流下行时可以参观白帝城,也可以从白帝城步行通过风箱峡,步行的道路是一条在风箱峡坚硬岩石中开凿出来的小路,贯穿整个风箱峡峡谷,步行完这条道路后可以在峡谷下端重新乘船继续前进。

注补:

白帝城:《水经注》载东汉末设置巴东郡后,巴东郡治“白帝山城”,“周回二百八十步,北缘马岭,接赤岬山,其间平处,南北相去八十五丈,东西七十丈。又东傍东瀼溪,即以为隍,西南临大江,窥之眩目,惟马岭小道逶迤,犹斩山为路,羊肠数回,然后得上”。[①]光绪《奉节县志》载“白帝城,公孙述据蜀,自称白帝,因以名城”[②];亦载“白帝故城在县东”,两汉之际“公孙述所筑,历代皆为州郡治,宋始移治瀼西,置关于此”[③]。《峡江图考》载“白帝山,高耸特峙,公孙述据蜀,有白龙自井出,故号曰白帝城,旧曰赤甲城”[④]。《蜀游闻见录》载清末民初“白帝城在夔东五里余,居山之极高处,城址依稀可辨,惟永安宫改为关帝庙,占地甚宽,其故址不可辨认矣。再东为武侯祠,虽未若省城两庑之宽,而森森古柏,罗列殿前,令人于千载下,诵丞相祠堂何处寻之句,不禁悠然神往焉。循祠南行,不百步即涛声振耳,瞿塘峡在山之根,隔江遥望,鱼腹浦八阵依然,风景亦自可观也”[⑤]。《中国省别全志·四川省》载白帝城在长江左岸,距离重庆484千米,“位于江左岸山上,由此入峡”。[⑥]《奉节县志》载“白帝城位于县东10里的白帝山上,下临瞿塘,虎视夔门,形势险峻,踞水路要津,扼全川咽喉,历来为兵家必争之地”[⑦];“白帝城又名子阳城。东汉初年公孙述(子阳)所建,总面积约5平方公里。城址平面呈亚腰形。东到白帝村2组,西北至马岭山顶,南包括白帝山直抵瞿塘峡口。现残存东门和西门,东门宽4.2米,残高2米,门洞长7.9米,西门宽2米,残高1.5米,门洞残长2.5米。城墙残存500余米。最高处7米,最低处1米。城门、城墙均用石条垒砌而成”[⑧]。《千古三峡》载夔州白帝城“三面环水,紧控夔门,西控巴蜀,东锁荆楚,地理位置十分重要”,“现在的白帝庙内主要有明良殿、武侯祠、观星亭、东西碑林等清代建筑,在下面还有西阁、偷水孔等遗迹。从汉代至明正德年间,白帝庙一直供奉公孙述,以后供奉的人物不断变化,明嘉靖三十六年(1557年)才定以祭祀刘备为主的格局”。[⑨]

---

① (北魏)郦道元原注,陈桥驿注释.水经注.杭州:浙江古籍出版社.2001年1月.第526页.

② (清)曾秀翘修,(清)杨德坤等纂.光绪奉节县志·卷三十四·古迹.清光绪十九年刻本.

③ (清)曾秀翘修,(清)杨德坤等纂.光绪奉节县志·卷二·沿革.清光绪十九年刻本.

④ (清)国璋撰.峡江图考·上册·宜昌至夔府水道程途.清光绪二十七年上祥袖海山房书局石印本.

⑤ 徐心余著.蜀游闻见录.成都:四川人民出版社.1985年5月.第70页.

⑥ [日]东亚同文会编,李彬、万健、高润译.中国省别全志·四川省.北京:中国文史出版社.2020年8月.第132页.

⑦ 四川省奉节县志编纂委员会编纂.奉节县志.北京:方志出版社.1995年12月.第729页.

⑧ 四川省奉节县志编纂委员会编纂.奉节县志.北京:方志出版社.1995年12月.第707页.

⑨ 蓝勇主编.千古三峡.福州:福建人民出版社出版发行.2003年6月.第124页.

半西式的茶楼：即白楼，“始建于1913年，1919年后续修完成，殖民式建筑，民国军阀张钫、李魁元出资修建，砖木结构，地上3层，四坡屋顶，四面券廊，柱式、拱券和线脚均为欧式风格，与古朴的白帝庙形成强烈对比”①。1913年张钫屯兵奉节时在白帝庙内修筑白楼，但并未完工；1918年李魁元进驻奉节，将白楼修建完善，作为住所；后吴佩孚亦曾在白楼寓居。1995年内部重新装修后，改为白帝城博物馆。

刘备：蜀汉开国之君，《三国志》载刘备“字玄德，涿郡涿县人，汉景帝子中山靖王胜之后也”，“喜狗马、音乐、美衣服。身长七尺五寸，垂手下膝，顾自见其耳少语言，善下人，喜怒不形于色。好交结豪侠，年少争附之”，后“讨黄巾贼有功，除安喜尉”，但实力有限，先后依附公孙瓒、陶谦、曹操、袁绍、刘表等军阀势力，最终夺取荆州、益州为根据地，建立蜀汉政权。刘备曾多次途经奉节，建安十六年(211年)刘备“留诸葛亮、关羽等据荆州，将步卒数万人入益州”时即溯江而上途经奉节，建安二十年(215年)“孙权以先主已得益州，使使报欲得荆州。先主言‘须得凉州，当以荆州相与’，权忿之，乃遣吕蒙袭夺长沙、零陵、桂阳三郡。先主引兵五万下公安，令关羽入益阳，是岁，曹公定汉中，张鲁遁走巴西。先主闻之，与权连和，分荆州、江夏、长沙、桂阳东属，南郡、零陵、武陵西属，引军还江州”，此役刘备往返荆州、益州过程中亦途经奉节地区。建安二十四年(219年)“孙权袭杀羽，取荆州”。章武元年(221年)，“先主忿孙权之袭关羽”，“秋七月，遂帅诸军伐吴”，即行经奉节地区，但夷陵之战中刘备败绩，遂还军驻扎白帝城，“孙权闻先主住白帝，甚惧，遣使请和，先主许之”。章武三年(223年)三月“先主病笃，托孤于丞相亮”，四月“夏四月癸巳，先主殂于永安宫，时年六十三”，五月刘备“梓宫自永安还成都，谥曰昭烈皇帝。秋，八月，葬惠陵”，可见刘备夺取益州时便途经奉节，最后亦在奉节白帝城病逝，其事业起始、终结都与奉节白帝城密切相关。②

小路：即瞿塘古栈道，《奉节县志》载瞿塘古栈道“位于瞿塘峡口至白果背一带，栈道全长1250米，最宽处3米，最窄处1米，高2.5米。清道光三年(1824年)建白果背一段栈道，光绪十五年(1889年)知府汪鉴筹款开凿风箱峡至西边峡口一段，栈道是在坚硬的绝壁上硬凿出来的，至今犹见岩壁上那斑斑钎痕。栈道的崖壁上有‘开辟奇功’和‘天梯津逮’两处石刻题记。该栈道的建成，连接了奉节至巫山的陆上交通，成为贯通三峡的要津”③。

---

① 蒋勇主编，重庆市规划局、重庆大学建筑城规学院编.重庆市优秀近现代建筑.重庆：重庆大学出版社.2007年6月.第85页.

②(晋)陈寿撰.三国志·卷三十二·蜀书·先主传第二.北京：中华书局.1959年12月.第871-891页.

③ 四川省奉节县志编纂委员会编纂.奉节县志.北京：方志出版社.1995年12月.第728页.

风箱峡西面(原书插图)

将风箱峡甩在船尾后,游客的眼睛将会被无数道烟雾所吸引,这些烟雾是从分布在夔府城下面长江边上的一大片瓦片覆盖的民居中升起的,乍一看,人们还会以为是一个小型制造业城镇位于这里呢!但这里却是一些煮盐的蒸馏器。一股天然的盐泉从这层层叠叠的房屋中间流出,接着,这些卤水将会被倒入架在煤炉上的铁锅中煎熬蒸馏。游客们花一些时间去参观这些盐泉是非常值得的。这一盐泉传说是在咸丰年间被一个乞丐发现的,然后便被无耻地命名为臭盐碛,英文名叫Stinking Salt Streams。

注补:

臭盐碛:奉节治东江心煮盐历史悠久,晋宋时期的《荆州图副》载夔州奉节县"八阵图下东西三里有一碛,东西一百步,南北广四十步,碛上有盐井五口,以木为桶,昔尝取盐,即时沙壅,冬出夏没",可见汉晋时期奉节县八阵图下盐碛中盐业资源已经得到开发。[①]正德《四川志》载奉节县"七泉井:在治东江心八阵图下,水可煮盐"[②]。嘉靖《四川总志》亦载"七泉井:奉节治东江心八阵图下,水可煮盐"[③]。万历

①(宋)乐史撰,王文楚等点校.太平寰宇记·卷一百四十八·山南东道七·夔州.北京:中华书局.2007年.第2874页.

②(明)熊相纂.正德四川志·卷十七·夔州府·山川.明正德十三年刻本.

③(明)刘大谟、(明)杨慎等纂修.嘉靖四川总志·卷十·郡县志·夔州府·山川.明嘉靖二十四年刻本.

《四川总志》关于"七泉井"煮盐的记载与嘉靖《四川总志》完全一致。[①]清初臭盐碛依旧煮盐，康熙《四川总志》亦载"七泉井：奉节治东江心八阵图下，水可煮盐"[②]。康熙《大清一统志》载夔州府"古盐泉井，在奉节县，《唐书·地理志》县有永安井；唐李贻孙《夔州都督府记》白帝城之左五里得盐井十四；《寰宇记》八阵图之下东南三里有一碛，东西百步，南北四十步，碛上有盐井五口，以木为桶，昔尝取盐，实时沙壅，冬出夏没；《旧志》七泉井在府东江心八阵图下，水可煮盐，又有上温井、下温井在龙脊滩南；《通志》今县东南三里江滨沙碛有井四五口，夏秋水没，春冬始见，井水泛沙而出，味咸，俗呼为臭盐井，所谓在八阵图下者即此，余不可考"[③]。乾隆《大清一统志》载夔州府臭盐碛的内容与康熙《大清一统志》一致。[④]英国人托马斯·桑维尔·库珀《长辫长袍闯华西》一书第三章"从宜昌到重庆"记载作者乘船溯峡江而上的经历，关于臭盐碛，作者记载其是"几口盐泉，成百上千的男男女女正忙着煮盐，只有11月至次年3月间的冬季时节才能进行开采，夏季涨水时则会被淹没"，"盐井深约12英尺，再搭上木板，形成升降竖井，四个裸身男子在井底向站在井中部平台上的人递送卤水，后者再将其传送给井口地面上的人，然后再输送到蒸锅旁的土砌水池里。蒸锅架在土灶上，所用的燃料就是周边地区储量丰富的煤炭，燃烧充分，质量甚佳。盐场归官府所有，也是夔府主政官员一项庞大的收入来源，通过官僚阶层盛行的'搜刮'方式，他可以中饱私囊。那些蒸锅平均每天可煮盐1000担，售价为每斤32文钱"。[⑤]《行川必要》载"臭盐碛"在"北岸"，"上南漕水行漕内，枯水行碛外，八阵图在碛上"。[⑥]光绪初《丁治棠纪行四种》载臭盐碛"沙边开盐厂，灶户煎熬，排屋成行。盐水从沙井出，春涨撤灶，水落依然，亦地宝也"，"灶户舛错不成行，各凿池贮盐水，水由沙井灌输，挑桶者络绎不绝，路沾湿无干土。过数武，乃亲见所谓沙井者。井方，阔七八尺，深丈许，框木作范，汲水人立井底，舀以瓢，灌桶内，染指尝

① (明)虞怀忠等修，(明)郭棐等纂．万历四川总志·卷十四·郡县志·夔州府．山川．明万历九年刻本．

② (清)蔡毓荣修，(清)龚懋熙纂．康熙四川总志·卷三·山川·夔州府·奉节县附郭．清康熙十二年刻本．

③ (清)蒋廷锡原修，(清)王安国等纂．康熙大清一统志·卷二百四十三·夔州府·山川．清乾隆八年修成．阳湖薛子瑜清道光九年木活字本．

④ (清)和珅等纂修．乾隆大清一统志·卷三百三·夔州府·山川．清乾隆二十九年修、乾隆四十九年修成．上海宝善斋清光绪二十八年石印本．

⑤ [英]托马斯·桑维尔·库珀著，孙琳、马剑译．一名英商的华西游历：从宜昌到重庆．中国人文田野．成都：巴蜀书社．2020年第9辑．第224-241页．

⑥ (清)贺缙绅、即罗缙绅．行川必要．不分卷．光绪四年刻本．

之，有咸味”。[①]清代咸丰初年之前，奉节县每年额行“水引一百七十七张”，“于云阳县买盐运至本县行销”。因奉节“县治东南八阵碛下旧有盐井四口，龙脊滩南亦有盐井二口，冬出夏没，年久淤塞，咸丰初年乡民淘井试煎，产盐极旺，于是每岁水落之时，编茅砌灶，比屋鳞次，蒸汽成云，熬波出雪。县民无不食碛井之盐矣。云阳县盐井商灶忌分其利，拘讼不休，光绪六年知府黄毓恩通禀存案，定议本县民专食碛盐，开煎之时，设局抽厘，每斤抽钱六文，除完纳奉邑应征税课及补云邑灶课银数外，尽收尽解，并严禁私贩出境，事归通判委派绅士经管，期垂久远”。可见奉节在碛井之盐兴盛之前多食云阳县盐，但随着奉节县碛井兴盛，奉节“县民无不食碛井之盐”，云阳县灶商仍为损其利，遂拘讼不止，最终奉节县民虽然继续食用碛井之盐，但碛井所征税课需“补云邑灶课”，算是对云阳县灶商之补偿。为加强对碛井盐业资源开发外销之管理，奉节县通判委派绅士专门经管，并查禁私贩。[②]清代刘玉铨《盐井》载“满江烟雾白蒙蒙，十万人家汲取中。西晋穿池王室固，南阳煮海霸图雄。地灵酿作洪炉雪，人力休夸减灶风。多少苍生齐倚赖，和羹终是济时功”，即反映了清代奉节县碛井盐业资源开发的兴盛局面。[③]光绪中期奉节县产“盐”，产量大，系奉节重要的“货类”物产，所产食盐中一部分即臭盐碛所产。[④]《峡江图考》载臭盐碛在“北岸”，“八阵图在碛上”。[⑤]20世纪伊始，伊东忠太考察途中亦对臭盐碛有所记载，谓夔州府“街市外廓有一小河川，渡过此河，便见一片沙碛，名叫‘八阵碛’。八阵碛有卤水自地下冒出，当地人正是用此卤水熬盐。其方法乃是将地下冒出的卤水导入一大池，而后注入大釜，并用煤火熬煮，熬至卤水结成晶体即告功成。如此制盐作坊，此地有数十处，俱是烟气腾腾。据当地衙门差役所言，盐坊一天可熬盐七八百斤，每斤盐售价32文。由此算来，一天制盐可售24000文，以一年开工120天计，则一年可获280万文，差不多是2880两银。尽管此地制盐作坊产量不多，但却是官营，有不少官员的职差就是在此。只是，夏季江水水位抬高时，此片沙碛便没入水底，因此只有冬季水退之时才可采卤水制盐”[⑥]。光绪三十一年（1905

---

①（清）丁治棠著．丁治棠纪行四种．成都：四川人民出版社．1984年7月．第9页．

②（清）曾秀翘修，（清）杨德坤等纂．光绪奉节县志·卷十六·盐茶．清光绪十九年刻本．

③（清）曾秀翘修，（清）杨德坤等纂．光绪奉节县志·卷三十六·艺文补遗．清光绪十九年刻本．

④（清）曾秀翘修，（清）杨德坤等纂．光绪奉节县志·卷十五·物产．清光绪十九年刻本．

⑤（清）国璋撰．峡江图考·上册·宜昌至夔府水道程途．清光绪二十七年上祥袖海山房书局石印本．

⑥［日］伊东忠太著，薛雅明、王铁钧译．中国纪行——伊东忠太建筑学考察手记．北京：中国画报出版社．2017年11月．第188页．

年)3月11日,山川早水一行乘船从宜昌经峡江到达夔州府,对臭盐碛也有较为详细的记载,谓"府城对岸的沙滩中有一地,名叫臭盐碛。当水大落河床露出,当地人构筑板房,建临时工厂,挖坑取水,熬煎取盐,即所谓井盐。官府为之设盐局。从所收盐税来看,其产量不少,可谓山溪自然之财源。四川自古就有天府之称,从区区臭盐碛亦足可窥其一斑"[①]。《成都通览》亦载清末夔州府城"江心有地名臭盐碛,水小时贫民掘坑取水煎盐,关收厘税,自然之利也"[②]。《蜀游闻见录》载清末民初水八阵图"秋末冬初,水涸石出,居民就乱石堆中,掘潭取水,可以烧盐,惜微带红色,不能远销他处,仅在夔城附近各州县销售,每年收入,达数百万金,亦天然绝大利源也。江滨高处,设厂数十家,古所称鱼腹浦者,即其地也。久之厂地增宽,烧盐之烟,朝暮不息,舟行者登城遥望,见隔江树林阴翳中,烟雾迷离,几疑当年八阵神奇,犹如在也"[③]。《中国省别全志·四川省》载臭盐碛在长江"江中",距离重庆482千米,"产盐及煤炭"。[④]1934年陈友琴乘船溯江入川考察时进入奉节至臭盐碛,"冬季水枯,沙洲现出,盐水浮于洲边者甚多,居民就洲上筑茅舍,砌土灶,取水置锅中,煎干即成白盐,盐舍约百余家,家家屋顶白烟迷漫,盖正在煮盐时候也","唐书载,夔州、奉节、云安(即今云阳县)皆有盐官,其俗以女当门户,多贩盐自给,今犹如此,惜未能登岸作一度之调查也"。[⑤]谭锡畴、李春昱的《四川盐产概论》载清末"奉节盐场盐井深约三十尺,口宽成坑,雇水夫用木桶,在井昼夜分班轮流汲取,挑入灶房,灶以煤灰盐水修造,灶后凿大池,将盐水挑入池内,加煤举火,再将池中盐水徐徐灌入煤灰,漏入灶膛,旋干旋灌,约二十日,煤灰遂成盐砖,然后挖出碎入桶内,以盐水溶澄,枧入锅内煎熬,约一昼夜成盐,燃料用煤",对生产过程描绘得甚为详细。[⑥]

---

①[日]山川早水著,李密、李春德、李杰译.巴蜀旧影——一百年前一个日本人眼中的巴蜀风情.成都:四川人民出版社.2005年5月.第47页.

②(清)傅崇矩编.成都通览 下.成都:巴蜀书社.1987年7月.第391-392页.

③徐心余著.蜀游闻见录.成都:四川人民出版社.1985年5月.第13页.

④[日]东亚同文会编,李彬、万健、高润译.中国省别全志·四川省.北京:中国文史出版社.2020年8月.第132页.

⑤陈友琴著,陈才智整理.川游漫记.北京:中国青年出版社.2012年12月.第31页.

⑥谭锡畴、李春昱.四川盐产概论.地质汇报.1933年第22期.第45页.

夔府的臭盐碛盐井（原书插图）

德国人弗瑞兹·魏司拍摄的清末奉节臭盐碛煮盐情景①

① 蓝勇主编.重庆历史地图集.北京：星球地图出版社.2017年1月.第153页.

英国人乔治·沃伦·斯维尔拍摄的民国初年奉节臭盐碛煮盐情景①

民国初年奉节臭盐碛的担卤场面②

① 蓝勇主编.重庆历史地图集.北京:星球地图出版社.2017年1月.第260页.

② 蓝勇主编.长江三峡历史地图集.北京:星球地图出版社.2015年9月.第176页.

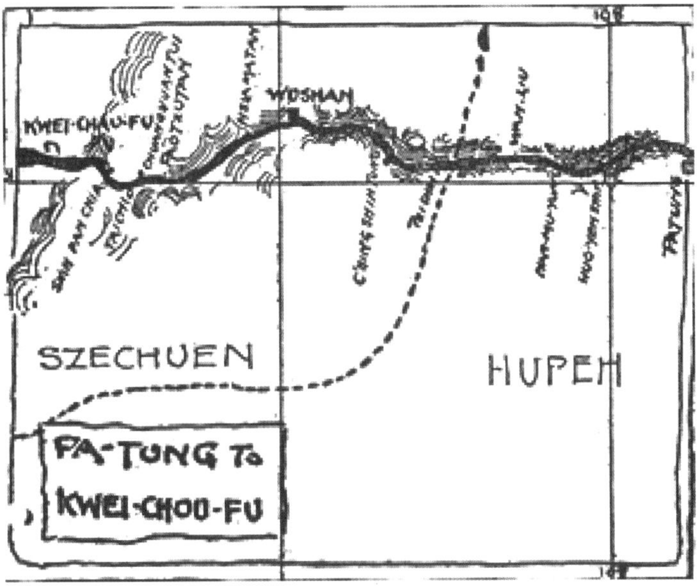

巴东县到夔州府的航道图(原书插图)

渡船插图(原书插图)

在这一大片瓦片覆盖的民居后面,即是历史名城夔州府,现在夔州府通常被称为夔府,尽管它古代的名字叫奉节县。许多世纪以前,夔州府还是帝王行宫所在,但很久以前它已经逐渐变成了普通城镇。然而它还有许多浪漫的传奇故事,人们甚至称之为“长江上的威尼斯”,大概因为有许多狭长小船在其相邻的河流中定期往来,或许是因为夜里载着歌姬的画舫在层层叠叠的船只中间来来回回揽客,为这些能吃苦耐劳的船夫唱些小曲儿，而这些船夫则以那些岁月里纤夫水手们所特有的生活方式无拘无束地花着他们辛苦赚来的钱。

注补：

夔州府：《行川必要》载“夔州府”在“北岸”，“代溪至此三十里，下枯水靠船，南漕水靠头，如遇大下风，切宜小心，此处三、四、五月间，防猪婆龙崩岸”。[①]光绪《奉节县志》载夔州府城为“天设之险”，“后以卧龙山为屏障”，“前以岷江瞿塘为天堑”，“左以西瀼水为环拱”，“右以阁风溪、三岔溪为襟带”，夔州府城为“古鱼复治也，汉改曰永安，唐改曰奉节，与白帝、瞿塘迭为兴废。明成化十年，郡守李晟，砌以砖石，东南四百八十七丈五尺，西北四百八十七丈五尺，为门五，东门，郡守张廷柏匾曰‘瞿塘天险’；西门，巡抚王大用匾曰‘全蜀咽喉’；南门，副使王乔龄匾曰‘纵目’；小南门，通判张世宜匾曰‘观澜’；北门，郡守吴潜匾曰‘肃威’。后枕高山，前临大江，盖全蜀重镇也。其西北一带聚山峭屼，下窥通城，势难守御。万历二年，知府郭棐议建敌楼二座，详允创建，今圮，西有水洞门。国朝康熙二十三年本府同知王知人奉文查勘，城垣一座，高一丈八尺，周围五里四分，计九百七十五丈，开设五门，曰宾阳、熏德、时阜、来威、肃成。乾隆三十五年，奉节县王奕瞻、云阳县詹仰请项承修，至四十四年，间有坍塌，经前府臣柱捐廉修补，迨后坍塌日甚，乾隆五十四年，奉节县沈达勘估二百五十五丈，又续坍三丈，臌裂一百三十丈零五尺，因地处腹内，详请列入缓修项下，咨部有案，嗣后历年久远，又续坍二十丈零五尺，合计先后共坍塌二百七十八丈五尺，臌裂处一百三十丈零五尺，经郡守周景福、邓璜二次补修坍塌处所共三十二丈八尺、臌裂处所共二十丈，又郡守杨世英补修过坍塌处所十三丈、臌裂处所七丈。郡守恩成于道光三年到任，陆续补修过坍塌处所十七丈三尺，臌裂处所二十一丈六尺，以上除各任前后补修外，实在计坍塌未修处所尚有二百一十五丈四尺，臌裂未修处所八十一丈九尺。又欧家缺砌筑保坎，又新造大南门、小南门城楼两座，补修大东门、小东门、西门三处城楼，又大南门、小南门臌裂城圈两处，又城垛塌坏一千余座，海墁渗漏三百余丈全行补整，沿城旧保坎全行修整，通盘核算修费共需银一万五千九百余两，郡守恩成认捐四成，以六成作为按认摊款，具禀各大宪批准有案。自道光四年十一月初一日兴工，至道光六年十二月初一日工竣，因大南门、欧家缺一带滨临大江，土内石工甚巨，工程比原估较多，及马王庙后续行坍塌者补修二处，又北洞门保坎一处工程均在原报之外，通共实用库平纹银二万一千七百四十三两六钱二分八厘九毫七丝五忽。除原估外，多用银五千七百四十三两零。郡守恩成捐廉赔出，自道光六年十二月初一日工竣之日起无论正署任分作八年摊还，郡守恩成实共捐银一万二千一百余两，工竣，复禀大宪批准有案。咸丰初年，奉

①（清）贺缙绅、即罗缙绅.行川必要.不分卷.光绪四年刻本.

节县知县钱公补修，潘炳等董其事。咸丰十一年，奉节县知县杨泽溥补修，潘焕、蔡杰等董其事。同治九年夏六月洪水汛涨，漫城而过，遂将自西而东临江一带城墙全行湮没冲塌崩陷。大南门、小南门城楼二座，旧有护城保坎，亦并冲毁。夔州府郡守鲍康禀请筹款修缮，借拨盐厘项下银三万九千两。工未竣，卸任。郡守蒯德模接事，自捐银一万两，各县摊派银五万两，禀拨盐厘项下，连前共用银十四万两有零，实共用银二十万两有零。自西门起至大东门玉皇阁止，改修石城一道，量长二百五十丈，高二丈五尺，垛高四尺五寸，底宽一丈七尺，面宽一丈，城身内外墙、海面、城垛全用石条填筑实砌，以石灰浸缝。又修筑大东门、小南门月城二座，概系石料砌成，各建城楼一座，极为宏敞。大南门因地基深陷，其费工料尤多，较之原建砖城，其势倍加雄巍，崇墉峻壁，雉堞耸立，洵足以壮观瞻。又自城脚起接修石保坎五道，自西自东每道长三百一十五丈及二百五六七八十丈不等，高二丈四尺至一丈八尺六尺不等，又保坎之外加筑石护堤一道，长三百三十六丈，层叠砌筑，中无空隙，实足永资保障。又东西城楼又北面城墙炮台坍缺皲裂之处，亦皆补葺修缮一律完固。自同治九年冬起，至十三年春止，五易岁纪，实计工程三年之久，所有在事官绅人等均系实心经营，不辞劳瘁。督率者奉节县知县吕辉，分任者蒯德桐、蔡杰、周元福、雷中闳、邢明元、王藻、陶启堃、陶启峻、张文藻、李海、曹振玉、丁堉、刘玉福、郭全仁、黎墉也。光绪十七年郡伯诚瑞以峡路余款添修大南门外月台二十余层，计五十余丈，平正曲折，使地势微平，气象收束。又加修小南门外保坎两道，长三十余丈，钉桩下石，倍形坚固，共用工料钱一千九百余串文。自南门玉皇阁起至西门止，培修垛口百四十八处，取石挖坑者十四处并雨水浸灌渗漏之所，共用工料钱三百八十串零，邑人刘鸿恩实司其役”。[①]《游蜀后记》载夔州城“城内街衢洞达，繁富逊于重庆等处，然有盐关、有厘局，水路为全蜀咽喉，亦财赋之区也”[②]。武尔士的《长江激流行——法国炮舰首航长江上游》载“夔州府，或者更多的时候被叫夔府，是个高墙掩映的大城市”，夔州府城外江滩“一旦水位退下去，留出空地来，转瞬间，就可看到矗立着的席棚和竹屋，一直绵延到江岸，里面卖茶水和白酒”。[③]《成都通览》亦载清末夔州府城“有土税、盐、厘金、电报、邮政各局。夔关查税尤严，凡上、中、下三关向来阻难商船，百弊丛生，有进出三天之事”，后“总办陈笠唐观察斥革坏习，商民德之”，“城内水贵。附郭为奉节县。对河外之山彩尖锋层列，峡云重叠可爱。城内有

① (清)曾秀翘修，(清)杨德坤等纂．光绪奉节县志·卷五·城池．清光绪十九年刻本．

② (清)吴焘．游蜀后记．抄本．见：李勇先、高志刚主编．巴蜀珍稀交通文献汇刊·第九册．成都：成都时代出版社．2016年12月．第176-177页．

③ [法]武尔士著，曹娅、赵文希译．长江激流行——法国炮舰首航长江上游．重庆：重庆出版社．2019年6月．第64-65页．

一小山，谓为蜀汉时永安宫之故址。城外鱼腹浦八阵图之石堆未之见也”，夔州府城“黔楚咽喉，两川锁钥”。[①]《峡江图考》载夔州府在“北岸”，“城东有小溪沟一道，炭船可行百余里；城脚新修保坎三道，城身较前坚固矣”。[②]《蜀游闻见录》载清末民初“夔城设有税关，每日来往船只有数百号之多”[③]。《中国省别全志·四川省》载清末民初夔州府城“城墙高耸突出，自江边起，据水面以上有3丈高”，“乃是四川屈指可数之大都市，进出三峡之船舶无一不经过此地。城墙临江而建，背靠大山，高2丈5，周长4英里，东西南北合计7门，南边有南门、小南门，西边有西门、水硐门，北边有北门，东边，面朝鱼腹浦之门称作东门、中东门。水硐门外有上关，西门外有中关，东门外有下关，3关同时掌管对自重庆而来货物之复查。官署有夔州府署、奉节县署等。设立有中学堂、高等小学堂、蚕桑学堂培育人才；亦设有统计局负责调查户籍；此外设置自治研究所，致力于地方自治制度之研究；此外还有警察局为保全城内之安宁、秩序，孜孜不息；其他尚有城内巡防兵驻于建武营之3棚内，有巡防40人，委以地方军备”，夔州府城是“万县、宜昌间最大之都市，巫山到此地需3日行程，与云阳相距2日之程。商业活动最为活跃，生活水平于此地方亦是非常之高，有英美烟草公司。冬季枯水期，河床上搭有临时小屋，专为船夫等人群开有茶饭、面店等，由此形成一条小街”。[④]

相邻的河流：即指西瀼水，又名大瀼水，现在亦名梅溪河。光绪《奉节县志》载“西瀼水，治东一里，自达州万顷池发源，至八阵图流入岷江”[⑤]。《奉节县志》载梅溪河是奉节县“境内长江最大的一级支流，发源于巫溪县境，在巫溪段称分水河”，“在永安镇东注入长江”，梅溪河在清末民国时期“仅龙潭沱至长江7.5公里通航”。[⑥]明清时期峡江地区的大宁河、梅溪河等河流记载源头时，多载其发源于大巴山区的“万顷池”，主要还是对这些地区缺乏了解所致，但嘉道时期严如熤的《三省边防备览》便已经详载“今查大宁、太平老林山内，并无所谓‘万顷池’者”[⑦]。此后的诸多方志还载这些河流发源于“万顷池”，或与明代已知金沙江为长江正源，但诸多方志还是记载岷江为长江正源的情况类似。

---

①（清）傅崇矩编．成都通览 下．成都：巴蜀书社．1987年7月．第391-392页．

②（清）国璋撰．峡江图考·上册·宜昌至夔府水道程途．清光绪二十七年上祥袖海山房书局石印本．

③ 徐心余著．蜀游闻见录．成都：四川人民出版社．1985年5月．第29页．

④［日］东亚同文会编，李彬、万健、高润译．中国省别全志·四川省．北京：中国文史出版社．2020年8月．第80-81页．

⑤（清）曾秀翘修，（清）杨德坤等纂．光绪奉节县志·卷七·山川．清光绪十九年刻本．

⑥ 四川省奉节县志编纂委员会编纂．奉节县志．北京：方志出版社．1995年12月．第84、297页．

⑦（清）严如熤辑．三省边防备览·卷五·水道．清道光二年刻本．

歌姬：清末民初夔州地区歌姬业较为发达，与夔州府城往来商旅较多的经济状况相适应。山川早水亦载夔州地区歌姬十分出名，谓"夔府有一俗，就是设艺伎船。每晚江上都有三四只艺伎船，每只船上有一伎跟随一名拉琴的男子，划着渔舟，弦音流动于江中上下，俗名叫唱灯儿"，"艺伎的年龄看来有十七八岁，上穿绣花衣下围红绢短裙，从其陈旧与褪色的装束上便可看出，这是一种风吹雨淋、冷清忧世的生计"。[①]光绪时《丁治棠纪行四种》载夔州地区"闻水上琵琶声，知花船卖唱者。招附舟，醵钱作锦缠头，借低唱，助浅酌"，光绪时夔州当地歌姬亦较为出名，常使远行之人"都忘作异乡客矣"。[②]武尔士的《长江激流行——法国炮舰首航长江上游》载"夔府里有个'娱乐'城，狂放多于雅致：戏曲班子、歌伎、小酒馆、鸦片馆……还有其他地方，供船员们毫无节制地花费，按照全世界船员的习性，越是经历危险和辛苦得来的钱越容易花出去"[③]。《成都通览》亦载清末夔州府"江中夜多妓"[④]。《千古三峡》载夔州地区"明清时商船、运滇铜的铜船、运黔铅的铅船、运送举子出川应试的船停满江面，入夜则载有歌妓的花船穿梭其间，一片灯红酒绿的码头景象"[⑤]。

20世纪初奉节县城[⑥]

① [日]山川早水著，李密、李春德译，蓝勇审定．巴蜀旧影：百年前一个日本人的巴蜀行纪．成都：四川人民出版社.2019年1月．第46页．

② (清)丁治棠著．丁治棠纪行四种．成都：四川人民出版社.1984年7月．第77页．

③ [法]武尔士著，曹娅、赵文希译．长江激流行——法国炮舰首航长江上游．重庆：重庆出版社.2019年6月．第65页．

④ (清)傅崇矩编．成都通览 下．成都：巴蜀书社.1987年7月．第391-392页．

⑤ 蓝勇主编．千古三峡．福州：福建人民出版社出版发行.2003年6月．第122页．

⑥ 蓝勇主编．长江三峡历史地图集．北京：星球地图出版社.2015年9月．第243页．

夔州府插图(原书插图)

清末奉节依斗门[1]

夔州府插图(原书插图)

① 蓝勇主编.长江三峡历史地图集.北京:星球地图出版社.2015年9月.第244页.

糟糕的航行(原书插图)

第二章　乘风破浪

乘船在长江上游旅行是如此有趣，在继续向上游航行时，一些关于它的观察描述会很适合读者。

当地最大的帆船也不过花费1000到1500盎司白银，她长达120英尺，上水时能载60吨的货物，下水时能载80至90吨的货物。从宜昌到重庆的行程可能会花费25至60天，时间长短根据季节与河流的具体情况决定，跑上这样一趟行程将会花费700到800美元。

当地最大帆船上的船员合计会超过一百人，这还不包括船老板和他的家人，船老板的家人通常会多达12人。

长江上游的典型帆船：柏木船（原书插图）

纤夫(原书插图)

这些出色的船员没有太多花哨的工作,甚至没有老式的双桅横帆运煤帆船上的工作多。他们也没有什么好事值得吹嘘,实际上他们的外貌一点也不聪明。可是,就是这样的他们却非常适合他们的工作,不需要在外貌打扮上浪费什么东西,当考虑到作为船员的危险性时,这就很容易被人理解了。当地中国人说穿越峡江的每趟行程,十艘船中就有一艘会严重受损,二十艘船中会有一艘完全失事,这当然不是一个过高的估计。可能只有不到百分之二十的船只抵达重庆时是毫发未损的,从来没有船只未经历过千钧一发的危险时刻就安全抵达重庆。

行程中船上需要公正的条律以维持秩序,可信的技术策略和命令程序才会被较好地执行。

最有趣的是观看船员们操纵一艘大帆船通过一些危险的航道。岸上的七八十个人肩上套上棉制"搭把",拖着结实的纤藤,弯着腰,手臂无力地下垂并摇摆着,手指几乎能触碰到地面。此时,头老们,即船员的领班们像他们出生时一样赤裸着身体,手里拿着劈开的竹鞭,在这些排成两行的纤夫中间来来回回疯狂地奔跑着,声嘶力竭地吼叫着,检查纤夫们的背带时用他们的竹鞭轻敲纤夫们的背,就像是大钢琴的调音师,但在懒虫们的背上则会给予重击。在这两排纤夫的后面有三四个人分开待在拉船的纤绳旁边,他们的工作就是清理纤绳不时缠住的岩石和预测纤绳可能会勾住的尖石头,这是一个充满大量危险的工作,其危险在于他们可能会摔倒并严重骨折。

一个临时的修船厂为了修理船只使船倾向一侧（原书插图）

一艘船屋上的用餐时间(原书插图)

站在滚滚长江边的礁石上，经常能看见几个赤裸的男人，时刻准备着跋山涉水以便紧紧地跟随着纤绳，当纤夫们拉动纤绳时将纤绳周围的障碍物清理干净。这些人都是游泳健将，他们都擅长最大胆的特技，经常冒着生命危险系上一根竹制绳索就游到离岸边很远的江中去营救因失控而胡乱漂流的船只。

德国人弗瑞兹·魏司拍摄的清末纤夫盘滩[1]

美国人罗伊拍摄的清末新滩盘滩拉纤[2]

纤绳的另一端，在满是岩石的河道里，船只在纤绳拉动下缓慢地前进。在船只的前甲板上，十五六个水手站在那里准备着在领江一声令下时操纵巨大的船舵。领江通常是一个饱经风霜、头发斑白的长江之子，他富有经验的眼睛敏锐地观察着激流漩涡的每个动向，他急促发出指令的语气就如同深海水手长。

厨师占据着帆船中部的座舱，一天到晚地忙着给船上饥饿的船员们准备饭菜。一般情况下他也可能充当杂工、木匠和裁判，在船上的大部分事情中他也是一个权威，总而言之，他是船上最重要的人。

① 蓝勇主编.重庆历史地图集.北京：星球地图出版社.2017年1月.第173页.

② 蓝勇主编.重庆历史地图集.北京：星球地图出版社.2017年1月.第174页.

在桅杆底部的神龛上通常蹲着一个鼓手，一面鼓放在他的两膝之间，他用两根鼓槌连续不断地击鼓。这鼓声对纤夫们来说是一切都好的信号，当纤绳被勾住或其他任何麻烦的事情发生后，鼓手就会立即将鼓声转变成急促的砰砰声，通知纤夫们停止拉船。

美国人科诺拍摄的清末工作中的纤夫①

美国人科诺拍摄的清末峡江船工生活②

① 蓝勇主编.重庆历史地图集.北京：星球地图出版社.2017年1月.第174页.

② 蓝勇主编.重庆历史地图集.北京：星球地图出版社.2017年1月.第174页.

在船尾安装舵柄的房屋中，舵手即站在其中一个凸起的平台上，操控着一根十四英尺长的舵杆。这名舵手也是一名领江，他依靠经验和船舵上的参照物来操纵船只。

船老板或者船长经常坐在甲板室的顶部，在甲板室的顶端他能很好地观察船只的动向。任何障碍出现的时候他都能应付自如，且经常拼命跺脚、诅咒、怒吼，直到船老板夫人，即船老板的太太再也不能忍受后，船老板才会在领江的劝说下恢复平静，领江指挥航行的技术当然要更胜一筹。船老板夫人来到甲板上，只需寥寥数语就能结束这场吵闹，即使是泰晤士河上的船员也会惊叹于船老板太太的这种艺术。

操作这项看似精巧工艺的重活，需要相当的技巧，才能用长长的竹制纤绳将船只安全地拖过底部满是漩涡的激流。这些礁石的尖部对过往船只来说是非常难以通过和致命的，奔腾的激流冲击着船只的一侧，激流漩涡敲打着船只的另一侧，拖船长长的纤绳由于过分拉伸而几乎要崩断时，船尾十之八九都有一个礁石在等着这艘船，在这危急时刻，拖船的纤绳几乎与船只的前进方向呈直角状。

殷童衡——长江上游一个具有代表性的领江(原书插图)

峡江风貌(原书插图)

顺流下行的航程也并非更安全,尽管小事故发生的概率要更小些。完全的失事更加可怕,顺流航行时,船只货物装载量几乎达到船只运载能力的极限,船上的桅杆被卸载下来和一些顺流下行时不需要的帆横杆绑在一起,此时,船只或多或少看起来就像是一个漂流物。顺流航行时,船头很少扎进汹涌的河水中,反而经常横斜在水面上占据上风的有利位置,以便弄清楚一英里或者更远的下游河流中的危险情况。船上的三对橹,英文名叫Huge Sculls,需要七十个船上的临时工共同操作,才能使船获得有舵效的速度。因此,下水航行的帆船是为人所讨厌的,下水航行的轮船也是如此,在如此狭窄的航道中,前面航行的船只占据了大量的空间。激流漩涡经常光顾这些船只,不管愿不愿意,激流漩涡会突然把帆船冲得直打转,可能正好与即将到来的轮船船首方向相反,在许多情况下,帆船不得不以自身安全为代价靠近岩石航行以避免发生冲撞。

峡江行船(原书插图)

帆船作为一个整体，在外形和气质方面都俨然与人的身体一样。尽管帆船的名声是艰苦费力且考验普通人的耐力的，但通常情况下帆船上的水手也是勇敢、乐观的。在同行中这些水手是较为优秀的一群水手，其中湖北水手更是被视为水手中的高手，而来自湖北黄陵庙村的水手更是水手中的绝顶高手，他们夏天的服装就完全只有一条裹在头顶的红色破棉布。

注补：

黄陵庙村：位于今湖北省宜昌市夷陵区三斗坪镇，地处三峡大坝下游南岸7千米处，是著名的国家重点文物保护单位黄陵庙所在地。清末民初黄陵庙村背靠皇陵山，毛竹丛生，黄陵庙村中"民宅寺庙错落"，峡江地区"拉纤所用的竹绳大多取材于黄陵山的竹林，此地有很多纤夫，其中很多人都成了帆船或蒸汽船的引航员，对于所有顺流而下的船只来说，到了黄陵庙便意味着前方一路畅通，几乎不会有任何危险和难关了"。①

一艘装备良好的帆船正在航行时，其巨大的主帆和三角帆都会打开并由一群船夫操作着，这群船夫除了他们红色的头巾外几乎是裸体的，整个画面呈现出一幅古希腊式的画卷。

① [英]唐纳德·曼尼著，赵省伟编，彭金枝、栾晓敏译．西洋镜：一个英国风光摄影大师镜头下的中国．广州：广东人民出版社．2018年4月．第36页．

峡江轮船(原书插图)

第三章　长江上游的轮船

"在长江上游能否航行轮船?"这一问题是阿奇博尔德·约翰·立德乐先生于1889年提出的。他成功地筹集到一笔必要的资金,建造了一艘叫"固陵"号的小型蒸汽轮船。可是,由于中国清政府的反对,这艘小轮船不允许航行到宜昌以上的江段。后来,这艘轮船被出售给了中国轮船招商局,从此之后"固陵"号一直在汉口和宜昌之间的航道上运营。

注补:

阿奇博尔德·约翰·立德乐:英国商人,《中国省别全志·四川省》载立德乐曾乘"肇通"号到达重庆,曾以30000余两白银投资重庆附近的龙王洞煤矿并进行开采,亦曾于光绪十七年(1891年)创办立德渝行,以船运输及批发立德乐自己进出四川时的商品货物,因峡江行船艰险,立德乐所开办的利川保险公司则负责提供保险业务。[①]以往的历史评价中立德乐是一个臭名昭著的帝国主义分子,是欺世盗名的坏商人,是镇压太平军的刽子手,是入侵长江三峡的急先锋,等等,直到近年来,关于立德乐的评价才逐渐趋于公正,并且成功地作为洋行商人的唯一代表入驻2006年重庆市在朝天门码头建立的"重庆名人馆"。[②]立德乐是英国皇家地理学会会员,生于道光十八年(1838年),咸丰九年(1859年)来华经商。咸丰十年(1860年)在上海以一个志愿人员的身份帮助清政府攻打太平军,咸丰十一年(1861年)参加"洋枪队",镇压太平天国运动,为国人所痛恨,以致同治三年(1864年)在景德镇几乎被瓷工打死。[③]自光绪八年(1882年)开始集中主要精力考察四川的地理和经济状况,并于次年乘小帆船到达过重庆,先天的知识背景与前期的在华活动为他日后试航川江奠定了基础。经过数年的考察与筹划之后,立德乐于光绪十三年(1887年)开始在轮船上驶重庆问题上迈出实质性的步骤,他自筹资金在英国本土制造了一

① [日]东亚同文会编,李彬、万健、高润译.中国省别全志·四川省.北京:中国文史出版社.2020年8月.第116-423页.

② 张永久著.黄金水道——星罗棋布的川江往事.武汉:长江文艺出版社.2016年11月.第32-33页.

③ 隗瀛涛、周勇著.重庆开埠史.重庆:重庆出版社.1983年2月.第14页.

批轮船的组装件，准备在上海组装轮船试航川江，并于次年2月组装完成，名为“固陵号”，准备试航川江，却被阻止。[①]光绪十六年(1890年)，立德乐在陕西街开办起重庆历史上第一家洋行，名为“立德乐洋行”，主要经营猪鬃洗制、山货加工和舶来洋货等进出口贸易。立德乐在川日久，深知川中矿产之富藏，复回英游说各实业家，劝其投资川中，以开发富源。得其资助，复来川，有江北厅煤铁有限公司之设立，并雇用技师入建昌开办金矿，又与华人双流王思静、嘉定郭幼宽合资开掘石油，均属无功，惟猪鬃行业成效独著。旋以龙王洞之矿业，遭中国人反对，为之废然。于时立德乐老矣，凡所营谋，均予终止。重庆南岸码头及宜昌之住宅，以十万金售之隆茂洋行，归国。宣统元年(1909年)，江合公司约成，而立德乐已死，结约手续，则为隆茂洋行代为办理。[②]立德乐的代表作品《中国纪行》《扁舟过三峡》等已经翻译出版，近年重庆出版社又将其作品整理出版了《长江三峡及重庆游记》，通过这些作品的出版推广，人们可以更加真实地了解立德乐本人。

“固陵”号：阿奇博尔德·约翰·立德乐为试航川江而自筹资金在英国本土制造组装件后在上海组装的轮船。“固陵”号的组件约于光绪十三年(1887年)10月间运抵上海并随即进行组装，至次年2月上旬组装完成。这艘轮船船尾装置有2个滑轮，总长176英尺，宽28英尺，从甲板到船底有7英尺半，共304吨，船头吃水2英尺，船尾吃水3英尺，平均速度12～13海里，有上等室4个，下等舱大约能装载60余捆的货物。光绪十四年(1888年)2月10日，立德乐驾驶着固陵号抵达汉口，滞留一周后，又于17日起锚向宜昌进发，2月23日驶抵宜昌，准备试航川江却无疾而终。此后清政府出资购买了立德乐的“固陵”号轮船及其在宜昌的码头等设施，后来，该船由海关转给轮船招商局，张之洞随即提请“索去供应差事”，招商局遂将其拨给鄂省“转运煤铁”。[③]

长江上游能否航行轮船的问题，就这样一直被搁置到了1898年。当阿奇博尔德·约翰·立德乐先生没有被先前的挫折打倒，并且获得了驻北京的英国公使更好的支持后，他又重新开始探索长江上游能否航行轮船，并且建造了一艘名叫“利川”号的轮船。凭借着这艘轮船，阿奇博尔德·约翰·立德乐先生在经历了三周从宜昌溯江而上的危险旅程后，于1898年3月8日到达了重庆。他的第三版《扁舟过三峡》一书中即呈现了关于这次航行的有趣记载。

---

① 周勇、赵正超．中英《新订烟台条约续增专条》签订始末暨重庆开埠再考．重庆社会科学.2018年第2期．第101-110页．

② 邓少琴编著．近代川江航运简史．重庆地方史资料组.1982年10月．第88页．

③ 周勇、赵正超．中英《新订烟台条约续增专条》签订始末暨重庆开埠再考．重庆社会科学.2018年第2期．第101-110页．

注补：

英国公使：即光绪二十二年(1896年)新任英国驻华公使窦纳乐爵士，生于咸丰二年(1852年)，卒于1915年。[①]英文名为Claude Maxwell MacDonald，亦译作克劳德·麦克唐纳爵士，系陆军军官出身。窦纳乐的中国公使任职期限从光绪二十二年(1896年)4月起至光绪二十六年(1900年)10月，系特命全权公使。光绪二十四年(1898年)当列强掀起瓜分中国的狂潮时，窦纳乐强迫清政府宣布不将长江沿岸各省割让给他国，使长江沿岸地区成为英国的"势力范围"，并夺取了中国的威海卫和九龙半岛，使之成为英国的"租借地"。义和团运动兴起后，清政府指使义和团和清军进攻各国公使馆，窦纳乐成为各国使馆武装的指挥官和向清政府交涉的主要代表，同年窦纳乐调任驻日公使，光绪三十二年(1906年)年升任英国驻日首任大使，同时进入英国枢密院成为枢密院委员。1912年窦纳乐从日本离任。[②]

"利川"号：近代侵航川江的第一艘外轮。近代以来，列强通过《烟台条约续增专条》《马关条约》等不平等条约一步步获得了侵航川江的权力，于是列强为获得轮船首航川江的殊荣，纷纷展开竞争，其中以屡次企图侵航川江的英国人阿奇博尔德·约翰·立德乐最为积极。光绪二十三年十二月二十三日(1898年1月15日)，英国商人立德乐在上海定造双水轮机七吨小火轮一只，命名"利川"(Leechuen)号，自任船长。[③]立德来华多年，深谙中国文化，他将这条船命名为"利川"号，是取自《易经》之"利涉大川，乘木有功也"，意即主动出击，值得犯难，是履险如夷的行动准则。[④]该轮由上海西上，行20余日至宜昌。向宜昌官府递交一纸强行航行川江的通知，并表示拒绝任何阻拦。定于正月二十五日(2月15日)西航重庆，清廷无法阻挡，只好于开航之日，派遣炮船1艘，精勇12名，救生船1艘，水手6名，护送该轮西上。[⑤]立德乐也自备驳船1艘，载煤6吨，另雇水手10人随船，开始了探险性的川江航行。上航过程中屡次遇险，上行过程中"每当行轮困难之际，均为救生船水手冒险救护，才得上驶"，在风箱峡口因水急滩险，水轮撞折3叶，船速减低，到奉节停息

---

①[英]阿奇博尔德·约翰·利特尔著，黄立思译.扁舟过三峡.昆明：云南人民出版社.2016年6月.第148页.

②夏征农、陈至立主编，熊月之等编著.大辞海　中国近现代史卷.上海：上海辞书出版社.2013年12月.第209页.

③四川省地方志编纂委员会编.四川省志·大事纪述　上.成都：四川科学技术出版社.1999年12月.第120页.

④李明义著.洋人旧事——讲述百年前发生在宜昌的故事.宜昌：三峡电子音像出版社.2016年8月.第166页.

⑤四川省地方志编纂委员会编.四川省志　大事纪述　上.成都：四川科学技术出版社.1999年12月.第120页.

2日后继续航行,“利川”号3月8日抵达唐家沱,3月9日晨抵达重庆,“利川”试航川江成功,“为侵略者扩大四川内地市场打开了缺口”。①

《扁舟过三峡》:一部日记体裁的游记,作者是开辟近代川江行轮过程中做出过重要贡献的英国人阿奇博尔德·约翰·立德乐。光绪九年(1883年)2月立德乐从上海出发,历时两个月到达重庆,立德乐每日都在写日记,《扁舟过三峡》则是截取了这两个月旅游日记中的峡江部分内容加以改写而成的,主要反映的是立德乐乘小帆船历时约一个半月从汉口出发溯峡江而上直达重庆期间的见闻,立德乐在这一个半月的考察时间段内每晚写日记叙述旅途中所见所闻。全书分为序、导言及十余章主体内容,不同版本对其中的章节内容划分不同,但主体内容却大概一致,主要反映了立德乐从上海溯江而上到达重庆,然后顺流而下回到汉口途中的见闻,以及对峡江地区自然地理特征的介绍,对研究光绪初年峡江地区社会经济生活、风俗、宗教、工商业及自然地理景观等都有较大作用。《扁舟过三峡》第一版于光绪十四年(1888年)在伦敦出版,第三版于次年底再次在伦敦出版,于是增加了立德乐驾驶“利川”号轮船溯航重庆的经历。②

英国皇家海军“野鸭”号军舰(原书插图)

注补:

“野鸭”号:亦译作“赤颈鸭”号、“威进”号,英文名为HMS Widgeon,20世纪初英国海军长江分遣舰队中的鸭级军舰。当时鸭级军舰有两艘,即“赤颈鸭”号(Widgeon,亦作“野鸭”号)、“短颈鸭”号(Teal),两舰建造于光绪二十七年至三十年

① 江天凤主编.长江航运史 近代部分.北京:人民交通出版社.1992年5月.第236-237页.

② [英]阿奇博尔德·约翰·利特尔著,黄立思译.扁舟过三峡.昆明:云南人民出版社.2016年6月.序.第1-3页.

(1901—1904年),尺寸为165英尺×24.5英尺×2.25英尺,吨位约为165吨,670马力,航速为13节,配6磅炮及机枪,人员配置为31～37人。[①]清末民初东亚同文书院学生入川考察时记载“野鸭”号曾在宜昌至重庆的上航过程中创造了当时最快的纪录,3日半即到达重庆,此后英国、日本、法国、德国等国炮舰溯江上航,但速度都未能超过“野鸭”号。[②]“野鸭”号曾在1926年参与制造了“万县惨案”。

英国皇家海军“金沙”号军舰,即原“肇通”号轮船(原书插图)

停泊于重庆南岸的明轮商船“先锋”号,后改为英舰“金沙”号[③]

① 陈支平、王炳林主编.海丝之路:祖先的足迹与文明的和鸣·第1辑.厦门:厦门大学出版社.2018年6月.第457页.

② [日]东亚同文会编,李彬、万健、高润译.中国省别全志·四川省.北京:中国文史出版社.2020年8月.第178-179页.

③ 蓝勇主编.重庆历史地图集.北京:星球地图出版社.2017年1月.第253页.

在证明长江上游航行轮船是可行之举后，阿奇博尔德·约翰·立德乐先生因而用一艘快速明轮船替换了他原来那艘“利川”号轮船。这艘“肇通”号快速明轮船是由来自丹巴顿的丹尼先生建造的，专门用于在宜昌到重庆之间航行。与此同时，驻扎在长江中游宜昌城的“丘鹬”号和“森林云雀”号两艘吃水较浅的炮艇，接到命令前往重庆。它们从宜昌出发，经历了31天艰难困苦的旅程后，于1900年5月7日抵达重庆。

注补：

丹巴顿：丹巴顿郡为英国苏格兰旧郡，丹巴顿为英国苏格兰西部城市，系丹巴顿郡首府，现为斯特拉斯克莱德行政区的一个区。[①]

同年6月，“肇通”号快速明轮船来到宜昌，并且在7天内完成了她从宜昌到重庆的处女航。

这艘名为“肇通”号的轮船，有180英尺长，60英尺宽，吃水超过6英尺。“肇通”号载着150吨的货物和一些乘客便出发了，这次到重庆的航行能够成功，主要归功于阿奇博尔德·约翰·立德乐先生的不懈努力。他成为到重庆经商的英国商人的先驱者，也是开启从汉口逆江而上到达重庆的轮船航运先驱者，将轮船航运的航程向中国内陆又推进了800英里。然而，不幸的是立德乐先生不能继续他的伟业。当“肇通”号历经艰辛到达重庆的时候，义和团运动爆发了，“肇通”号被征用并被卖给英国政府，英国政府将其改装成了一艘炮艇。

阿奇博尔德·约翰·立德乐先生的“利川”号轮船（原书插图）

① 邵献图等编．外国地名语源词典．上海：上海辞书出版社．1983年4月．第52页．

“隆茂”号轮船(原书插图)

“蜀亨”号轮船（原书插图）

“蜀通”号轮船及其宽大的驳船(原书插图)

接着，德国轮船“瑞生”号在其首航中于崆岭滩失事，这让长江上游的商轮航行探索计划陷于停滞，尽管直到光绪三十四年（1908年）仍然有炮艇偶尔在最安全的通航季节巡航至重庆。这段时期一直是中国人自己在探索商轮通航长江上游的问题。重庆和成都的商人，与政府官员组成了一个叫“川江行轮有限公司”的辛迪加型的企业，这一企业以“蜀通”号火轮的运营起家。“蜀通”号是由英国桑尼克罗夫特（Messrs. Thornycrofts）造船厂建造的，主要就是用来开辟长江上游的商轮航道并进行商业运营。她是一艘拖轮，旁边绑拖着一艘驳船，驳船能装载60吨货物，并能塞进非常多的乘客，通常能塞进300多名乘客。“川江行轮有限公司”在宜昌和重庆之间建立了一条或多或少还有点规律的航线，每年有八九个月是通航的。“川江行轮有限公司”的意图是提升轮船在浅滩的通行率，这样的话这艘小轮船在枯水期也能够通航，但是麻烦接踵而至，这一计划也就搁置了。“蜀通”号和与它捆绑在一起的驳船，通常被称为“双胞胎”船，它们在枯水期也通航，在经过不能自行通过的险滩时，只能借助于强有力的绞盘和一根系在岸上的钢绳，施绞上滩。这时轮船可能会颠簸得很厉害，经常伴着千钧一发般的危险。然而，得益于这一强有力的轮船和它拖行的驳船能够长期航行，它的主人挣了足够的钱，购买另一艘火轮，即“蜀亨”号，是由英国鸭丝厂（Yarrows）在1913年建造的。这是一艘船体更大、动力更强的明轮船，在适合通航的季节，能够在最糟糕的时节通过激流险滩，而不需要绞船索牵引。它每个航次的定期到达和平时的表现，证明了它适合在长江上游航行。人们会认为，受到这样的刺激后，在长江下游运营大型船舶的公司，会尽快将轮船投入到长江上游的运营中。事实上，在他们这样做之前，尽管笔者曾在1901年恳请一家重要的英国公司尽快开始在长江上游投入轮船进行运营，然而，在长江上游投入轮船进行运营的计划，最终却由中国人于1908年率先实施了。一个组织完善且能获利颇丰的小型轮船队伍，现在可能已经在这一水域运营起来了，这个小型轮船队伍代替了最近由中国人添置的类似于试验船的劣质小船，因为这些劣质小船经常出事。可是，笔者，就像他的前辈和赞助人阿奇博尔德·约翰·立德乐先生一样，发现这些先见卓识在他们自己的同胞中是没有用的。因为他在这里没有任何事可以做，他不得不在外滩到处奔走游说，直到有人能采纳他的建议，就像“阿瑞瑟萨”号巡洋舰舰长吉米·斯塔汀（Jimmy Startin）所天真地期望的那样。

注补：

“阿瑞瑟萨”号巡洋舰：英国皇家海军利安德级二等巡洋舰，该型舰排水量为4300吨。该舰在光绪六年（1880年）6月铺设龙骨，光绪八年（1882年）12月下水，至光绪十二年（1886年）完工并开始服役，光绪三十一年（1905年）被出售。该舰装备14挺机枪、两门轻炮、4座鱼雷发射器。

吉米·斯塔汀(Jimmy Startin):根据相关资料显示,在这一时期做过“阿瑞瑟萨”号巡洋舰舰长的应该是詹姆斯·斯塔汀(James Startin),他在光绪二十五年(1899年)11月14日起至光绪二十九年(1903年)4月3日做过“阿瑞瑟萨”号巡洋舰舰长,这里应当是蒲兰田记载疏误所致,将James Startin误载为Jimmy Startin。詹姆斯·斯塔汀爵士系英国皇家海军上将,生于咸丰五年(1855年)5月20日,卒于1948年9月25日。从军后斯塔汀由于在南非战争中的贡献,于光绪五年(1879年)11月6日被提升为中尉,光绪十五年(1889年)7月2日后到英国皇家海军任职,光绪二十三年(1897年)5月25日被破格提升为上尉,光绪二十五年(1899年)11月14日被任命为二等巡洋舰“阿瑞瑟萨”号的指挥官,光绪二十九年(1903年)9月被任命为英国皇家海军“木星”号舰长,光绪三十三年(1907年)2月13日被提升为海军少将,宣统三年(1911年)9月19日被提升为海军中将,1915年10月24日在退役名单上被提升为海军上将。

对于游客来讲,当他计划一次乘坐轮船穿越峡江的旅行时,事先发一份电报给宜昌方面,获取一些轮船航行期间的水文信息和预订他在船上所需要的住宿,是非常明智的。在长江上游乘坐轮船旅行,并不便宜,然而,与乘坐当地又贵又费时的船只相比,不必多言的是乘坐轮船能够节约大量时间。同时考虑到这一旅程中的危险,当地民船是没有买保险的,而且维护保养船只的费用非常的高。尽管当地船运行业之间的竞争逐渐变得激烈,但降价仍旧毫无希望。在今后相当长一段时间里,势必还会一直如此。

夔府到重庆的峡江江面(原书插图)

第四章　从夔府到重庆

离开夔府，游客们进入一段更为宽阔的大江峡谷时，便辞别了雄伟壮丽、蜿蜒崎岖的峡谷风光。两岸的山峰，以缓坡的形式从长江边缓缓收起。这些山峰，因为色彩斑斓的成片耕地而显得更加生动有趣。这幅显得更加柔和且并不单调的风景，不久就被一些圆锥形的小丘陵所取代。这些圆锥形的小丘陵，因其水平的岩层而显现出险峻而又整齐的轮廓，犹如一座座金字塔。

不过，尽管长江两岸的景色变得更加柔和，长江依旧顽固并难以把握。在夔府到云阳的航程中，枯水期有四个险滩。它们会在夏天洪水到来之际消失，因为它们会被洪水淹没到数英寻深的地方去。

这四个险滩中的一个即是东洋子(the Tong yang-tsc)，它非常有趣。就像绝大多数激流险滩一样，它由奔腾汹涌的长江支流所带来的碎石构成。这些碎石被堆放在支流与长江交汇的峡谷口，形成一个扇形的卵石滩屏障，缓缓地延伸至奔腾的长江中流，拦住了长江的主干流。

注补：

东洋子：咸丰《云阳县志》载"东洋滩，在县东三十里，系水微涨时极险之滩，因江心堆积乱石，水势激荡，上下舟只每易沉溺，自道光五年知府恩成捐廉捡除，舟行较前顺利，功尚未竣"[1]。咸丰《云阳县志》亦载"东洋滩，在庙矶滩上，小水极险，大水次险，设有救生船一只，水手六名"[2]。《行川必要》载东洋子"上枯水，两岸俱可行船，南漕水南岸可行则行，下枯水此处逼狭，船须吊向正中而下，南漕东瓜圈水记，切宜小心"[3]。《峡江图考》载东洋子在"北岸"，"小水极险，南碏下水宜小心"，"东洋滩，水微涨时极险之处，因江心堆积乱石，水势激荡，上下舟只每易沉溺，道光五年

①（清）江锡麒修，（清）陈昆纂．咸丰云阳县志·卷一·山川．清咸丰四年刻本．

②（清）江锡麒修，（清）陈昆纂．咸丰云阳县志·卷二·水利志．清咸丰四年刻本．

③（清）贺缙绅、即罗缙绅．行川必要．不分卷．光绪四年刻本．

知府恩成捐廉捡出，舟行较前顺利”。[1]《中国省别全志·四川省》载东洋子在长江左岸，距离重庆413千米，“水流量小时有危险”。[2]

“东洋子”险滩（原书插图）

云阳张飞庙（原书插图）

①（清）国璋撰.峡江图考·下册·夔府至重庆水道程途.清光绪二十七年上祥袖海山房书局石印本.

②［日］东亚同文会编，李彬、万健、高润译.中国省别全志·四川省.北京：中国文史出版社.2020年8月.第130页.

在东洋子沟谷口，大概在40年前，中国人用石头修建了一座防波石堤。这座石堤，以一定的角度将奔腾汹涌的支流所带来的碎石转移，并将其冲到长江主河道的下游方向，而不是让这些碎石构成的卵石滩蜿蜒横跨长江主河道，从而阻止了锥形乱石滩的继续扩展。石堤上镌刻着四个中国汉字，即云清安浪（Yung Ching An Lang），意即“让长江上的波浪平静是一个永恒的福利”，长江上好些危险的航道中，岸上都能看到类似的碑文被刻在岩石上，例如凿险安浪（Tso-hsien-an-lang）意即“开凿岩石，让长江上的险滩惊涛变得平静”，等等。这清楚地表明，长期以来，中国人已经意识到改善长江航道的可能性，尽管他们一直未能付诸有效行动并取得成效。

离开夔府上行40英里后，轮船将我们带到了有城墙环绕的云阳县城，云阳县城和长江上的绝大多数县城一样，位于小河与长江的交汇处，小河的英文名叫Small River。云阳小河也有其特点，即其适于小船在其河口附近较短距离内通航——云阳沙沱子（Sha-to-tsu）附近15里的范围内都能通航小船，大概共有150里的河道可通行小船。

注补：

云阳县城：咸丰《云阳县志》载“城旧系土筑，明正德六年知县梅宁始创砖城。万历二年大水，城塌。知县文简如法修理，用石甃砌。周围八里三分，计一千四百九十四丈，高一丈四尺，为门四：曰朝宗，曰大壮，曰南薰，曰咸和。乾隆五十三年被水冲塌大东门一带城垣。嘉庆八年署知县梁敦怀劝士民捐输补修完固。道光初，西北隅城垣崩塌数丈，知县恒裕捐廉补修。道光末，东北一带圮毁九十余丈。咸丰二年署知县江锡麟得朱氏学习、学文、学纯、学余/绅兄弟合捐四千余金，修砌完全，皆为之申请议叙”[①]。民国《云阳县志》载“县城在汤溪入江处，负山临江，东据溪岩，西介沙湾。自明以前，但有土城，其原委不可考。正德六年，知县归德梅宁始甃以砖。万历二年大水，城坏。近县故饶石材，知县盐山文简乃为石城，环周八里三分，为丈一千四百九十四，高约一丈四尺”，“乾隆五十三年水啮其东，傅阓一带皆溃。至嘉庆八年，知县新昌梁敦怀始率士民出钱修复。道光初，城西北隅崩毁数丈，知县长白恒裕辍官俸补之，其末年城东北复圮九十余丈。咸丰元年署知县全椒江锡麟谋兴葺，苦役重难举，县人朱学习及其弟学文、学纯、学余、学绅等请以私财充费，城复完，靡金四千有奇，锡麟为妻陈上官嘉叙有差，并书其事，勒铭以宠之”，“咸丰十年知县直隶开州董鄂新缮完南门坏垣数十丈，费由正赋摊派，以邬远泽、曾锡光、王茂萱、潘秉坤监修。同治九年，江水大汛冒城，濒江数千里，奇菑近古所罕，水退，城东南面水者皆被沦没，众议，属县人谭锡奎、易履祥、曾暄之、卢年董其役，仍由正

①（清）江锡麒修，（清）陈昆纂．咸丰云阳县志·卷一·城池．清咸丰四年刻本．

赋筹给役费，自署知县刘溥始，事讫知县仁和叶庆栫”，“光绪十六年知县大兴施学煌补修西门迤右，十七年补修西门迤左，各十余丈”，“自明建石城后补修之役凡八”。[①]《峡江图考》载云阳县城在“北岸”，“背山临江，街市冷落”。[②]《蜀游闻见录》载清末民初云阳县城“在大江之滨，为入川舟行要道，地居夔、万之中。对江有桓侯庙”。[③]《中国省别全志·四川省》载云阳县城“有户数1000户，人口5000人”，县城交通工具“不用车马，轿子亦是少见”，“城内相当繁华，东门外各种商业买卖颇为殷盛，西门之外商家不多，沿城墙之河街多有以船夫为对象之茶馆、饭馆，虽并无生产业，然本地乃是各种重要物产贸易之地”。[④]清末民初云阳县城“以寺庙众多而闻名”，丰水期江水上涨，云阳县城“岸边临时搭建的杂乱茅屋和货摊被江水冲走，这里的景色更加优美动人”。[⑤]

小河、云阳小河：即汤溪河，长江支流，在重庆市云阳县东部，源出大巴山西南麓，南流经云阳县尖山、沙沱子等乡镇，在县城南注入川江，全长102千米，流域面积1600平方千米，“上游流经山区，支流发育。中下游流经丘陵和平原台地，南溪镇以下，水量增大，可通小船”[⑥]。咸丰《云阳县志》载“汤溪，在县东，即云安厂小河，入江为之汤口”[⑦]。民国《云阳县志》载“汤溪，一曰五溪，源出大宁县西内团山，山半崖穴出泉悬流下注，峡高泉冷，谓之阴河，中产羊鱼”，“下流至江口场，水温变暖，遂无此鱼”，“又南流至外团城山，会鱼洞子水，至龙潭口，会茶山坝水”……“经大花厂入县境广运上甲界”，“其地曰鹅项颈，至东门关始容行舟，关之隔岸曰沙沱市，云安监盐之北道也”……“又东经云安盐场”……“盐场在溪西岸，背山临流，盐户数百家，井灶纵横，因址构屋，不就行列，拽水运炭，岁役常数万人。中场为庙，以祀扶嘉。自石嘴下至罾口，灶户弃灰，日积成阜。常有贫氓妇子，就拾烬余，卖以给养，春水时至，则荡为洪流，久则复故。经秋水涸，于中渡架木为桥，以通北岸处，隐定柱不碍通舟，往还如织，民不病涉，溪北平衍，监官榷吏与士族杂居，亦安义县故治矣。盐质苍润，粒如细沙，方寸伞形，中必隆起，今不然也，物产世异，煎制亦

① 朱世镛、黄葆初修，刘贞安等纂．云阳县志·卷二·建置．民国二十四年铅印本．

② (清)国璋撰．峡江图考·下册·夔府至重庆水道程途．清光绪二十七年上祥袖海山房书局石印本．

③ 徐心余著．蜀游闻见录．成都：四川人民出版社．1985年5月．第54页．

④ [日]东亚同文会编，李彬、万健、高润译．中国省别全志·四川省．北京：中国文史出版社．2020年8月．第82页．

⑤ [英]唐纳德·曼尼著，赵省伟编，彭金枝、栾晓敏译．西洋镜：一个英国风光摄影大师镜头下的中国．广州：广东人民出版社．2018年4月．第84页．

⑥ 朱道清编．中国水系词典．青岛：青岛出版社．2007年1月．第380页．

⑦ (清)江锡麒修，(清)陈昆纂．咸丰云阳县志·卷一·寺观．清咸丰四年刻本．

殊”……“汤水东经柴湾火马头滩，又东过三牛山，北受东井沟水，其下流直罾口，对岸旧有数井，曰东大井，井水久废，近始复兴，汲箭不绝，然终逊西井也”……“汤水又东经土硙，下有茅条滩，北受茅条沟水，山顶层峦高峙如硙，纯土无石，终古不陊，山下濒崖，素饶石炭，曰吉庆犕者产煤尤盛，历世开凿，深入至十余里，支脉旁达，至今取用不竭，是溪煤矿徧于两山，自盐场上至鱼泉，下至洞上，产各异性，煎盐者须上下兼采相得乃佳，故陆车水艇越涧凌波，挽运不绝”……“汤溪又东入峡，南受金鸡垒水，峡水澄碧，平流如镜，舟行至洞上登岸，三尖坝、洞鹿坝、梅子坝诸水东来注之，小市临溪，居人近百家，运盐驮户之所聚也”……“汤水自此至此以上至红藤沟一百二十里可通小舟，舟有二种，皆形狭而长，首尾高翘，以柔木为底，遇滩浅多石，则舟人入水挟持挽行，船底与石相切有声，异于它所矣，舟以运煤为多，亦载人货。汉祖庙前曰庙坝沱，溪中有虾蟆石，阻塞溪流，自此以下，石多水伏，不能容舟。庙前有渡，于两岸立桩，挽绳而渡，盖黔中牂牁之制也。陆行十五里至于县郭，负贩驼铃，襁属不绝，惟夏秋汛涨，江水瀼溢，内外可达，谓之通关，亦不常也”……“汤水又南经安渡河，运盐马驮由洞上至此渡而西行，又南经大佛头、乌杨溪渡，迭受东西涧水，至县东一里入于大江，汤溪行境内者一百六十里”。[①]20世纪90年代《云阳县志》载“汤溪河明代以前叫东瀼河，发源于巫溪县龙台乡钟南村，名穹滩河，由上坝乡邓家院子进入县境，流经沙市、江口、盛堡、长洪、南溪、云安、硐村等镇乡，于云阳镇东注入长江；境内流程90公里，沿途接纳团滩河、南溪河、小溪沟等支流”，“解放前，汤溪河一直是云阳县境北部地区的交通动脉，云安盐场食盐、原煤，东北部山区及巫溪等县物资大都依赖其运输，1958年后修建云万、云溪、云开公路，航运量锐减”。[②]

云阳沙沱子：即今云阳县沙市镇，在旧云阳县城以北42千米，“因汤溪河经此河道弯曲，水漩成沱，泥沙淤积其中，故名沙沱子，场以此名，别名沙市”，光绪二十四年（1898年）设置乡镇，至20世纪80年代仍然通行小木船。[③]90年代《云阳县志》载沙坨“原名沙沱子，位于云阳镇北56公里的汤溪河畔，是古今本县通往巫溪等县的孔道，乾隆末年成市；主街一条，长100米；同治九年（1870年）老鹰岩垮山，沙沱一度成为内湖，主街被淹，遂沿山为市；民国22年4月18日设镇，民国30年改镇为乡，有工商户173家，其中李、聂等7家较有名”[④]。

① 朱世镛、黄葆初修，刘贞安等纂．云阳县志·卷五·山水下．民国二十四年铅印本．

② 云阳县志编纂委员会编纂．云阳县志．成都：四川人民出版社．1999年8月．第128-129页．

③ 万县地区地名办公室编．四川省万县地区重要地名诠释．1987年9月．第143页．

④ 云阳县志编纂委员会编纂．云阳县志．成都：四川人民出版社．1999年8月．第459页．

云阳县城，英文名叫Town of the Clouded Sun，其对面长江右岸有一座具有一千多年历史的“张飞庙”，张飞庙的英文名叫Temple of the Ethereal Bell of a Thousand Ages，张飞庙通常被认为是长江两岸最为美丽独特的庙宇。张飞庙主要供奉张飞，张飞是汉代著名的武将，张飞庙是云阳地区最令人喜爱的郊游聚会胜地。

注补：

云阳张飞庙：亦称“桓侯庙”，咸丰《云阳县志》载“桓侯庙，治南大江之上，身倚凤凰山，足踏龙脊，左有廿四琵琶山，右有三漩回澜水，昔传为五阳之地，真仙境也，题咏甚多”[①]。《成都通览》载清末云阳县城“对岸有新立之桓侯庙，甚大，碧瓦交辉，刘幼丹先生刻‘龙吟’二字于右”[②]。《蜀游闻见录》载清末民初云阳县城“对江有桓侯庙，耸峙江干，古名胜地也。墙外面有灵钟千古四大字，每字见方七八尺，相传为桓侯手书，庙后山岩重迭，林木幽深，风景为一方之冠。亭榭中陈设桌磴，均以石为之，阴凉彻骨，来游者虽盛暑亦未敢久驻也”[③]。民国《云阳县志》载“汉车骑将军张桓侯祠，相传桓侯既被害，两贼函首东下，蜀师问罪吴人归元媾和，旅瘗于此。故俗有‘头在云阳，身在阆中’之说”[④]。

张飞：字翼德，涿郡人，三国时期蜀汉名将。“少与羽俱事先主”，“先主从曹公破吕布，随还许，曹公拜飞为中郎将”，“先主背曹公依袁绍、刘表。表卒，曹公入荆州，先主奔江南”，“曹公追之，一日一夜，及于当阳长阪”，“先主闻曹公卒至，弃妻子走，使飞将二十骑拒后”，“飞据水断桥，瞋目横矛曰：‘身是张翼德也，可来共决死！’敌皆无敢近者，故遂得免”，“先主既定江南，以飞为宜都太守、征虏将军，封新亭侯，后转在南郡”，“先主入益州，还攻刘璋，飞与诸葛亮等溯流而上，分定郡县”，“至江州，破璋将巴郡太守严颜，生获颜”，“飞呵颜曰：‘大军至，何以不降而敢拒战？’”，“颜答曰：‘卿等无状，侵夺我州，我州但有断头将军，无有降将军也。’”，“飞怒，令左右牵去斫头，颜色不变，曰：‘斫头便斫头，何为怒邪！’”，“飞壮而释之，引为宾客”，“益州既平，赐诸葛亮、法正、飞及关羽各五百斤，银千斤，钱五千万，锦千匹，其余颁赐各有差，以飞领巴西太守”，后“先主为汉中王，拜飞为右将军，假节”，章武元年(221年)，“迁车骑将军，领司隶校尉，进封西乡侯”，“初，飞雄壮威猛，亚于关羽，魏谋臣程昱等咸称羽、飞万人之敌也。羽善待卒伍而骄于士大夫，飞爱敬君子而不恤小人”，“先主常戒之曰：‘卿刑杀既过差，又日鞭挝健儿，而令在左右，此取祸之道也。’

① (清)江锡麒修，(清)陈昆纂．咸丰云阳县志·卷一·寺观．清咸丰四年刻本．

② (清)傅崇矩编．成都通览 下．成都：巴蜀书社．1987年7月．第390页．

③ 徐心余著．蜀游闻见录．成都：四川人民出版社．1985年5月．第54页．

④ 朱世镛、黄葆初修，刘贞安等纂．云阳县志·卷五·山水下．民国二十四年铅印本．

飞犹不悛。先主伐吴,飞当率兵万人,自阆中会江州","临发,其帐下将张达、范强杀之,持其首,顺流而奔孙权",于是蜀汉"追谥飞曰桓侯"。[①]

长江云阳段(原书插图)

清末云阳县城[②]

从云阳逆水而上大约8英里,船将旅客带到了新龙滩,英文名叫New Dragon Rapid。枯水季节,新龙滩是从云阳到重庆最后一处令人生畏的险滩。它是因1896年长江左岸的山体滑坡而形成的。长江左岸的这座山峰的山麓崩塌之后滑入长江,使这里的江面宽度一下子从800英尺缩减为200英尺,从而使这里出现了一个

① (晋)陈寿撰.三国志·卷三十二·蜀书·关张马黄赵传第六.北京:中华书局.1959年12月.第943-944页.

② 蓝勇主编.长江三峡历史地图集.北京:星球地图出版社.2015年9月.第255页.

可怕的险滩，将整个长江宽大的干流束缚起来，呼啸轰鸣，形成了一个水流很急的水槽，激流在这一密布岩石与暗礁的“漕口”航道中奔流而下。这段长度最多不过100码的长江，落差竟然达到6英尺或者更高一些。激流中的漩涡和乱流，更是特别危险。当船舶要从这一密布岩石与暗礁的“漕口”航道中下行时，必须紧跟并把握好奔腾而下的江水构成的航道中轴线，这一中轴线的一边是众多的漩涡，另一边是人工修建的防波石堤。任何偏移这一中轴线的航行，肯定意味着灾难。因此，征募当地的领航员，为这一充满危机的险滩提供领航服务，就是最为重要的事情。

注补：

新龙滩：亦名新滩、兴隆滩。武尔士的《长江激流行 法国炮舰首航长江上游》载光绪二十二年(1896年)兴隆滩形成后，“到了枯水季节，人们发现江上的航行完全被阻断了。几十只木船试图闯过滩去，都出事了”，“中国政府为了其利益，也实施了一些工程，使境况有所改善”，“兴隆滩在低水位的时候仍然是最难穿越的险滩。实际上，在它的下游，有个巨大的漩涡，使情况变得更复杂，它可以吞没舢板，也可能给木船带来危险”。[①]《成都通览》载清末兴隆滩“在前无此滩，近年方现者。现在滩有磄路，非如初见时之无路可寻也。然舟人至此均有戒心，岔鱼子过后之第一巨滩也，在江左”[②]。《蜀游闻见录》载清末民初新龙滩，“云阳县初无大滩，清光绪乙未冬，山岩迸裂，填塞江路，几至断流。时江边泊有数十号船，脱险者仅男女二人，余均被压水底，亦浩劫也。行商大贾，舟行者大感不便，遂合赀聘定治水专家，购备炸药轰之，路通而成为险滩矣。夏秋水涨，滩水遂平，经冬水枯，则巨浪飞空，较车鱼子凶险十倍。川江行轮，均至此起滩，换轮下行，其艰险可知矣”[③]。光绪二十二年(1896年)农历八月，重庆口下游的云阳县境内的大帐子山附近发生了一次滑体高达4000多万立方米的特大滑坡，滑入江中的山石等堵塞江流，使这里形成了一个新的急流险滩。这里的地名经历了一个从酝酿、发展到最终确定的过程，也就是由“新滩”到“新龙滩”再到“兴隆滩”的地名蜕变。地名蜕变的起始阶段：因这里是新出现的滩而呼为“新滩”，并与原归州地区的新滩区别开来。地名蜕变的第二阶段：在滑坡灾害之前，这里原是一个平静的水湾，称为“龙中湾”，因而在起始阶段的“新滩”一名的基础上蜕变为“新龙滩”。这一名称还与这里的一种大型洄游性鱼类——中华鲟有关。地名蜕变的第三阶段：滩险使得这里在冬季枯水位时很难

---

①［法］武尔士著，曹娅、赵文希译．长江激流行——法国炮舰首航长江上游．重庆：重庆出版社．2019年6月．第68页．

②(清)傅崇矩编．成都通览 下．成都：巴蜀书社．1987年7月．第390页．

③ 徐心余著．蜀游闻见录．成都：四川人民出版社．1985年5月．第64页．

通航。因拉纤、盘滩的需要,这里迅速出现了一个季节性的村庄,并快速发展成一个规模盛大的村镇。人口的聚集使得这里生意兴隆,地名再次在“新龙滩”的基础上由谐音而蜕变成“兴隆滩”。[①]

新龙滩上的小渔夫(原书插图)

清代云阳兴隆滩[②]

① 尹玲玲.新滩·新龙滩·兴隆滩——记清末三峡滑坡灾害后的一次地名与聚落演变.中国历史地理论丛.2017第2期.第88-96页.

② 蓝勇主编.长江三峡历史地图集.北京:星球地图出版社.2015年9月.第107页.

逆流上行的船只能否顺利通过新龙滩主要取决于两方面的因素，即船的吃水深度及川江的水位。逆流行船通过新龙滩充满了相当多的危险。旅客中信奉“好汉不吃眼前亏”这一古老格言的人，将会带上他的珍贵物品上岸，步行通过一条非常舒服的小路并舒展一下他的腿脚，轻松地通过新龙滩。如果旅客这样做了，他将会从小路边地势较高的岩石上看到比他待在船只甲板上看到的更为靓丽的风景，并对新龙滩有更为全面的认知。

一艘载重50吨的货船在新龙滩顺流而下(原书插图)

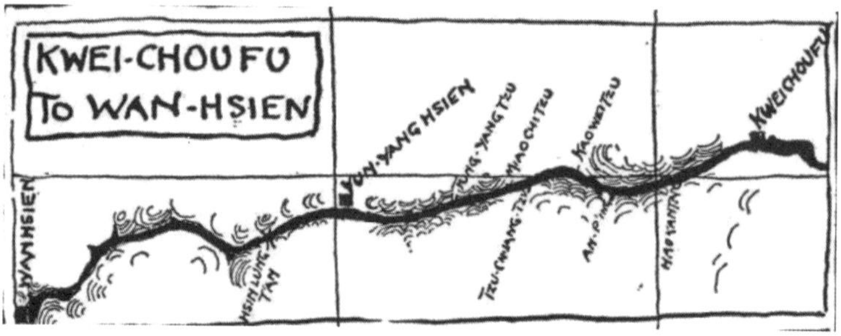

夔州府到万县的航道图(原书插图)

每年的二三月，是新龙滩通航条件最差的时节。这段时期的新龙滩，最配得上“新龙”这一“光荣”的称号。这时新龙滩会呈现出一幅奇特的景象——尽管可能会有点吓人，可怜的船老板不得不历尽艰辛驾驶他那易碎的船只，通过满布危险的新龙滩。对于在新龙滩通行的船只来说，幸运的是随着早春桃花水的到来，江水水位会开始迅速增长，涨到一定水位，新龙滩连同在这里通航的危险都会彻底消失。

当地中国人说，新龙滩在枯水期平均每天都有3个人出事遇难。而在长江上游的宜昌和重庆之间，每年平均都有1000名船夫遇难。从我已经目击过的事故，以及船夫们对于人类生命明显无情的漠视来判断，我应该说这一数据是被低估了的。

安全地通过新龙滩之后，我们收起并盘好我们结实但很笨重的竹制“头藤”，重新使用较轻的“八尺”牵藤。纤夫们套上这种轻便的牵藤后，兴高采烈地将我们的船拉向万县。万县大概在新龙滩西面约9里格。这一路上急流遍布，除非得益于上行风，否则前行是非常缓慢的。

注补：

上行风：逆江而上的江风。

夜里我们停泊在小江过夜，小江位于新龙滩上游6英里处，有一条长江支流在此奔流汇入长江。长江的这条支流，在温汤井30里的范围内都能通行小船，其适于通行小船的总里程大约为150里。按照总工程师理查德·伍德·伦多富的设计，川汉铁路的轨道会从宜昌峡中的南沱开始，一直沿长江北岸通过小江，从这里继续深入中国内陆。

注补：

小江：今云阳县双江镇。《峡江图考》载“小江场”在“北岸”，“中等场，有小溪沟通开县，行小船”。[①]20世纪90年代《云阳县志》载双江镇“地处澎溪河与长江交汇处，三面环水，西距万县市22公里，东距云阳镇35公里，是水路通往开县和县内高阳、养鹿等镇乡的必经之地；双江于民国17年设镇，民国30年改镇为乡，解放后为双江区所在地，1987年4月撤乡建镇，实行镇管村制；双江原名小江，称小江铺，为古驿站，清顺治初年成为集市，因地理位置成为县西桐油、粮食、皮张等农副产品集散地；航运业发达，经常有几百艘船泊此，促进镇区饮食、旅栈业发展；民国末年，有工商户108家”[②]。

支流：今天云阳从双江镇汇入长江的澎溪河，亦称彭溪、开江、小江、临江。咸丰《云阳县志》载“彭溪在县西六十里，源出新宁县东北，东流经开县，又东南历万县，至县界入江，今名开江，亦名小江，又名临江”[③]。即《峡江图考》所载“小江场”“有小溪沟通开县，行小船”[④]。民国《云阳县志》载“彭溪，源出新宁县雾山坎，东南

①（清）国璋撰．峡江图考·下册·夔府至重庆水道程途．清光绪二十七年上祥袖海山房书局石印本．

②云阳县志编纂委员会编纂．云阳县志．成都：四川人民出版社．1999年8月．第456页．

③（清）江锡麒修，（清）陈昆纂．咸丰云阳县志·卷一·山川．清咸丰四年刻本．

④（清）国璋撰．峡江图考·下册·夔府至重庆水道程途．清光绪二十七年上祥袖海山房书局石印本．

流过渠口铺，浊水自青冈山流注之，又东过临江市，受桃溪水，水源出大东陂，过火焰坝，会太平山之梓水，河流入于彭水，彭水又东北至开县城南一里，东入峡，清江水合白水溪、三潮溪二水注之”……“又西南循小石城山阴麓西曲十里，南入于江，今曰小江口，古之彭口也，在县西七十五里”，彭溪在云阳县境内流“一百二十五里”，在彭溪上通行的船为“橹船”。[①]20世纪90年代《云阳县志》载“澎溪河明代以前称清江，又名小江、横江、玉林河，位于县境西部长江北岸，发源于开县白泉乡钟鼓村，一路汇集桃溪河、东河、南河、浦里河水由开县渠口镇入县境，流经养鹿、高阳、双江等镇乡，在双江镇侧注入长江”[②]。

温汤井：位于澎溪河支流东河河畔，历代产盐，《三省边防备览》载“温汤井：城北六十里，连冈夹峙，小河盘折其中，盐井在山椒水涘，旧有温汤、膏谷裕、泉三井，夏秋水涨，有淹浸之虑，添开二井，人烟稠密，约五六百户”[③]。温汤井产盐历史悠久，北宋中期元丰年间开州万岁县温汤地区产盐，因产盐兴起了温汤、井场二镇。[④]明代温汤井依旧产盐，“温汤井：开县东北五十里，井有三水，曰杉木、柏木、龙马，开煎输课”[⑤]。康熙时开县温汤井仍产盐，载“温汤井，治东北五十里，井有三水，曰杉木、柏木、龙马，开煎输课”[⑥]。乾隆初期开县“温汤井，在县东北五十里，有松林、柏木、龙马三井煎盐输课”[⑦]。乾隆时期开县“原额温汤镇盐井一眼，设灶一十五座，煎锅一十五口，每锅一口榷课银二两五钱，每课银两征羡余银一钱二分，共应征课银三十七两五钱，又征羡余银四两五钱”[⑧]。嘉庆时期开县“温汤井，在县东北五十里，有松木、柏木、龙马三井煎盐”[⑨]。道光时期开县温汤井“熬盐旧用薪柴，老林渐远，取柴甚难。近于十里内外出煤窑，煤户用四轮小车推之溪侧，小船运载至灶厂中，

① 朱世镛、黄葆初修，刘贞安等纂．云阳县志·卷五·山水下．民国二十四年铅印本．

② 云阳县志编纂委员会编纂．云阳县志．成都：四川人民出版社．1999年8月．第129页．

③（清）严如熤辑．三省边防备览·卷七·险要下．清道光二年刻本．

④（宋）王存撰，王文楚、魏嵩山点校．元丰九域志．卷第八．夔州路．北京：中华书局．1984年．第369页．

⑤（明）刘大谟、（明）杨慎等纂修．嘉靖四川总志·卷十·郡县志·夔州府·山川．明嘉靖二十四年刻本．

⑥（清）蔡毓荣修，（清）龚懋熙纂．康熙四川总志·卷三·山川·夔州府·开县．清康熙十二年刻本．

⑦（清）胡邦盛纂修．乾隆开县志．不分卷．山川．乾隆十一年刻本．

⑧（清）崔邑俊修，（清）杨崇、（清）焦懋熙纂．乾隆夔州府志·卷四·赋税·杂税课程·开县．清乾隆十二年刻本．

⑨（清）常明等修，（清）杨芳灿、（清）谭光祜等纂．嘉庆四川通志·卷十四·舆地志十三·山川五·夔州府·开县．清嘉庆二十一年刻本．

井厂所用夫匠水陆运煤及商贩运背之人，井旺时日以万计”，可见道光初之前开县温汤井煮盐所用薪柴、煤炭燃料主要通过水运而来，为保障燃料运入与食盐运出，当地航道长期得到了有效整治。[①]“开县东溪，舟行至温汤井以上则运煤、薪而已”，可见道光初东溪是开县温汤井盐厂燃料的重要运输通道，东溪即今天的东河。[②]咸丰初开县“温汤镇盐井五眼，设灶九十座，煎锅九十口”，每年“配销陆引一千六百七十二张”[③]。为保证历代温汤井盐业生产过程中各种物资的运输与食盐外销，澎溪河、东河的通航条件长期得到保障。

理查德·伍德·伦多富：美籍铁路工程师，在民国初川汉铁路测量过程中接替美籍“总工程司”白克卫士担任“代理总工程司”，“复行初测宜昌至南沱间路线”，“拟将宜昌至归州间先行定测开工，然后继续勘测由归州至夔州路线”，曾组织中方、美方工程师勘测宜昌至万县、万县至重庆、重庆至成都的铁路线路，并曾于1914年7月到达重庆进行实地勘测。伦多富发现长寿至万县铁路选择内地路线，“可比长寿至万县之沿江路线缩短74里，且内地路线所经为富庶地区，又无与江运竞争之问题，故需加以选测，以资比较”。随后伦多富考察了成渝之间的铁路路线，“关于川路公司提出修筑成泸铁路之呈请，伦多富误以为是修筑由成都经自流井泸州以达重庆之路线，故在路线选测时，由重庆南绕泸州至成都，同时，伦多富对路线取道泸州亦提出异议”，后督办詹天佑对此进行了纠正，川路公司遂将成泸路线改为由资州至泸州之支线并着手测量。1915年11月伦多富主持测量的川汉铁路中宜昌至成都的线路“复测完竣”，“所定测之路线，自宜昌经夔州、万县、重庆至成都，长1175公里”，“自宜昌经南沱、牛肝马肺峡、兵书宝剑峡、香溪、归州、棺材峡、巫山十二峰、白帝峡、夔州至小江共长298公里”。[④]经万县到达重庆后，经永川、内江、资中、资阳、简阳最终达到重庆。[⑤]

川汉铁路：川汉铁路是清末提议兴建的一条铁路，计划东起湖北广水（后改汉口埠），经峡江地区至重庆府，再向西延伸至四川成都府。川汉铁路是中国近代史上最重要的铁路，因其引发的保路运动间接导致了清王朝的覆灭，民国时期军阀之间、中央与地方之间、中国与列强之间为争夺地方控制权而围绕这条铁路的争斗也从未停止，而清朝覆灭、袁世凯覆灭、军阀混战、日寇入侵等因素都使得这条铁路的

---

① （清）严如熤辑．三省边防备览·卷九·山货．清道光二年刻本．

② （清）严如熤辑．三省边防备览·卷五·水道．清道光二年刻本．

③ （清）李肇奎等修，（清）陈昆等纂．咸丰开县志·卷十四·盐茶．清咸丰三年刻本．

④ 詹同济、黄志扬、邓海成编写．詹天佑生平志——詹天佑与中国铁路及工程建设．广州：广东人民出版社．1995年12月．第174-195页．

⑤ 严德一．四川成渝铁路路线勘定．地理教育．1936年第5期．第33-34页．

修建趋于停滞，抗战后的国共内战依旧使得这铁路的修建再一次迟滞下来。新中国成立后，人民政府在原有基础上，终于让川汉铁路西段成渝铁路这条联系西南地区两大重镇的铁路，在历经晚清、民国、共和国三个大时代后，于建党31周年之际全线通车。川汉铁路承载了中国近现代以来太多的历史，从锡良、张之洞、赵尔巽、赵尔丰等晚清要员到周道刚、刘湘、刘文辉、杨森等民国地方大员，再到邓小平、刘伯承、贺龙、李达等共和国领导人，如此重要的历史人物的一部分重要活动轨迹就是围绕着川汉铁路及其西段之成渝铁路展开的，从某种程度上说，川汉铁路的筹划与修筑史就是中国晚清以来的近现代史。四川古称“天府之国”，因其物产丰饶，在近代风雨飘摇的乱局中逐渐成了列强觊觎的“肥肉”。早在同治二年(1863年)，英国人就拟定了一个以汉口为中心的铁路建筑网，线路之一就是“西行经过四川、云南等省直达印度”。光绪五年(1879年)，英国人更提出“任何铁道设计之最终目的”，必须到达“物产丰富、人口稠密之四川省”。①光绪十年(1884年)法越签订《顺化条约》后越南沦为法国殖民地，法国便将云南、广西视为它的势力范围，企图由此修筑铁路向四川进行扩充和发展，将连通四川的铁路与越南海防相连，使海防成为中国西南诸省的出海口岸，可顺势掠夺沿线诸省资源。②光绪十四年(1888年)，英法等国就向清政府要求取得四川境内铁路的修筑权。光绪二十九年(1903年)，四川总督锡良奏请清政府拟自修川汉铁路，并设立了官办的四川铁路公司。成渝铁路即是川汉铁路线四川境内成都到重庆的一段。此议提出后，英法两国即先后4次照会清政府，强烈要求获得川汉铁路修筑权。光绪三十年(1904年)1月，官办的川汉铁路总公司正式设立。光绪三十一年(1905年)1月，锡良力排非议，采纳留日学生的部分建议，以国内集股方式颁发《川汉铁路按租筹股详细章程》，确定以集股的方式来筹集资本，来源有四个：认购之股、抽租之股、官本之股、公利之股，其中抽租之股为大宗。③7月又将川汉铁路公司改为官商合办。为筹集股金，四川地方当局采取“租股”的办法，在所有州县设立“租股局”，租股的来源一部分是地主地租，另一部分是农民劳动所获。这两部分都以货币形式被强迫投入到近代资本主义工业经济之中。④6年间共强收白银928万两之多，百姓负担急剧加重。⑤光绪三十二

① 杨耀健．成渝铁路：共和国建设史上的第一个奇迹．纵横．1997年4期．第12-18、3页．

② 郑会欣．引进外资的新模式及其特点——以成渝铁路借款为例．档案春秋．2000年第4期．第39-45页．

③ 何一民．锡良与晚清四川近代化．四川师范大学学报(社会科学版)．1993年第3期．第128-136页．

④ 隗瀛涛．四川保路运动简论．四川文物．1991年4期．第46-52页．

⑤ 王平．成渝铁路：穿越三个时代的记忆．国企．2012年4期．第120-123页．

年(1906年)四川各界人士则筹集资金,用商办名义组成了"川汉铁路公司"。由于锡良奏请清政府拟自修川汉铁路时未与湖广总督张之洞商议,故湖北方面积极性不高,仅设立了湖北川汉铁路总局一个机构。光绪三十二年(1906年)2月,锡良与张之洞商定,川鄂两省共建川汉铁路,但张之洞以湖北财力不如四川,要求东湖县以东由湖北省修建,以西1200千米由四川省修建。光绪三十三年(1907年)4月,赵尔巽继锡良任四川总督后于次年11月奏请清政府派詹天佑为川汉铁路总工程师。光绪三十三年(1907年)9月,湖广总督张之洞、护理四川总督赵尔丰、护理两广总督胡湘林、湖南巡抚岑春煊会奏"鄂川粤湘"四省于武昌城外新河地方合资兴办工厂,以制造粤汉、川汉铁路所需之钢铁等各项材料,但因川汉股款不清,官绅群起反对,川汉铁路改归商办。宣统元年(1909年),张之洞与英国汇丰、德国德华、法国东方汇理银行签订《两湖境内粤汉铁路、鄂境内川汉铁路借款草合同》,后遭美国总统塔夫脱强力干涉,次年美国摩根公司终于正式成为"四国银行团"的一员。传统认为这时张之洞有出卖铁路主权、压抑商办铁路之举,但也有研究者认为不能否认张之洞在这次借款谈判上坚持维护铁路主权的表现,也不能为了肯定资产阶级和人民大众保护路权的爱国热情而把张之洞借款筑路笼统斥之为出卖铁路主权。[①]詹天佑被聘为川汉铁路总工程师后,由于其兼有京张、京汉两路工程职务,便由胡栋朝来川勘测线路。川汉铁路计划全路分三大段建造:宜昌至万县为第一段,万县至重庆为第二段,重庆至成都为第三段。一部分人认为应先修成都至重庆段,因该段地势较平坦易造,而宜昌至万县段多高山大川,工程艰巨难成;另一部分人则认为应先修宜昌至万县段,并同时经营沿江航运,因为这样便于运输筑路器材设备。由于当时川江轮船航运业已经开通,胡栋朝就打算从成渝一段开始勘测,先修成渝铁路与川江航线衔接,暂便一时交通。为此,胡曾先后往返勘验考察达7次,最终确定取道巴县、江北、璧山、永川、荣昌、隆昌、内江、资中、乐至,最后到达成都北门,成渝铁路路长共计400余千米。后因在日本的川省士绅创设了"川路改进会",与川中人士争论川汉铁路中成渝铁路、宜万铁路的优先修建权,结果宜万铁路获准优先修建,成渝铁路便被搁置下来。[②]宣统二年(1910年)11月,美、法、英、德4国从中作梗,清政府于次年颁布"铁路干线收归国有"政策,并将川汉铁路"筑路权"卖给了英、法、德、美4国。[③]宣统三年(1911年)6月17日,蒲殿俊组织的四川"保路同志

① 文恒益.张之洞与湖广铁路借款.江西师范大学学报(哲学社会科学版).1998年第4期.第69-96页.

② 向秀兰.成渝铁路建筑分析.四川大学硕士论文.2007年.

③ 孟红.新中国第一条铁路的诞生.党史纵览.2010年1期.

会”在成都成立,“保路运动”爆发。清政府将驻防湖北的新军调入四川镇压保路运动,湖北防务空虚,使得辛亥革命能在湖北武昌首先取得胜利。革命风潮迅速席卷全国,清政府的覆灭使得川汉铁路的修筑暂时停滞不前。1913年袁世凯镇压反袁的“二次革命”后,各省铁路公司中的资产阶级已不再敢反对铁路“国有”和坚持商办了,只顾讨价还价,以保本保息,谋取额外好处。[①]1914年,伦多富还对成渝间的铁路线路进行过勘测,确定了从成都经简阳、资阳、资中、内江、永川以达重庆的线路。[②]但袁世凯随即宣布川汉铁路国有,资金管理方式不变。后因袁世凯覆灭,川汉铁路修筑被搁置起来,而筑路股款则被混战中的川省各路军阀巧设明目地截留使用。如杨森败退湖北后就用“拉肥主”的办法将住在汉口管理铁路股款的高循伯抓起来,勒索了100万银圆,购买军火打回四川,任四川军务督办,获得四川大部控制权。因川汉铁路股款被勒索,铁路修筑更加遥遥无期了。[③]民国时期,因内战及日寇入侵,川汉铁路修筑仍然进展缓慢,解放后在中国共产党领导下,集中力量在较短时间内完成了川汉铁路西段即成渝铁路的修建,总算完成了清末规划川汉铁路以来的部分任务。

川汉铁路上的火车老照片[④]

① 金士宣.二十世纪初各省商办铁路及其结局.北方交通大学学报.1977年第2期.第80页.

② 严德一.四川成渝铁路路线勘定.地理教育.1936年第5期.第33-34页。

③ 王芝芬编撰.成渝铁路.上海:新知识出版社.1954年5月.第11页.

④ 蓝勇主编.长江三峡历史地图集.北京:星球地图出版社.2015年9月.第204页.

再次起航，经过3英里的航行，轮船将旅客带到了巴阳峡，英文名被错误地译为Eight Cliff Gorge。这是一个由砂岩组成的巨大台地，大概有6英里长，600到700码宽。长江在这个台地上冲击、开凿出了一条150码宽的水道。巴阳峡垂直的崖壁，在枯水期时候大概高出水面30~40英尺。中等水位时期，巴阳峡的这段航道对轮船和帆船来说都是非常艰险的。当江水快要完全淹没这个巨大的台地时，那狭窄的深水航道就会变得非常难以辨识和定位。

注补：

巴阳峡：《巴船纪程》载同治时期"巴阳峡水澄碧而深，下皎镜无底，蜀谚云'深不过巴阳，浅不过罗溪'"①。《行川必要》载"巴阳峡""上大水船行至蛇家嘴过河"。②光绪初《丁治棠纪行四种》载"排石成岸，长计十里，名巴阳峡"③。近代竹添进一郎游历峡江时载巴阳峡"峡口有龙蟠石，长数百丈"，并留下《巴阳峡》一诗，"毒龙化为石，恋水犹蟠曲。水走龙欲吞，大江为之蹙。峡口隘如闸，孤舟太逼仄。水面忽生鳞，凉风吹山绿"，描绘了光绪初期巴阳峡风貌。④《峡江图考》载巴阳峡"大水平峡险"，"巴阳峡，夏秋水大，上水船由余家嘴渡南岸"。⑤民国前期侯鸿鉴载巴阳峡"长三里许，水枯时不易行船，城外有西山公园，风景甚佳"⑥。20世纪90年代《万县志》载万县长江航道以巴阳峡最深，达160米，巴阳峡"峡长9公里，两岸峡壁高出枯水面5～29米不等，全属石岩，漕口狭窄，水深莫测，长江穿峡而过，远观如带。下行进口处鸭蛋窝是船舶避让安全泊地。出口白滩，古时为名滩，1897年云阳兴隆滩成，此滩消失"，"枯水时水平如镜，遇风浪则波浪起伏，冬春上风特大时，下行木船受阻，出'倒纤'拉下水，水涨10米以上，低处渐没，14米以上成滑盘水，不好停泊；17.2～29米，斜石子与关花溪形成对口滩，水流湍急，峡内调餐石、羊子石、水府三官、高鱼背、向家背、斜石子、三龙沱在不同水位，均有暗礁，稍有疏忽，即出事故"。⑦《五桥区志》载万县黄柏乡境内的巴阳峡"仅60米宽"，系"长江最窄航道"。⑧

①（清）洪良品．巴船纪程．不分卷．清光绪十七年上海著易堂铅印本．

②（清）贺缙绅、即罗缙绅．行川必要．不分卷．光绪四年刻本．

③（清）丁治棠著．丁治棠纪行四种．成都：四川人民出版社．1984年7月．第7页．

④［日］竹添进一郎著，周勇、黄晓东、惠科整理．栈云峡雨日记并诗草（一）．重庆：重庆出版社．2018年12月．第101页．

⑤（清）国璋撰．峡江图考·下册·夔府至重庆水道程途．清光绪二十七年上祥袖海山房书局石印本．

⑥侯鸿鉴．漫道南国真如铁：西南漫游记．沈阳：辽宁教育出版社．2018年1月．第90页．

⑦万县志编纂委员会编．万县志．成都：四川辞书出版社．1995年9月．第241-242页．

⑧万县市五桥区地方志编纂委员会编．五桥区志．深圳市中信邦重庆分公司承印．1998年12月．第111页．

轮船继续逆流而上行驶10英里后，便将旅客带到了万县，万县英文名叫the Myriad City。万县是一个非常重要的城市，其最别致之处是位于半圆形弯曲的长江河道的顶部，背靠高高的山坡和奇妙的山峰。在这些山峰的峰顶，佛寺依稀能从松树、柏树构成的森林中被辨识出来。一条奔腾汹涌的河流，蜿蜒流淌在群山之间，将城墙围绕的万县城与它外延的郊区分割开来，县城城区与郊区通过一座非常奇特的天生桥联系起来。顺便说一下，天生桥非常值得一看。在晴朗的日子里，万县附近的长江峡谷的景观是非常迷人的。

注补：

万县：同治《增修万县志》载万县城“控夔巫之上游，作涪忠之屏障，地居扼要，弥资金汤，城虽小而襟溪带壑，面江负山”，但“城中无井，远引山泉”，“万县旧土城，前明屡经修造，成化二十三年龙济始修，高一丈二尺。正德六年知县孙让增高三尺。嘉靖二十三年知县成敏贯重修，周围五里，计九百丈，高一丈五尺，为门三，曰会江、会府、会省。万历三年大水，临江一带崩塌，署印主簿朱帜重修，用石甃砌，万历壬子知县方登书‘迎曦’二字于东门，后皆颓废，惟三门基址尚存。国朝石城周围长三百二十六丈三尺六寸二分，高一丈五寸，乾隆三十四五年知县刘文华、萧一枝先后修竣。五十三年六月大江水涨，东南一带城墙淹坍五十七丈五尺，撤裂三十八丈，续坍二十九丈七尺。五十四五年知县孙廷锦劝捐修竣，并见旧志、郡志，计五门：东、西、南、小南、小西，北城地高无门，小南西侧备不虞取水门也。嘉庆四年，教匪乱，知县王世焘筹修炮台，为重城于北城外以迎北山，建瓦屋三间，东南西三门各设瞧楼。道光十九年知县兴善增修砖垛并东门瓮城，计雉堞八百九十有五。咸丰十一年，粤逆入湖北，咸来近万境，署知县余居宽筹增小南、小西门瓦屋各一间，城上守更迭息砖屋旧设十有二所。同治元年，周逆去境，知县张琴筹增三十八所”。[①]光绪初《丁治棠纪行四种》载万县“城外新建镇江寺甚丽。城后修小寨，下流屏山关锁，峦头圆秀，立小塔二，作文峰，佳哉县乎”[②]。《游蜀后记》载万县城“包山为城，水陆通衢也，岸陂陡峻，城门俯临江岸，登颇为劳”[③]。《成都通览》载清末万县城“在江左，近年方建成者。县为水陆通衢，出炭。有邮局、电报局、土局，街市亦繁茂，又将作通商口岸。凡由宜昌入成都，由成都向宜昌旱行者均在此更换力夫。舟人多泊

①（清）王玉鲸、（清）张琴修，（清）范泰衡等纂．同治增修万县志·卷五·地理志·城池．清同治五年刻本．

②（清）丁治棠著．丁治棠纪行四种．成都：四川人民出版社．1984年7月．第7页．

③（清）吴焘．游蜀后记．抄本．见：李勇先、高志刚主编．巴蜀珍稀交通文献汇刊·第九册．成都：成都时代出版社．2016年12月．第176页．

钟鼓楼。夏日炎热异常。明末土寇谭宏等据此"[①]。《中国省别全志·四川省》载清末万县是有六七万人口的大商埠,当时万县段长江江面上停泊之船不下千艘,东亚同文书院的学生调查记载"商业发达乃是四川第二,仅次于重庆","城墙周长4英里,依大家山而建,市内高低极为不平,高楼鳞次栉比,其雄壮宏伟程度远超夔州","县城内有一小河穿城而过,城沿大江而建,分为河街及城内两部分,河街部分商业发达,四川省一部分重要物产在此地进行交易"。[②]

奔腾汹涌的河流:即苎溪河,同治《增修万县志》载"苎溪,自县西梁山县界分水铺流入,经狮子山下折流十二湾,至城西复南流入江,以溪旁土肥种苎,故名,即古池溪","旧《省志》:春夏涨潦,则并舟为筏,以百丈苎绳双拽而渡"。[③]《峡江图考》载万县"县城西门外有小河一道,夏日山水忽发没桥,最凶恶"[④]。20世纪90年代《万县志》载万县苎溪河"据说因河旁古代种苎麻而名,一说叫竹溪河、喜溪河,发源于县西南的三正乡川兴村处,河水由西向北东流经三正、高升、李河镇(李家河)、高梁、沙河镇,至万县市南门口汇入长江,全长30.6公里,流域面积228.8平方公里"[⑤]。

天生桥:《读史方舆纪要》载苎溪上游有天生桥,巨石成桥,长与溪等,平阔如履平地,溪流出其下,流注于大江[⑥]。同治《增修万县志》关于"天生桥"亦有与《读史方舆纪要》相同的记载。[⑦]同治《增修万县志》载"天生桥,在县西,巨石跨溪,自然成桥","《旧志》:桥上古额'跨虹天际',联云'有风因喷雨,无日不闻雷',后注按院某,姓名剥落;又夔州军民府杨本源题额云'云响雪明'"。[⑧]明代杜应芳《天生桥》一诗即是关于此天生桥的描述:"灵根穿地起,神斧划天通。龙卧雷奔壑,鲸吞雪濆空。平能舒险仄,坚不受磨砻。应与银河接,还期黄石逢。"[⑨]

---

①(清)傅崇矩编.成都通览 下.成都:巴蜀书社.1987年7月.第389页.

②[日]东亚同文会编,李彬、万健、高润译.中国省别全志·四川省.北京:中国文史出版社.2020年8月.第22-23页.

③(清)王玉鲸、(清)张琴修,(清)范泰衡等纂.同治增修万县志·卷四·地理志·山川.清同治五年刻本.

④(清)国璋撰.峡江图考·下册·夔府至重庆水道程途.清光绪二十七年上祥袖海山房书局石印本.

⑤万县志编纂委员会编.万县志.成都:四川辞书出版社.1995年9月.第109页.

⑥(清)顾祖禹撰.读史方舆纪要·卷六十九·四川四·夔州府.清光绪间抄本.

⑦(清)王玉鲸、(清)张琴修,(清)范泰衡等纂.同治增修万县志·卷四·地理志·山川.清同治五年刻本.

⑧(清)王玉鲸、(清)张琴修,(清)范泰衡等纂.同治增修万县志·卷十四·地理志·津梁.清同治五年刻本.

⑨(清)王玉鲸、(清)张琴修,(清)范泰衡等纂.同治增修万县志·卷三十六·艺文志·诗.清同治五年刻本.

狐滩附近白水溪上的石桥(原书插图)

石桥连接着万县县城及其郊区(原书插图)

万县是川东大部分地区的贸易转口港。从万县可以通过一条大路到四川的省会成都,这条大路的英文名叫Highway,骑马或者乘轿需要10~14天。万县因其造船厂建造柏木船而著名,柏木船英文名叫Cypress Wood Junk。但是在船夫中间,万县之所以出名,主要是因这座城市的姑娘很漂亮。

注补：

大路：亦名小川北路、中大路，《蜀游闻见录》载清末民初“由万县陆行赴成都省，为小川北路。行李箱笼或挑或扛。两人合抬谓之扛，如抬轿式。客则或两人轿或三丁拐，三丁拐者，轿前两人轿后一人也。计十四站，中途至顺庆、蓬溪两处，须各放棚一日。放棚者，长夫休息之期，旅客例须犒赏也。如因事行急，不允放棚，将犒赏费如数发给，亦可照办”，此路“系往来大道，沿途旅馆，阔大不殊衙署，饮食亦鲜洁异常。官场往来，必有头站前行，手执尖角小旗，右书某某官衔，中书某姓，字略大，或宿站，或尖站，将旗插某旅馆门首，即知某某差过境，该旅馆不得招待他客也”。①《中国省别全志》四川卷载清末民初“自成都，经由潼川府、顺庆府，陆路至万县一线”是成都至万县的重要“通商路线”，是为“中大路”。②清末民初“中大路”中“万县、梁山县之间”也称为“东大石路”，“从万县到成都有1350华里（约437英里）”，“万县乃是前往梁山、大竹溪、顺庆、蓬溪、大和镇、兴隆场、赵家渡、成都之东大石路之基点，不经水路前往成都以此地为起点”，“湖北地区前往成都经水路需要约1个月时间”，但若在万县登陆，走中大路前往成都“此路听说12～13日即可到得成都”。③

姑娘：清末民初，重庆、涪州、万县、夔州等峡江地区的娼妓业较为发达。《巴船纪程》载同治时期涪州“相传有妓进香丰都仙都观，丰都人鄙其淫行，不许，恚甚，因捐资于此，创立寺观，号曰赛丰都”④。涪州号为“赛丰都”的天子殿传说即系当地之“妓”捐资创立，足见清代涪州娼妓业之兴盛。《游蜀后记》载江北厅“城内有香山寺，再上为蛮营，皆娼家所住”⑤。《蜀游闻见录》载清末民初万县地区“上新坟”习俗中，“万县风气，正二月间，有所谓上新坟者，犹吾之烧新经也。春光明媚，柳绿桃红，上坟者其名，其实为游乐计也。前三日即遍邀亲友，或馈银钱，或赠炮烛。是日晨，以锣鼓迎之出城，到坟山后，有预邀之清唱班，登台作乐，日暮方散。酒筵数十百席，不及筹备桌凳，则择树阴深处，席地而坐，土妓居大多数，或有男女杂坐，而狎亵不堪入目者，此则风气使然，无足异也”⑥。《蜀游闻见录》亦载清末民初万县“游江舫”习俗中亦多歌妓参与，“当四月初夏之交，江水渐深，城外大小划船，均以锦棚为饰，

① 徐心余著．蜀游闻见录．成都：四川人民出版社．1985年5月．第65页．

② [日]东亚同文会编，李彬、万健、高润译．中国省别全志·四川省．北京：中国文史出版社．2020年8月．第25页．

③ [日]东亚同文会编，李彬、万健、高润译．中国省别全志·四川省．北京：中国文史出版社．2020年8月．第227页．

④（清）洪良品．巴船纪程．不分卷．清光绪十七年上海著易堂铅印本．

⑤（清）吴焘．游蜀后记．抄本．见：李勇先、高志刚主编．巴蜀珍稀交通文献汇刊．第九册．成都：成都时代出版社．2016年12月．第175页．

⑥ 徐心余著．蜀游闻见录．成都：四川人民出版社．1985年5月．第57–58页．

或划分采带，织为锦栏，极为美观。每日午后，富商豪客，多聚此为泛江之游，或挟妓以徵歌，或邀朋而豪饮，其拇战之声，杂以管弦，非至月上三更不止也"[①]。清末民初，峡江地区因大量存在单身男性从事纤夫、船夫等体力劳动，故清末夔州"江中夜多妓"[②]，峡江地区"沿江民房小饭店中面向过往船夫开设妓院，以满足船夫长期在外性生活方面的需求"[③]。

清末万县城[④]

20世纪初万县城一角[⑤]

① 徐心余著．蜀游闻见录．成都：四川人民出版社．1985年5月．第109页．

②（清）傅崇矩编．成都通览 下．成都：巴蜀书社．1987年7月．第391-392页．

③［日］山川早水著，李密、李春德译，蓝勇审定．巴蜀旧影：百年前一个日本人的巴蜀行纪．成都：四川人民出版社．2019年1月．中译本再版序言第7页．

④ 蓝勇主编．长江三峡历史地图集．北京：星球地图出版社．2015年9月．第240页．

⑤ 蓝勇主编．长江三峡历史地图集．北京：星球地图出版社．2015年9月．第241页．

安全抵达万县之后,旅客终于可以舒缓一下其心情了,这段漫长旅途中最困难的一半行程已经平安结束。但是,旅客不应该因此太乐观,船舶失事还是经常在距离重庆仅有几英里的地方发生。很多情况下,这要归咎于中国船员不恰当的疏忽,他们在极度危险的险滩附近,会采取所有防范措施确保安全,但在其他相对安全的河段则会粗心大意,听天由命了。在购买纤藤时不明智的压缩经费以节约成本,导致了许多严重的事故。这些纤藤在船运成本清单中会占据很大一部分,船老板经常迫使人们相信已经被岩石磨得破旧不堪的纤藤是安全的,以此节约买一条新纤藤的成本。这些竹子编制的纤藤是极佳的,也足够坚韧,但是,它们最多只能坚持一次行程。尽管如此,大量的精力也要花费在它们身上,特别是当游客看到拖动上行船只的纤绳深深切入坚硬的岩石而形成的纤绳槽遍布于沿江两岸时,便不会对此感到奇怪了。

万县郊区外的轮船锚地(原书插图)

造访万县并重新补给船只后,游客登船离岸并再次起航。经过8英里的行程后轮船将游客带到了虎滩(Hou-tan or Fou-tan),巨大的礁石从峡江左岸延伸出来,使这段江面在中、高水位时会在这里产生一个凶险的险滩,这很好地映衬了它"虎滩"的威名。而在枯水季,险滩的一点儿痕迹都不会留下来,河流在巨大的礁石之间宁静地流淌,人们几乎注意不到一个咆哮的险滩在涨水时曾在这里存在。

注补:

虎滩:原著作者蒲兰田理解错误,他译成Tiger Rapid,即"虎滩",实际应当是"湖滩"或"狐滩",此处依据原文翻译为"虎滩"。嘉庆时期,万县"湖滩,在县西六十里，水势险急，春夏泛滥，江面如湖”①。同治增修《万县志》载“大湖滩：大水极险，小水次险”②。《行川必要》载“湖滩”在“南岸”，“万县至此三十里，上满架大水险极，下水船宜绕北岸，好搭南岸之水，高位适中，转搭白水溪之水，谨防船抢乌沙尾”。③《峡江图考》载“狐滩上满架，大水极险，万县至此三十里”④。

清末万县狐滩⑤

虎滩上游，峡谷逐渐开阔起来。两岸缓坡为稀疏的林木所覆盖。缓坡上开垦出来的山地，被较好地耕耘着。缓坡上方，高大的山脉绵延。大量鹅卵石和沙子构成的沙碛铺成河岸，是这一江段的重要特色。船只载着游客，在这样容易航行的河道中前行，速度逐渐提高了。沿江的一些沙碛被淘金者们大量淘采，但是，产量真的非常低。每副淘金的筛子需要四五个劳力，通常由一个家庭的家庭成员构成。依靠淘金的收入，他们也只能做到勉强糊口。

注补：

淘金：万县、云阳、忠州等峡江地区历代出产麸金，历代都在淘采，但产量有限，

①（清）常明等修，（清）杨芳灿、谭光祜等纂．嘉庆四川通志·卷十四·舆地志十三·山川五·夔州府·万县．清嘉庆二十一年刻本．

②（清）王玉鲸、（清）张琴修，（清）范泰衡等纂．同治增修万县志·卷四·地理志·山川．清同治五年刻本．

③（清）贺缙绅、即罗缙绅．行川必要．不分卷．光绪四年刻本．

④（清）国璋撰．峡江图考·下册·夔府至重庆水道程途．清光绪二十七年上祥袖海山房书局石印本．

⑤ 蓝勇主编．长江三峡历史地图集．北京：星球地图出版社．2015年9月．第108页．

效率不高，主要还是贫民谋生手段。唐代山南道万州土贡“麸金”。[①]五代宋初万州地区“土产”“金”，因品质上佳，并成为上贡之物。[②]北宋中期元丰年间万州产金，产量稍大，故每年“土贡”“麸金三两”。[③]南宋中期万州“景物”有“黄金岛，在州南三里，近南岸，屹立江心，高数丈，土人淘金于此”。[④]明前期《大明一统志》载夔州府土产“麸金，万县、建始县出”[⑤]，而夔州府“黄金岛，在万县南三里，近南岸，屹立江心，高数丈，土人淘金于此”[⑥]。此后乾隆《万县志》[⑦]、乾隆《大清一统志》[⑧]、嘉庆《四川通志》[⑨]等志书中皆有类似记载。乾隆初万县还产“麸金”。[⑩]道光《夔州府志》载万州地区“《唐志》万州贡麸金，《寰宇记》万州贡金，《明统志》万县出金；今无”，可见道光初万州不再出产麸金，或因淘采成本高，入不敷出，故无人淘采。[⑪]同治《增修万县志》仍载同治时期万县“千金岛，在县南二里”，“土人每淘金于此，亦名黄金岛”。[⑫]同治中期万县“大江南北水落沙屿见，淘金者一聚，或数十百人，唯蛾眉碛无物色者，护县治故也”，可见同治中期万县长江沿岸在“水落沙屿见”时淘金者颇多，但蛾眉碛因地理位置重要，关系县治防护问题，故此处无淘金者破坏沙碛沙岸，进而威

①（宋）欧阳修、（宋）宋祁等撰．新唐书·卷四十·志第三十·地理四·山南道·万州．北京：中华书局．1975年．第1030页．

②（宋）乐史撰、王文楚等点校．太平寰宇记·卷一百四十九·山南东道八·万州．北京：中华书局．2007年．第2886页．

③（宋）王存撰，王文楚、魏嵩山点校．元丰九域志·卷第八·夔州路．北京：中华书局．1984年．第368-369页．

④（宋）王象之撰．舆地纪胜·卷一百七十六·夔州路·万州．北京：中华书局．据清道光二十九年刊本影印．1992年．第4596-4597页．

⑤（明）李贤等修，（明）万安等纂．大明一统志·卷七十·四川布政司·夔州府·土产．明天顺五年刻本．

⑥（明）李贤等修，（明）万安等纂．大明一统志·卷七十·四川布政司·夔州府·山川．明天顺五年刻本．

⑦（清）刘高培修，（清）赵志本纂．乾隆万县志·卷一·山川．清乾隆十一年刻本．

⑧（清）和珅等纂修．乾隆大清一统志·卷三百三·夔州府·山川．清乾隆二十九年修、乾隆四十九年修成．上海宝善斋清光绪二十八年石印本．

⑨（清）常明等修，（清）杨芳灿、谭光祜等纂．嘉庆四川通志·卷十四·舆地志十三·山川五·夔州府·万县．清嘉庆二十一年刻本．

⑩（清）刘高培修，（清）赵志本纂．乾隆万县志·卷二·赋役·物产．清乾隆十一年刻本．

⑪（清）刘德铨纂．道光夔州府志·卷十四·物产志．清光绪十七年据清道光七年刻版重修本．

⑫（清）王玉鲸、（清）张琴修，（清）范泰衡等纂．同治增修万县志·卷四·地理志·山川．清同治五年刻本．

胁县治。[①]光绪末万县产“沙金，产大江两岸沙碛中，其细如屑，殆所谓麸金，与母水涸，土人披沙拣之，多少不等，少者仅可糊口，近来淘者亦寥寥矣”，可见光绪末万县因沙金出产率颇低，故从事淘金者甚少。在“矿物制造”方面，“沙金，沿江矿质零星，淘者亦少，随得随卖，并无成数可稽，仅以之供应作宝饰之用，其色青白”，可见光绪末万县所产沙金产量不多，主要用于制作首饰之用。[②]光绪末云阳县产“沙金”。[③]“沙金”主要产自云阳县“沿江上下”，主要销往“本城”，“岁值价银二百两”。[④]光绪初英国的威廉·吉尔记载峡江地区淘金较为普遍，“总能在布满沙石与鹅卵石的河床中看到他们淘洗金沙。他们能淘到的数量非常少，除了贫穷的中国人，没人愿意做这样的苦工”[⑤]。清末英国人丁格尔逆江而上考察时载万县峡江地区淘金状况，谓“在每个沙滩和鹅卵石的地方，一群群骨瘦如柴的淘金者在用竹篮淘金。从他们破旧的居住区来看，根本不用担心他们淘来的金子会使世界黄金产量失衡”[⑥]。忠州地区淘采沙金历史依旧悠久，唐代忠州就土贡“生金”。[⑦]明代嘉靖时期重庆府“土产”有“麸金”，重庆府下辖“合、涪、忠州、大足俱出”。[⑧]康熙时期重庆府下辖的忠州“土产”仍有“麸金”。[⑨]乾隆年间忠州土产“麸金，沿河掏沙”。[⑩]嘉庆时期忠州直隶州物产“金”。[⑪]道光初期忠州直隶州亦产“金”。[⑫]可见清末峡江地区淘金的产量不高，仅仅是贫民谋生的手段。

---

①(清)王玉鲸、(清)张琴修，(清)范泰衡等纂．同治增修万县志·卷十三·地理志·物产．清同治五年刻本．

②(清)佚名纂修．万县乡土志·卷八·物产录．编于清光绪三十二年．万县嘉惠印刷馆民国十五年石印本．

③(清)武丕文等采编，(清)甘桂森等纂修．云阳县乡土志·卷下·物产．清光绪三十二年抄本．

④(清)武丕文等采编，(清)甘桂森等纂修．云阳县乡土志·卷下·商务．清光绪三十二年抄本．

⑤[英]威廉·吉尔著，[英]亨利·尤里编，曾嵘译．金沙江．北京：中国地图出版社．2013年7月．第67-68页．

⑥[英]英理循著，张皓译．中国风情 风土．北京：国际文化出版公司．1998年7月．第22页．

⑦(宋)欧阳修、(宋)宋祁等撰．新唐书·卷四十·志第三十·地理四·山南道·忠州．北京：中华书局．1975年．第1029页．

⑧(明)刘大谟、(明)杨慎等纂修．嘉靖四川总志·卷九·郡县志·重庆府·土产．明嘉靖二十四年刻本．

⑨(清)蔡毓荣修，(清)龚懋熙纂．康熙四川总志·卷二十一·土产附·重庆府．清康熙十二年刻本．

⑩(清)佚名纂修．乾隆忠州志·卷二·土产．民国二十一年抄本．

⑪(清)常明等修，(清)杨芳灿、谭光祜等纂．嘉庆四川通志·卷七十四·食货志十三·物产一·忠州直隶州．清嘉庆二十一年刻本．

⑫(清)吴友篪修，(清)熊履青纂．道光忠州直隶州志·卷四·食货志·物产．清道光六年刻本．

现在，沿江两岸会随时出现一些舒适的小村落，其中一个小村落距离虎滩大约有24英里，石宝寨场因显著而独特的石宝寨而名声显赫，石宝寨的英文名叫Precious Stone-Castle。石宝寨高出石宝寨场这个村庄200英尺左右，石宝寨顶部有一座佛寺，可通过贴着石壁建造的九层宝塔内部的木梯攀登到达。石宝寨位于长江左岸的一个河湾里，行船经过石宝寨时，其最引人注目的景观便可一览无余。

注补：

石宝寨：道光《忠州直隶州志》载"玉印山，在州东九十里大江之北，一名石宝山，石凌空，四遭如削，形如累累之印，无路可上。乾隆初年土人创建岑楼，盘石若谷，贯铁索于壁，攀援而跻，历年久远。嘉庆二十四年贡生邓洪愿等更新旧制，楼冠山巅，游人轿转螺旋，不事依附之劳，直达最高顶上。上有阑若殿，前一穴，春夏之交时出气，可瞩目于咫尺间。殿后翠竹千竿，清泉寒冽，斗室内祀东岳神，神座后即《通志》所载米石在焉。石后平坦如坻，俯瞰江流，风景最为明媚。国初谭逆踞以梗化，又名石宝寨"[①]。《巴船纪程》载同治时期"一石拳立江岸，高数十丈，四面无坡沱；土人依岩建飞楼九层，入梯而登，始连山巅。上有古寺，幽篁古木，翳然苍翠"[②]。《行川必要》载"石宝寨"在"北岸"，"下南漕水船行此处不必落湾，上南漕水望内防浅"。[③]光绪初《丁治棠纪行四种》载石宝寨"寨奇绝，屹立江介，一石作成，四面壁削。上流望之，如囷仓，如花瓶，又如巨蜡烛。上建寺，围粉墙。下起层楼，依岩叠上，通径路，楼尽即寺门。高十余仞，顶圆长，广五亩许。寺外无余地。下流回望，寨形又变，如衙署之照墙，避贼可容百十人，为长江第一奇景。明秦良玉曾驻兵御贼"[④]。《峡江图考》载石宝寨位于"石宝寨场"，位于长江"北岸"，"有石岩如笋，直耸数十丈，上建庙宇九层"。[⑤]清末英国人丁格尔逆江而上考察时载"石宝寨"为"奇宝寨"，谓"奇宝寨""有著名之山，高二十五英尺至三百英尺，山顶有道观"。[⑥]《成都通览》载清末忠州石宝寨"大石壁立江心，上建一亭，凡九层，有路可上。对岸为西界沱司，系入石柱厅之要路，寨石名四方山，远望如囷，近则方扁，高数十丈，顶平，有泉眼，教匪之难，人于此避兵"。[⑦]

①（清）吴友篪修，（清）熊履青纂．道光忠州直隶州志·卷一·山川．清道光六年刻本．

②（清）洪良品．巴船纪程．不分卷．清光绪十七年上海著易堂铅印本．

③（清）贺缙绅、即罗缙绅．行川必要．不分卷．光绪四年刻本．

④（清）丁治棠著．丁治棠纪行四种．成都：四川人民出版社．1984年7月．第6页．

⑤（清）国璋撰．峡江图考·下册·夔府至重庆水道程途．清光绪二十七年上祥袖海山房书局石印本．

⑥［英］丁格尔著．丁格尔步行中国游记．上海：商务印书馆．1925年10月．第14页．

⑦（清）傅崇矩编．成都通览　下．成都：巴蜀书社．1987年7月．第389页．

忠县石宝寨(原书插图)

美国人张柏林拍摄的清末忠县石宝寨[1]

① 蓝勇主编.重庆历史地图集.北京:星球地图出版社.2017年1月.第226页.

清末石宝寨[1]

石宝寨场当地有个神奇的"流米洞"传说,和古希腊伊索寓言中《生金蛋的鹅》类似。《石宝寨流米洞》:从前,石宝寨顶部的一个石洞中会有米粒流到石洞下面一个盆子似的石洞中,米的流量刚好能将盆子一样的石洞装到满足僧侣们每日所需,这一福利持续了多年,直到有一天僧侣们想获得更多的米,将流米的洞口在原有基础上凿大了两倍。自此之后,流米洞不再流米了。

注补:

流米洞:道光《忠州直隶州志》载"米石,在州东石宝寨,相传石穴有米出其中,可饭一僧。僧嫌孔小,凿大,米绝"[2]。《东归录》载同治时期流米洞的传说为"石宝寨中有寺,寺有井,井眼日出米,供僧爨,后因寺僧掘井,求多米,遂不复出"[3]。清末英国人丁格尔逆江而上考察时载流米洞故事谓"相传古时有洞,日出米粮,适供观中道士,其中有一道士,广其洞,冀多得而竟渺矣"[4]。

生金蛋的鹅:古希腊伊索寓言中的一则小故事,大意是"有个人养了一只鹅,这只鹅能够生出美丽的金蛋。这个人靠着鹅生出的金蛋很快富裕起来,但是他并不满足。他一直在想,鹅为什么能生出金蛋?想来想去,他认为鹅肚子里一定有金子。他想一下子占有全部的金子,就把鹅杀掉了,结果发现它与别的鹅完全一样。他贪婪地希望得到更多的财富,却把小的利益也失去了",该寓言讽刺了"杀鸡取

① [日]伊东忠太著,王二贵等译.手绘清朝(第2卷).太原:山西人民出版社.2015年10月.第85页.

② (清)吴友篪修,(清)熊履青纂.道光忠州直隶州志·卷二·古迹.清道光六年刻本.

③ (清)洪良品.东归录.不分卷.清光绪十七年上海著易堂铅印本.

④ [英]丁格尔著.丁格尔步行中国游记.上海:商务印书馆.1925年10月.第14页.

卵”是愚蠢的行为。[1]

船只继续前行,将石宝寨抛于船尾之后。从石宝寨到忠州,还有18英里的艰难航道需要跋涉。枯水期,这一江段充满了阻碍,行船非常困难。穿过这一密布杂乱无章礁石的江段,需要一整天的艰苦努力。在约半英里长或者稍微短一点的纤绳的尽头,纤夫们正全都四肢着地,全力以赴地拖动船只。此时他们都汗如雨下、声嘶力竭地呼喊着拖船的号子,然而船只却只在激流中缓慢地向前挪动。

最终,忠州还是出现在了地平线上,这座小城的地理位置极佳,四周为陡峭的山坡所环绕,山坡上,由于到处都是优美的竹林而显得四季青翠。

注补:

忠州:忠州“地接巴渝,江达夔巫,控山带水,为东川襟喉”,忠州城为“古巴国地,汉为临江县治,梁周隋唐皆仍之,宋因度宗潜藩,升为咸淳府,移治黄华洲,以附郭为龙渠县治,以州治为临江县治,元至元二十一年仍复州治”。[2]同治《忠州直隶州志》载同治时期忠州“州城面江枕山,东南与西南半壁石壁峭立,高数百丈不等,西北与东北半壁,以石垒之,高数十丈不等,周五里三分,共九百五十四丈。明以前无考,洪武十四年知州王谦、守御千户陶璋修筑。天启六年知州马易从补修,为门五:上南曰听清,下南曰怀宾,西南曰怀忠,正北曰修政,正东曰修文。国朝因其旧,然历有补修。康熙间于东北添设一门,曰黄龙,城外有井甘洌,北城居民赖之,井曰黄龙,门故以名。道光间于西北设一门曰金水,初名白鹤,城之外亦有井,甘洌,足济州人,名白鹤,门故以名,后知州曹廷燮更名金水。其城因山高下不一,其为池也不能注水,然亦有濠,各去城根一二丈不等”[3]。《峡江图考》载忠州在“北岸”,“背山面江,山林青翠”。[4]《成都通览》载清末忠州城,“在江左,有四贤堂,祀刘晏、陆贽、李吉甫、白居易”[5]。《中国省别全志·四川省》载忠州城位于长江“左岸”,距离重庆247.5千米,“江左有四贤堂”。[6]

---

①[古希腊]伊索著.伊索寓言.杭州:浙江教育出版社.2016年7月.第39页.

②(清)吴友篪修,(清)熊履青纂.道光忠州直隶州志·卷一·地舆·城池.清道光六年刻本.

③(清)侯若源、(清)庆徵修,(清)柳福培纂.同治忠州直隶州志·建置志第二·城池.清同治十二年刻本.

④(清)国璋撰.峡江图考·下册·夔府至重庆水道程途.清光绪二十七年上祥袖海山房书局石印本.

⑤(清)傅崇矩编.成都通览 下.成都:巴蜀书社.1987年7月.第389页.

⑥[日]东亚同文会编,李彬、万健、高润译.中国省别全志·四川省.北京:中国文史出版社.2020年8月.第129页.

忠州码头插画（原书插图）

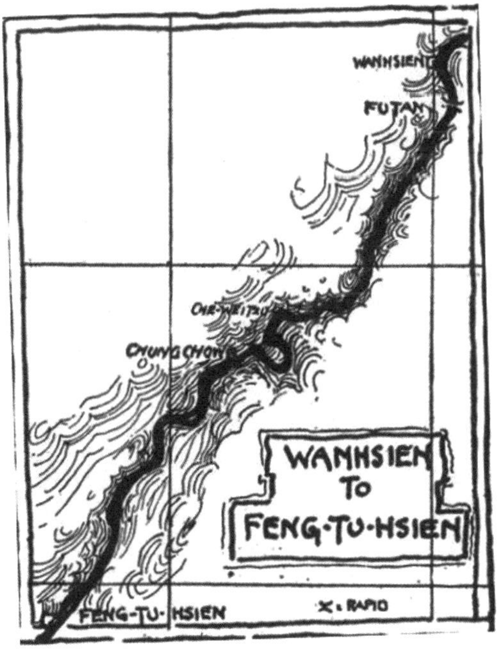

万县到丰都县航道图(原书插图)

从忠州到羊渡溪是另外一段约14英里长的、乏味难行的航程，羊渡溪则是下一个泊船地点。羊渡溪是从忠州到羊渡溪这段艰难航程的终点站，羊渡溪及其周边是介于三个辖区之间的“三不管”的无人地带，这三个辖区的坏蛋都集中在这里。如果游客在此停泊过夜的话，他应该在睡觉的时候都睁着一只眼睛警惕着周围，同时把霰弹枪上膛放在身边。

注补：

羊渡溪：亦作洋渡溪、阳渡溪、羊渚溪、羊肚溪。道光《补辑石柱厅新志》载“大江东下厅界，仅有洋渡溪、沿溪、西界沱三岸口”。[①]《巴船纪程》载同治时期阳渡溪“其地负山面江，西肆隶忠州，东肆隶石柱厅，中隔一山涧，乃越谷渡溪”[②]。《行川必要》载“羊肚溪”在“南岸”，“忠州、石硅、丰都三交界之处，新场至此三十里，上至花岭十五里”。[③]《峡江图考》载羊渚溪在“南岸”，“石柱界场”，“石柱由此进山”，“羊肚溪”系“忠州、石柱、丰都三交界之处”。[④]《成都通览》载清末羊渡溪“属石柱厅，与丰都犬牙相错”[⑤]。《中国省别全志·四川省》载羊渡溪位于长江“右岸(东)”，距离重庆215千米。[⑥]1942年，“洋渡溪划归丰都县”，后又划归忠县，现属忠县。[⑦]

在忠州这个令人愉快的城镇上游不远的地方就是铁门坎，英文名叫Iron Doorstep，铁门坎是南竹坝这一砂石岛最前面的一个河汊，船员们多非常畏惧这一河汊，如果江上正在吹下行风时试图通过这一河汊会更加危险。在无风的天气里，船要通过这个河汊需要借助结实的纤绳，纤绳的一头绑牢在岸边的岩石上，一端拴绕过靠近前甲板的桅杆而与巨大的绞盘相连，然后小心地操作巨大的绞缆盘，船只才会在纤绳的拉动下缓慢前行。过了羊渡溪后，船只开始侧行前进，纤绳随之被拉到其长度的极限，在巨大的拉力下开始嘎吱作响，直到最后，伴随着可怕的“砰”的一声，纤绳断了，船只就飞快地向对岸冲去。五十个赤膊的长江之子在船老板和工头疯狂的激励下竭尽全力摇动巨大的船橹，船老板和工头拿着湿拖把在那些想要偷懒的船夫的裸背上抚爱般的轻轻敲打，敦促他们使出全部力量。如果船只不幸，未

① (清)王槐龄纂修．道光补辑石柱厅新志·卷一·地理志第一·山水．清道光二十三年刻本．

② (清)洪良品．巴船纪程．不分卷．清光绪十七年上海著易堂铅印本．

③ (清)贺缙绅、即罗缙绅．行川必要．不分卷．光绪四年刻本。

④ (清)国璋撰．峡江图考·下册·夔府至重庆水道程途．清光绪二十七年上祥袖海山房书局石印本．

⑤ (清)傅崇矩编．成都通览 下．成都：巴蜀书社．1987年7月．第388页．

⑥ [日]东亚同文会编，李彬、万健、高润译．中国省别全志·四川省．北京：中国文史出版社．2020年8月．第129页．

⑦ 石柱县志编纂委员会编．石柱县志．成都：四川辞书出版社．1994年4月．第259页．

能越过这一小小的恶流和近岸漩涡，灾难就会降临，因为稍远点的下游便有一片礁石正等着失控船只。

注补：

铁门坎：亦名铁门滩，《行川必要》载"铁门坎"在"北岸"，"上水有顺风，船可过河；无风，即当停泊待风"。[①]《峡江图考》载铁门坎在长江"北岸"，"中、平、小水行此，大水行南岸下浩，河中即南竹坝，上水有顺风方可渡河，无风即当停泊"。[②]《成都通览》载清末铁门滩"甚险，河中为南竹坝"[③]。《中国省别全志·四川省》载铁门滩位于长江"江中"，距离重庆202.5千米，系"有危险滩"。[④]

下行风：顺江而下的江风。

长江之子：即船夫，亦作"打张"。

工头：作者所说的工头，其实只是领唱棹歌——号子的船夫。

在铁门坎附近鹅卵石浅滩上淘金（原书插图）

铁门坎仅是众多危险的河汊中的一个，如果不能越过这些危险河汊中的漩涡和对面的回流，则意味着灾难会在下游一点降临到这一船只上。当船只通过这些河汊的时候，游客应该一直保持警惕并准备好随时跳河逃生。

①（清）贺缙绅、即罗缙绅．行川必要．不分卷．光绪四年刻本．

②（清）国璋撰．峡江图考·下册·夔府至重庆水道程途．清光绪二十七年上祥袖海山房书局石印本．

③（清）傅崇矩编．成都通览　下．成都：巴蜀书社．1987年7月．第388页．

④［日］东亚同文会编，李彬、万健、高润译．中国省别全志·四川省．北京：中国文史出版社．2020年8月．第129页．

船只在安全渡过铁门坎后，驶过9英里较为舒适平稳的江段，就将游客带到了芭折梁。这里，河流两岸低矮绵长的礁石延伸至江心。要穿过这些从长江左岸延伸到江心的礁石，只有一条航道可供航行者们选择，这就给当地的领江提供了应聘引水过滩的机会。只要看到当地领江是如何巧妙地调动船只穿过礁石间狭窄的航道，就会知道雇佣当地领江是非常物超所值的。缺少经验的领江很难通过如此狭窄湍急的航道。当地领江扭动船只穿过如此狭窄湍急的航道，却怎么也损害不了船体，这是很让人不可思议的。

注补：

芭折梁：亦名巴折梁、笆折梁，《峡江图考》载巴折梁在长江“北岸”，“小水险，上水，中平水走此险，坡上有家长，可以雇放此梁，不过七八百文”，“笆折梁，滩石如笆折，布满江心，深浅不定，春秋冬三季水极浅，上下船只均有搁浅之虞”。[①]《峡江图考》所谓“家长”即指的是“驾长”，即《行川必要》载“上水船头主事者为撑船，拿舵者为打杂；下水船头主事者为搬梢，拿舵者为放船，均名之曰驾长”[②]。

消除芭折梁的困扰后，丰都县城——丰饶之都映入了眼帘。丰都县城位于一片低洼的河滩上。县城后面，是陡峭的山坡。丰都县城经常遭遇洪灾，1870年的大洪灾导致其部分城区遭到洪水毁坏。洪灾后，洪水水位线上面安全距离外的山坡上，一个地点被选中以便建设新城。完整的城墙、城门、衙门等都建好了，但不知何故，人们发现新城址经常闹鬼，他们便选择将房屋建在老城址上，不管他们的家被冲毁多少次，他们也总是坚持将房屋建在老城址上。可能他们终究还是正确的，偶尔一次凤凰涅槃，才造就了中国的一个完美世界。

丰都是一个著名的朝圣之地，丰都城后树木葱郁的平都山，英文名叫Mount of Heaven。平都山山顶，有一个供奉阎王爷的庙宇。当地传说，阎王爷将一个少女从她的婚礼上掳走，并将她作为自己的妻子。庙宇里，这个少女的尸骸依旧穿着衣服，并且戴着面具，坐在阎王殿里这位阴天子的左边。

注补：

丰都城：光绪初《丁治棠纪行四种》载丰都城“城二：新城移住山阿，有衙署书院，民房数楹，寥落似无居人，咸丰年大水后新建也，老城平布沙洲，朱甍碧瓦，照曜城郭。中耸重楼如洋行，西门外街甚夥，城后条山远来，直趋江畔，陡削如笔架，下

---

①（清）国璋撰．峡江图考·下册·夔府至重庆水道程途．清光绪二十七年上祥袖海山房书局石印本．

②（清）贺缙绅、即罗缙绅．行川必要．不分卷．光绪四年刻本．

开平阿，老城在焉。临江太逼，较涪、合两州尤低，置新城，预为避涨地也”[①]。光绪《丰都县志》载光绪中期“丰都石城，明天顺中知县柴广筑，高二丈，周六百丈，门五，东南曰宣化，东曰迎恩(一名守智)，南曰会川(一名馆驿)，西曰阳和，北曰屡丰。又别辟门四，以便樵汲，曰东水门、西水门(今闭)、小东门(今闭)、小西门。弘治中知县李毅明绅重修。国朝乾隆五十三年，江水涨浸，城塌半。嘉庆元年教匪之乱，知县杨燮募修。十八年知县方宗敬重缮，始置埤堄。咸丰四年，滇匪警，城岁久就坍，知县吴锦铨募修，未完，以事去，十年六月江溢入城，塌二百丈有奇，会川门将圮。八月，锦铨复任，葺完，始易堞以砖，又附城置空心炮台六。同治三年，城又塌百丈有奇，宣化门将圮。六年，署知县田秀栗筹资完葺，更增堞五百六十六雉，以慎封守。九年，毁于水。光绪三年，署知县陆镕复加葺缮”，“丰都县城，前俯长江，峻坂不可以池，江水以为池可耳。后枕高山，形似胜矣，然而山高且逼，连亘三面，下瞰城郭，纤毫呈露，动静可觇，火器可及，虽有炮台，岂利仰攻？有城守责者，盖于山以外图之”，“新城在治西三里许，同治十一年知县马佩玖筑，垒石为垣，周六百七十六丈，高二丈余，次丈六七尺，堞一千二百六十二，门四，曰东作，曰西成，曰南化，曰朔易，各有楼，别辟水门二，是年四月迁治，民不便。光绪三年署知县陆镕复葺旧治，徙还，新城今渐废”。[②]《峡江图考》载丰都县城在长江“北岸”，“城北靠山有小河沟，凡水大发时，须防此沟水涨不能渡人”。[③]《游蜀后记》载丰都“县城旧多水患，后改建新城于旧城之西，然市井贸易仍在旧城，居新城者盖寥寥焉”[④]。《成都通览》载清末丰都县城“城在山根，水涨易淹。丰都山上有空城一所，为居民避水之处”[⑤]。《蜀游闻见录》载清末民初“丰都实有二城，下城在山之麓，县治及各公益所在，均设城中，面临大江，交通便利。上城在山之巅，仅有庙宇数处，居民房屋甚稀，余均为耕种地。缘下城与江略近，夏秋间倘遇大水，灌及城垣，即将县治等移入上城暂避，此数十年仅见之事也。据云，上城昔有阴王二仙，在山得道，后人立庙祀之，称为阴王二仙殿，久之以讹传讹，截去二仙两字，迳称为阴王殿，更于两厢增设十王殿，如刀山、油锅、奈河桥诸现象，于是种种讹传，遂不可究诘矣”[⑥]。《中国省别全志·四川省》

①(清)丁治棠著．丁治棠纪行四种．成都：四川人民出版社．1984年7月．第4页．

②(清)田秀栗、(清)徐浚镛修，(清)徐昌绪纂，(清)蒋履泰续纂．光绪丰都县志·卷二·营建志·城池．清光绪十九年刻本．

③(清)国璋撰．峡江图考·下册·夔府至重庆水道程途．清光绪二十七年上祥袖海山房书局石印本．

④(清)吴焘．游蜀后记．抄本．见：李勇先、高志刚主编．巴蜀珍稀交通文献汇刊·第九册．成都：成都时代出版社．2016年12月．第175页．

⑤(清)傅崇矩编．成都通览 下．成都：巴蜀书社．1987年7月．第388页．

⑥徐心余著．蜀游闻见录．成都：四川人民出版社．1985年5月．第25页．

载清末丰都县城位于长江“北岸”，距离重庆185千米，“山上建有空城，为夏季避暑之地”。[①]

平都山：西人蒲兰田等喜欢译作天子山，如其在《川江航行指南》即译作“天子山”，亦称名山。《巴船纪程》载同治时期“望城北一山，不甚高峻，磴道梯空，云雾冥濛，篁木森布，幽壑中有白烟如练，冉冉上升，就视不见。隐隐闻钟梵声，殿宇玲珑幽邃，阴风飒然，闻有地狱变相，如吴道子所画者。山半有寺，寺中有井，相传井底即地狱。土人烧纸钱投其中，为鬼赎罪。寺僧削竹为刑杖，以供用，每岁一易，往往闻敲扑声”[②]。《东归录》载同治时期洪良品过丰都时“望平都山，与白鹿山峰峦相接，林木邃茂，山顶有五云洞”[③]。光绪初《丁治棠纪行四种》载平都山“尖方斜长，如狮象崛立。脉由城后山来，叠落复起，名丰都山。殿宇随山层布，丹碧焜耀，顶层为阎罗天子殿，山半建九蟒御史庙，塑泥蟒缠殿柱，鳞甲欲动。又肖地狱变相，烧、煮、锯、磨、毒刑俱备。茂林围绕，有亭翼然，名二仙亭。凿眢井，下通九幽，纸钱飞下，若有摄之者”[④]。光绪《丰都县志》载光绪中期丰都县“平都山，治东北一里，石径萦纡，林木幽秀，梵宇层出。旧志谓平都福地，紫府真仙之居，汉仙人王方平、阴长生炼形于此，侣仙麻姑过之，皆有留题，则沿道书附会之说也”[⑤]。《成都通览》载清末丰都县“平都山有丰都庙，自城隍殿起至天子殿共有四十八处。有武庙，联云：‘孔门未见之刚者，孟氏难言此浩然。’五云洞侧有穴，俗人谓之为冥府。此山乃王、阴二仙得道处，后人附会其事，将王阴改为阴王，故阴王殿后之清虚阁联云：‘世俗好奇，妄将洞府为冥府；山灵有幸，联得仙人作主人。’上第一层有二仙对弈像，王质坐斧旁观像，匾曰：‘何时收局。’联曰：‘环俗事于满盘，只是空盘更好；兆争心于一动，何如不动为高。’又联云：‘胜负于今无定局；神仙自古好居楼。’”[⑥]《游蜀后记》载丰都县“城东一山挺出，林木深秀，为丰都城隍庙香火最盛，俗传为阴阳分界者，乡里之谈也”，“县旁平都山，道书所谓七十二福地是也，山顶有阎罗殿、阴阳分界、各土地庙，又有古井，俗云下通地狱”。[⑦]《千古三峡》载“平都山因苏轼‘平都天下古名山’

---

①［日］东亚同文会编，李彬、万健、高润译．中国省别全志·四川省．北京：中国文史出版社.2020年8月．第129页．

②（清）洪良品．巴船纪程．不分卷．清光绪十七年上海著易堂铅印本．

③（清）洪良品．东归录．不分卷．清光绪十七年上海著易堂铅印本．

④（清）丁治棠著．丁治棠纪行四种．成都：四川人民出版社.1984年7月．第4页．

⑤（清）田秀栗、（清）徐浚镛修，（清）徐昌绪纂，（清）蒋履泰续纂．光绪丰都县志·卷一·舆地志·山川．清光绪十九年刻本．

⑥（清）傅崇矩编．成都通览 下．成都：巴蜀书社.1987年7月．第388页．

⑦（清）吴焘．游蜀后记．抄本．见：李勇先、高志刚主编．巴蜀珍稀交通文献汇刊·第九册．成都：成都时代出版社.2016年12月．第175-176页．

之句改称名山，名山主殿天子殿建于唐代，历代相沿，内塑大小神像、鬼卒一百三十多尊，天子爷爷、天子娘娘、六曹官员、四大判官、十大阴帅俱全，生死轮回的十八层地狱阴森可怕，在主殿附近，形成一个庞大的建筑群体，如报恩殿、大雄殿、玉皇殿等，还有奈何桥、三十三步梯等。从行仪规范和景观信物上，整个名山都缭绕着善有善报、恶有恶报，劝戒世人行善的轮回转世烟云"[①]。

民国时的丰都县[②]

平都山是颁发"升天路引"的地方。"升天路引"这一奇妙的文书，需要在阎王殿购买，每份需要一美元。"升天路引"允许持有者不论生前功过即可升入天堂。但是，这是很好理解的，"升天路引"必须盖有阎王殿住持的专用章及当地官员的官印，此外还得盖上北斗七星君的七星印，这都是"升天路引"发挥效力的必要条件。

去阎王殿路上遇到的另一件有趣的事物是一个又大又圆"无情石"，英文名叫 Heartless Stone，当地称为"星辰墩"。星辰墩由两部分组成，上名"心神铁"，下名"铁灵根"。心神铁位于一个圆形的铁盘中，铁盘中间是一个乳突，也是石质的，即铁灵根，高出铁盘18~24英寸。围绕铁灵根将心神铁旋转到铁灵根顶部，看起来足够简单，心神铁看起来也非常容易被举起来，但当有人试图将心神铁搬起来的时候，它就会变得非常沉重。当地中国人说搬动心神铁时，心神铁会有感应，从而不会使搬动者的心愿得逞。无论如何，心神铁在它这一尺寸大小下已经显得极为沉重了，不懂得技巧的人几乎都不能将其放到铁灵根顶部。

注补：

无情石：即星辰礅，亦名心身镫、心身等。当地经常以星辰礅考验丈夫对妻子的忠诚，若能够将心神铁置于铁灵根之上，便说明丈夫对妻子很忠诚，若不能将心

---

① 蓝勇主编．千古三峡．福州：福建人民出版社出版发行．2003年6月．第105页．

② 蓝勇主编．长江三峡历史地图集．北京：星球地图出版社．2015年9月．第250页．

神铁置于铁灵根之上，则说明丈夫不够忠诚，乃是无情之人，是铁石心肠之人。星辰礅均为铁质，原作中蒲兰田将其写作“石质”是明显有误的。民国时期卫惠林的《丰都宗教习俗调查》载“心身镫——一名心身等，在星主殿门外左侧，为一铁镫。一为方形嵌地中，中心有半球形凸起处，一为圆形铁块，上有把手，下有凹入圆涡，与地下之凸起处相柄凿”，《丰都宗教习俗调查》亦载“心身镫”旁“壁间有石碑，碑文作非常玄虚之说”，但碑文摘录不全，认为石碑所载“心身镫”的相关故事“丰都人似乎不大注意，普通信此物是唐尉迟敬德，在此监修庙时，为练腕力，铸下来的东西，通俗则相信能将此物衲合可以医治心病”。[①]范明三在《苗族服饰研究》一书对卫惠林《丰都宗教习俗调查》中摘录不全的壁间石碑碑文进行了全文摘录，该石碑系清朝光绪四年（1878年）由好山道人撰文，对星辰墩做了极为玄妙的解说，明显具有道家借物阐道之义，碑文全文如下：

平都山星辰等辨（等与礅通，不书礅而书等者，王、阴二真人等人上船也）。客有问余曰：“平都山铸铁等二，俗呼星辰等，然欤？”余曰：“误矣！吾尝闻于清来道人曰：‘星辰者，心神也，此物上名心神铁，下名铁灵根。昔有真人飞升于此，铸法相以示后人，透玄关者，本命中天星主，许步天梯朝玉皇，赴王母蟠桃会，接连庙宇石梯，寓有深意。’”客闻言肃然起敬曰：“窃闻玄关一窍，得其一，万事毕，胡为铁等二也？”余曰：“一而二，二而一也。《中庸》曰：‘其为物不贰。’胡不曰‘其为物一’，而必曰‘不贰’者？贰而不贰也。”客曰：“敢问铁灵根何义也？”曰：“命根也，道根也。丹书指为天根也。其坚如铁，故曰铁也。称以灵者，知进知退，能屈能伸，通玄窍，识天时，玩月华，知雨至，运周天河，车御风而行，灵妙莫测也。”客曰：“心神铁亦有说乎？”余曰：“神三宝中物也。道家取坎填离，全凭神力。一阳陷于坎宫，群阴外护，妖魅惑人：或观天台仙子，或现月窟嫦娥，心一不坚，神即失也。其曰铁者，炼心为铁，神住心忘，万物皆空，一神独灵。神光一出，百祟潜踪，深入不毛，夺回真宝，直如探囊取物，所谓铁石心肠者，殆其人欤？”客曰：“二物隐示玄机，何等珍贵，置诸泥土，毋乃亵乎？”余曰：“土居河洛中宫，道书曰黄庭，又曰神室，戊巳会合之地也。戊土藏于坎宫，生兑金而产铅，坎为水，水中金乃真金也。巳土为离宫之物，震木藏焉。离为火，木火通灵而成真汞。汞去迎铅，铅来投汞，均入中宫，配合夫妇，此为丹室，真人生身处也。铸法相而不离土者，自道受炁之初，欲人寻觅其处，会合戊巳，孕育婴儿，炼成丈六金身，破天门而游蓬岛，属望后人，至真切也。”客曰：“法相上圆下方，明明乾坤配偶，必借人力周旋而后合者，岂谓长男生于东土，少女产于西川，必借黄

① 卫惠林.丰都宗教习俗调查.见：李文海主编.民国时期社会调查丛编·宗教民俗卷.福州：福建教育出版社.2004年12月.第306-337页.

婆牵引，乃得鸾凤和鸣乎？”曰“然”。曰“然，则是物也，三才俱备，包孕无穷，请君详说，以度痴迷”。曰“已露天机过半矣，子修德以俟之”。客不言而退。[①]

《四川省丰都县地名录》载星辰墩“位于大雄殿旁边，以生铁铸成，形状如农家石磨，阴阳各一，上下重约五百余斤。相传系唐朝尉迟恭奉勒建寺时所制，以此练武之用。后来又传为，心底正直的人才能将阴阳两块旋合，心邪奸诈的人怎么也旋不上、合不稳”[②]。

从丰都逆江而上4英里，长江河道变得略显狭窄。在高水位时期这里存在一个可怕的险滩——观音滩，英文名叫Goddess of Mercy Eapid。夏季洪水泛滥时，观音滩是非常危险的，水位太高的时候，过往船只往往需要在滩的上游停泊好几天，等待水位降低以后才敢放船过滩。“蜀通”号轮船是第一艘在洪水期水位高涨时企图通过观音滩的轮船，结果可想而知，她付出了代价，证明了轮船在洪水期根本敌不过观音滩的大漩涡。大漩涡抓住“蜀通”号后，将其像纸做的风筝一样舞动旋转，最后“蜀通”号不情愿地被抛在大佛面这一礁石附近搁浅了，大佛面的英文名叫Buddha Face Reef，说起来也奇怪，她几乎没有受伤。在经历了许多艰难与困苦并被重新启动之前，她被搁置在这片礁石上长达四十个昼夜。在此期间，这片礁石高出了快速下降的水位线30多英尺。

注补：

观音滩：《行川必要》载“观音滩”在“北岸”，“上大水险，船用纤箮二合，谨防巨浪”。[③]光绪《丰都县志》载“观音滩，治西十五里，江水满时，船上下俱险；旧志谓险冠全蜀；明万历间巡按御史李时华凿以利行舟，黄辉为作《平险记》”[④]。《峡江图考》载“观音滩”在“北岸”，“大水险极，水太大，应泊此候，以防蚕背梁上水，大小水皆走此”，“观音滩，夏大水极险，漕口甚窄，水急浪高，上水船最易倾覆”。[⑤]《成都通览》载清末观音滩“下游七里地名白沙沱，有人户，可泊”[⑥]。《中国省别全志·四川省》载

---

① 范明三、杨文斌、蓝采如著．苗族服饰研究．上海：东华大学出版社．2018年5月．第238-239页．

② 四川省丰都县地名领导小组编．四川省丰都县地名录．四川省丰都县地名领导小组编印．1984年5月．第384页．

③ (清)贺缙绅、即罗缙绅．行川必要．不分卷．光绪四年刻本．

④ (清)田秀栗、(清)徐濬镛修，(清)徐昌绪纂，(清)蒋履泰续纂．光绪丰都县志·卷一·舆地志．山川．清光绪十九年刻本．

⑤ (清)国璋撰．峡江图考·下册·夔府至重庆水道程途．清光绪二十七年上祥袖海山房书局石印本．

⑥ (清)傅崇矩编．成都通览　下．成都：巴蜀书社．1987年7月．第388页．

清末观音滩位于长江“北岸”，距离重庆180千米。①

佛面滩：《行川必要》载“大佛面”在“北岸”，“上满架大水，船至此不必停泊，如漕内难行，外石鼻水未退出，即当停避”。②光绪《丰都县志》载“大佛面滩：治西，上连观音滩，江水满时，船上下俱险”③。《峡江图考》载“大佛面”在“北岸”，“大水险”，“大佛面滩险”。④

“蜀通”号轮船被高高地“晾”在佛面滩的礁石上(原书插图)

在低水位时期通过大佛面和观音梁时，这里的江水看起来如此平静。很难想象，在高水位时期江水在这里是如此湍急险恶。高水位时期，“观音滩”这个称呼与当地江水的湍急险恶总是那么不相称，“鬼釜滩”这个名称可能还更切合实际一些。任何遭遇不幸破裂后随波逐流的船只上的船员，在这里都需要祈求观世音菩萨善良地搭救，祈求观世音菩萨将他们带过这些可怕的漩涡从而到达一个安全的避难所，因为水下参差不齐的礁石随时可能将他们的船底撕碎。

从丰都逆流而上到涪州大约有30英里，需要两天的行程。这段行程在低水位时期，大部分路段都是能较方便地通行的。但是，在中等水位和高水位时期，这段

①［日］东亚同文会编，李彬、万健、高润译．中国省别全志·四川省．北京：中国文史出版社．2020年8月．第129页．

②（清）贺缙绅、即罗缙绅．行川必要．不分卷．光绪四年刻本．

③（清）田秀栗、（清）徐濬镛修，（清）徐昌绪纂，（清）蒋履泰续纂．光绪丰都县志·卷一·舆地志·山川．清光绪十九年刻本．

④（清）国璋撰．峡江图考·下册·夔府至重庆水道程途．清光绪二十七年上祥袖海山房书局石印本．

路程非常艰难且充满危险。白浅滩是丰都到涪州这段长长的旅途的转折点，当巨大的礁石差不多和江水齐平时，白浅滩是行船最难且需要绕行的地方。和尚石在涪州城下游3英里处，在川江水位达到中等水位时，这里有一个汹涌的险滩，特别是当长江的巨大支流——龚滩河洪水泛滥时，和尚石附近到处是巨大的漩涡。任何喜欢紧张刺激的人，都可以在和尚石附近被巨大的漩涡困住的小船上感受到真正的紧张与刺激。漩涡会硬拖着他的小船“愉快地”转圈儿，试图将其拖入它的漩涡中心并将其颠倒过来。这就像是蜘蛛和苍蝇之间的角力，每根神经都必须紧绷起来，保证船行在漩涡的外围，为最终冲出漩涡重回航道努力，而不是冲进漩涡的中心，那样会有去无回。

注补：

白浅滩：亦名“百牵滩”。同治重修《涪州志》载“百牵滩，治东五十里，江半涨益险，设有救生船；按《方舆纪胜》以舟行至此，牵挽维艰也”①。《峡江图考》载“白浅”在长江“北岸”，“一连三滩，大水险，与花滩对”。②

和尚石：《行川必要》载“和尚石”在“南岸”，“上南漕水有顺风，船可过河，无风就此行大南漕水，外梁现出一丈，船用大缆三合，大水内难行，即当扎水”，所谓“扎水”即“谓前程险滩难行，行船停避以待水平”。③《峡江图考》载“和尚石”在长江“南岸”，“大水险，上水走此险，与群猪滩对峙”。④

涪州是一个位于长江右岸的相当大的城市，地处长江与其主要支流——龚滩河交汇处，龚滩河适于当地船只通航至龚滩，龚滩是四川省东南靠近贵州省的一个城镇。

注补：

涪州：同治重修《涪州志》载咸同时期，因“李永和起叙州”，涪州当地“邑绅令谋”请求重修涪州城，于是“姚公许之”，于是“众心踊跃”，“视旧而少扩十之一”，修筑过程中先挖掘“粪壤六七尺，真土出，乃下石，石必方长五尺，渐上而杀，止三尺，合以灰”，最后修筑而成的涪州城“城高二丈五尺，周回五千六百五尺，城上可并马驰”，“睥睨九百三十四，门五，炮台五，高等城门楼五，费缗二万四千四百有奇”，清

---

①（清）吕绍衣等修，（清）王应元、（清）傅炳墀纂．同治重修涪州志·卷一·舆地志·山川．清同治九年刻本．

②（清）国璋撰．峡江图考·下册·夔府至重庆水道程途．清光绪二十七年上祥袖海山房书局石印本．

③（清）贺缙绅、即罗缙绅．行川必要．不分卷．光绪四年刻本．

④（清）国璋撰．峡江图考·下册·夔府至重庆水道程途．清光绪二十七年上祥袖海山房书局石印本．

末民初涪州城由“水城”“外城”两部分构成。[①]光绪初《丁治棠纪行四种》载涪州城“俄而楼阁参差，蜂房水涡，则涪州城也”[②]。《峡江图考》载“涪州”在长江“南岸”，“小河夹峙，龚滩河至此合大江”。[③]《游蜀后记》载涪州“四面皆高山，大江中贯，州治据南岸，因山为城，烟火万家，亦剧邑也”[④]。《成都通览》载清末涪州“在江右，黔江河至此合流。有盐局、土税、邮政各局。入酉阳者自此转江，为楚、黔、川三省要害，名小重庆”[⑤]。《中国省别全志·四川省》载清末涪州位于长江“南岸”，距离重庆120千米，“右岸与黔江交汇”。[⑥]

龚滩河：亦名“涪陵江”“乌江”“彭水河”“黔江”。同治重修《涪州志》载“涪陵江在城东”[⑦]。光绪初《丁治棠纪行四种》载涪州城“小河出城右，名彭水河，一名龚滩河”[⑧]。《蜀游闻见录》载清末民初乌江上的船只“与外江不同，船尾向左旁斜扭，所以避急浪也”，乌江上“如滂、复二滩及磨盘等滩，已足汹涌骇人”，“最险之羊角碛，在十里外即闻滩声，滩长五六里，中间山石纵横，星罗棋布，船须曲折循行，一触石上，立成齑粉。区区一舟，纤索至五百余人，号叫多时，仅移半步，竭全日之力，方将险度过”。[⑨]《中国省别全志·四川省》载清末涪州长江“右岸与黔江交汇”[⑩]。

龚滩：同治增修《酉阳直隶州总志》载龚滩镇在州西“百八十里”[⑪]。《中国省别全志·四川省》载清末民初“龚滩在酉阳直隶州管辖之内，距州城陆路90华里；前往秀山，经酉阳、龙潭有210华里；前往黔江，经酉阳、两河口、濯河坝有390华里；前往彭

---

①（清）吕绍衣等修，（清）王应元、（清）傅炳墀纂．同治重修涪州志·卷三·建置志·城池．清同治九年刻本．

②（清）丁治棠著．丁治棠纪行四种．成都：四川人民出版社．1984年7月．第4页．

③（清）国璋撰．川行必读峡江图考·下册·夔府至重庆水道程途．清光绪二十七年上祥袖海山房书局石印本．

④（清）吴焘．游蜀后记．抄本．见：李勇先、高志刚主编．巴蜀珍稀交通文献汇刊·第九册．成都：成都时代出版社．2016年12月．第175页．

⑤（清）傅崇矩编．成都通览 下．成都：巴蜀书社．1987年7月．第388页．

⑥［日］东亚同文会编，李彬、万健、高润译．中国省别全志·四川省．北京：中国文史出版社．2020年8月．第129页．

⑦（清）吕绍衣等修，（清）王应元、（清）傅炳墀纂．同治重修涪州志·卷一·舆地志·山川．清同治九年刻本．

⑧（清）丁治棠著．丁治棠纪行四种．成都：四川人民出版社．1984年7月．第4页．

⑨ 徐心余著．蜀游闻见录．成都：四川人民出版社．1985年5月．第51-52页．

⑩［日］东亚同文会编，李彬、万健、高润译．中国省别全志·四川省．北京：中国文史出版社．2020年8月．第129页．

⑪（清）王鳞飞、（清）张秉堃修，（清）冯世瀛、（清）冉崇文纂．同治增修酉阳直隶州总志·卷四·规建志·市镇．清同治三年刻本．

水县城有180华里，水路150华里。自黔江县流淌而来之黔江(唐岩河)与自贵州省而来之乌江交汇后，再稍往北流与自贵州省务川县南而来之洪渡河相交汇，此地即位于其交汇之处右岸。夹黔江之干流，街区前方即为贵州边界上海拔1000尺之悬崖，城后有峡峰直插云霄”，“街道依大溪谷底而建”，“街道虽只有一条，但其间人户稠密，虽街道并无太大高低差，然有些地方乃是凿开岩角而过。因要安放房屋基石，路面少见小凹凸”。房屋主要是吊脚楼，东亚同文书院学生调查后描绘这些吊脚楼“房屋面向下游，右侧仅依靠一点空地，按照一般之建筑方法，先于四方铺上基石，其上安放柱子，因其左侧即为河流，故房屋仅一端与地面相接”。吊脚楼采用柱子加以支撑，当时调查的东亚同文书院学生认为这些吊脚楼“房屋状态极为危险，一旦柱子朽坏，其可能瞬间落入翻滚逆卷之激流中。此地房屋高度未有相似之例，平房少见，3层之屋居多，不外乎此地年年涨水深达20丈并非罕见之事，为免受水患之害而已至此”。据东亚同文书院学生调查，清末民初龚滩“人口约为28 045人”，“居民以农民最多，其次为商人”，此地富豪中“盐商占其大部”，“然自涪州利用黔江水利而来之四川盐必到此地换船运往贵州，或陆路经由西阳运送至湖北各地，故此地常有盐船聚集，因此地为盐商往来之要冲”，龚滩“各家各户均备有洋灯、煤油，即是拜盐商所赐”，商业繁荣，“交易之大宗物品为巴盐、桐油、漆等”，亦有海外“洋品、杂货”销售，繁荣的商业使得外来人口众多，会馆众多，其中陕西会馆在碧霞宫，江西会馆在万寿宫。①

长江与黔江(今乌江)交汇处的涪州城(原书插图)

---

①［日］东亚同文会编，李彬、万健、高润译．中国省别全志·四川省．北京：中国文史出版社．2020年8月．第76-78页．

法国人拉蒂格拍摄的20世纪20年代的涪州城李渡①

在龚滩河上航行的船只主要是“歪屁股船”，英文名叫Crooked Sterns，他们当然是长江上最奇特的一类船只，船体扭曲得非常明显，船尾的甲板几乎垂直于船头的甲板。如同阿奇博尔德·约翰·立德乐在其富有趣味性的《扁舟过三峡》一书中谈到这些“歪屁股船”时所描述的那样：“它正像是一个巨人手中拿了一艘普通的船以后，将其从中部拧弯了一样。”船尾歪着，较高的地方架设一条长长的木质大梢，驾长在一个高得离奇的建筑上得以操作这把大梢，控制航向。这个高得离奇的建筑建在船的中部，类似于一个航行驾驶台。“歪屁股”船奇特建造方法的最初用意充满了神秘色彩，无人知晓。现在，当地的造船大师和造船工人都给出了各种各样愚蠢的理由，最流行的一种说法是只有“歪屁股船”的这一形制才能应付龚滩河的激流。但是仁怀河，英文名叫Ren-hwei-ho，航行其上的船只与龚滩河上的“歪屁股”船相比，除了“歪屁股”外，其余尺寸、形制都一样，仁怀河与龚滩河非常类似，实际上也可以说是龚滩河的复制品，它也是长江的一条支流。

注补：

歪尾船：亦名“厚板船”，也称“歪屁股船”“涪州船”“歪勾子船”，即用厚重的木板所造的船。早期厚板船主要用枫香木建造，头尾高翘，尾部歪向右方，距离船底有四五米高差，一般载重800担，主要在涪州长江段和乌江上航行。歪尾船的船型大小差异很大，大的可以载重40吨，小的只有五六吨。沃斯特将大型厚板船分成两种类型，即厚板屁股和黄鳝屁股，一般要用16个纤夫，但还有一种小型的歪屁股

① 蓝勇主编.重庆历史地图集.北京：星球地图出版社.2017年1月.第225页.

船，只有大船的三分之一。[1]武尔士的《长江激流行——法国炮舰首航长江上游》载歪尾船“传为向一边翘起，用一只巨大的桨来作船舵。这样，把舵的人被抬高了，更能看清前面的路，把起舵来也更加确定”[2]。《峡江图考》载涪州“小河船身歪斜，俗名歪屁股”[3]。《蜀游闻见录》载清末民初乌江上的歪尾船“其船与外江不同，船尾向左旁斜扭，所以避急浪也”[4]。《中国省别全志·四川省》载清末民初乌江上的歪屁股船“大半为盐船，其构造颇为奇特，一眼望去有如龙骨已损之状，然实际颇为坚固，不弱于可通三峡之船。其船体奇特之处在于，其右舷船尾近乎垂直于水面，其上部有1根粗壮圆木，其一端在船中部楼上，由舵手操纵，另一端则远离船体在后方水中，舵手在楼上摇动即可轻松控制船首方向，如此非同寻常之设备，应是凭多年经验于不知不觉间将力学融进实际运用之中所制”；清末民初沱江支流亦用歪屁股船在荣溪流域运盐。[5]

仁怀河：即“赤水河”，亦名“大涉水”“鳛部水”“安乐水”“安乐溪”，赤水河系长江上游重要支流，古称“大涉水”，晋为“安乐水”，唐名“赤虺水”“安乐水”，明清为赤水河，有的河段称“齐郎河”“仁水”“之溪”“习部水”等，是目前长江上唯一一条自然流淌的一级支流。[6]乾隆《合江县志》载“安乐溪在县西南，自仁怀流入，即古大涉水也”[7]。同治《合江县志》载“安乐溪，古大涉水也，又为赤水，一名之溪，源出芒部，自贵州赤水河经仁怀厅，入合江境”，“按此水《汉志》名大涉水，《水经》名鳛部水，《水经注》名安乐水，《水道提纲》名赤水，《名胜志》名之溪，《寰宇记》名安乐溪，其实皆自仁怀厅入县之一水而诸书异名也”。[8]民国《合江县志》载“赤水河者，古大涉水也”，“自贵州赤水县属之甲子口入境，流五里至富家坳场，隔岸为赤水县城，又流经

① 蓝勇.近代川江木船主要船型流变及变化原因研究.四川大学学报(哲学社会科学版).2018年第4期.第14-28页.

② [法]武尔士著，曹娅、赵文希译.长江激流行——法国炮舰首航长江上游.重庆：重庆出版社.2019年6月.第75页.

③ (清)国璋撰.峡江图考·下册·夔府至重庆水道程途.清光绪二十七年上祥袖海山房书局石印本.

④ 徐心余著.蜀游闻见录.成都：四川人民出版社.1985年5月.第51-52页.

⑤ [日]东亚同文会编，李彬、万健、高润译.中国省别全志·四川省.北京：中国文史出版社.2020年8月.第174-177页.

⑥ 张铭、李娟娟.赤水河在“南方丝绸之路”中的支柱意义研究.贵州文史丛刊.2017年第1期.第93-101页.

⑦ (清)叶体仁修，(清)朱维辟纂.乾隆合江县志·卷四·山川.清乾隆二十七年刻本.

⑧ (清)杨致道纂，(清)瞿树荫等续修，(清)罗增垣等续纂.同治合江县志·卷六·山川志.清同治十年刻本.

铃铃滩、二郎滩、和尚滩、湾滩、筲箕滩而至车辋场，又流经黑蛮滩、丁滩、水离滩（旧志作水碓滩）而至先市场，又流经杵滩、香炉滩而至实录场，又流经拖弓滩，至密溪场，又流经灌湾，至三江嘴，鳛水河自南来注，又流许入大江”。[①]20世纪90年代《合江县志》载“赤水河古称大涉水，《水经注》称安乐水，唐名赤虺河，《太平寰宇记》宋元称安乐溪，《名胜志》称之溪，《水道提纲》名赤水河，俗称仁怀河，现通称赤水河”[②]。

涪州河（即乌江）上的“歪屁股船”（原书插图）

从涪州出发，沿着巨大蜿蜒的鹅卵石沙碛前行一两天，船只即将游客带到了浪漫而精巧的长寿城。沿途低矮的岩石堤岸后面，是精耕细作的坡地，这些坡地位于崎岖高峻的丘陵之上。长寿城位于一座名为凤山的高山顶上，从长江上仰望，长寿城几乎隐藏了起来。长寿城城区通过码头可与长江保持通畅往来，当地码头的英文名也叫Waterside Village，位于一个风景如画的峡谷谷口。浓厚的封建气息，依旧萦绕在长寿城上空，与长寿城有关的大量神话传说依旧在流传。其中较为显著的一个神话传说颇具《天方夜谭》的特色。从前，有一个叫长寿的贵族治理了当地整整100年，从那时起这个县城就叫长寿县了。长寿是一个英勇的武将，他有一个令其感到非常骄傲并且他也很疼爱的女儿。当地的许多名门望族，都对她垂涎三尺。他们尝试一切办法与女孩儿的父母讨价还价，以图与之联姻，可是，没有一人能够成功。随着时间的推移，哎，这个女孩儿生病后逐渐苍白虚弱起来。她的父母很是焦虑，但不知道他们女儿出现这一情况的原因是什么。于是他们召集城里的

① 王玉璋修，刘天锡、张开文等纂.合江县志·卷一·舆地篇·水道.民国十八年铅印本.

② 合江县志编纂委员会编纂.合江县志.成都：四川科学技术出版社.1993年12月.第78页.

老巫婆们来给她治病,她们都未能使这个女孩儿的病情得到好转,倒是加剧了女孩儿父母的忧伤。女孩儿的母亲怀疑是某种邪恶力量在影响她的女儿,于是反复地询问女儿,最后,女儿才承认一个叫木鱼的妖精化作一名男子,于每晚午夜都来接近她。女孩儿的父亲非常愤怒,比他的妻子更加怀疑她女儿的话,于是他穷尽办法,秘密搜寻木鱼,但无论远近都没有人叫木鱼。女孩儿的母亲咨询了她所知晓的所有圣人后得到了启示,她女儿每天晚上的访客不是别人,正是阴木鱼,阴木鱼居住在长江一条小支流河口附近一个显而易见的石头里,这条支流在长寿县城下游不远的地方与长江交汇。听到这些,女孩儿的父亲着手拆毁这个石头,他雇用了一些泥瓦匠用钢钎和铁锤将这个石头劈成了两半,突然人们定睛一看,大量血液从石头中喷涌出来,人们就这样了结了这个只是犯了小错误的木鱼的性命。自此以后,世代称这条支流为木鱼溪,溪口的沙碛名为木鱼碛,就是取自木鱼的名字。

注补:

长寿城:《巴船纪程》载同治时期长寿城"县城居山顶,高峻入云"①。光绪《长寿县志》载光绪初长寿县城"旧有土城,濒临大江。明天顺中,知县时顺修筑,外环以濠,岁久半圮。嘉庆二年,教匪入境,城被陷;五年,知县余钰移城凤山,改建以石,八年工竣。高二丈及一丈二四尺不等,周五里有奇,计一千零六十丈。门四:迎晖、庆安、集凤、拱宸。南门炮台一,西门炮台一,西南角炮台一,均附城"②。光绪初《丁治棠纪行四种》载长寿县城"城踞山巅"③。《峡江图考》载"长寿县"在长江"北岸","县城居山顶,河街热闹"。④《成都通览》载清末长寿城"在江左之山尖,距河尚有七八里,山平"⑤。《中国省别全志·四川省》载清末长寿城位于长江"北岸",距离重庆59千米。⑥民国《长寿县志》载清末民初长寿县"居府地轴,据涪上游,水程之要津也","长寿自元末定名,明初改属重庆。天顺中知县时顺始移置铜鼓山下,濒临大江,外环以濠。万历中火,知县王来举重修。崇祯末,复毁于流寇。清康熙六年,知县吴淑衮改建。嘉庆二年,教匪入境,城被陷四年。知县余钰复移置凤山,改建以石,八年工竣,郡守石韫玉为之记,此今治之所由来也","县城三面皆高峻石岩,惟

① (清)洪良品.巴船纪程.不分卷.清光绪十七年上海著易堂铅印本.

② (清)张永熙修.光绪长寿县志·舆地部·建置卷一·城郭.清光绪元年刻本.

③ (清)丁治棠著.丁治棠纪行四种.成都:四川人民出版社.1984年7月.第3页.

④ (清)国璋撰.峡江图考·下册·夔府至重庆水道程途.清光绪二十七年上祥袖海山房书局石印本.

⑤ (清)傅崇矩编.成都通览 下.成都:巴蜀书社.1987年7月.第387页.

⑥ [日]东亚同文会编,李彬、万健、高润译.中国省别全志·四川省.北京:中国文史出版社.2020年8月.第129页.

西面地接原陆，城高二丈及一丈三四尺不等，周五里有奇，计一千零六十丈。为门四：东迎晖，南庆安，西集凤，北拱辰。今按城作椭圆形，如斜月。东门以内皆田，原师中学校四在焉。历百零八级石墱，上至西门，约四千尺。南门至北门约六千尺，内容正街，曰考棚街（从南门起第一段），曰学署街（第二段，两街原名石宝街），曰新署街（第三段），曰禹王街（第四段），曰凤岭街（第五段，直抵北门）。其实只一街横贯而已。曰大巷子（考棚街左），曰余家巷（学署街左，均上通北真观），曰邓家巷（新署街左），曰字库巷（禹王街左，均上出西门），曰观音巷（凤岭街右，下林庄，通东门）。余如黄家巷（石宝街右）、轿巷子（新署街右），皆不通大路。只韩家坝右有下林庄大路。外有炮台三。又按长寿本一山城，地势高亢，河身洼下，故在舟中仰望，若在山岭。其实西、北两方，虽冈峦起伏，而大势平衍，直达垫、梁。以形胜言，固俨然重庆第二门户也。自来据重庆者，必以重兵扼守长寿，进攻者亦必争之。民国十五年来，无岁不战，兵额愈增，而民生益凋敝不堪矣”。[①]

凤山：光绪《长寿县志》载“凤山，即今县治，高十余丈，周数里，四周盘石，形如飞凤，故名，八景首载凤岭春色是也；《名胜志》一名白虎山”[②]。民国《长寿县志》载“凤山，即县治所在，山脉由菩提山过狮子山，夭娇而来，周八里，东南绕桃溪，西南临大江，四周盘石，形如飞凤，故名；《名胜志》一名白虎山，北山即其支阜”[③]。

《天方夜谭》：亦名《一千零一夜》，“是一部规模巨大的阿拉伯民间故事总集”，“是古代阿拉伯人民智慧的结晶，是世界文学中一颗耀眼的明星。千余年来，它以丰富的想象、奇妙的构思、曲折的故事吸引着一代又一代的人，对后世的文学产生了重要影响”，其中“一千零一”“并不是具体的数目，而是形容非常多，里面大约有二百多个故事”。因明代后期国人通常称阿拉伯国家为“天方国”，而且阿拉伯人也喜欢在晚上聚会、聊天，故而该故事集得名为《天方夜谭》。[④]

木鱼溪：根据蒲兰田所叙述的这个传说，木鱼溪即指的是今天的龙溪河及其支流焦家河，具体指今天的焦家河及其汇入龙溪河后龙溪河下游至长江的河段，木鱼碛即位于龙溪河与长江交汇处。在清末及民国时期，因焦家河唤作新河沟，龙溪河唤作龙溪，所以清末民初木鱼溪主要是指新河沟及其汇入龙溪后龙溪河下游至长江的河段。《长寿县志》载焦家河的支源在罗围乡的木鱼村木鱼口，后向东南流入龙溪河，全长17.2千米。[⑤]《四川省长寿县县地名录》载“罗围公社”“木鱼大队”系因

---

① 汤化培等修，李鼎禧纂．长寿县志·卷二·地理部第二．民国十七年石印本．

②（清）张永熙修．光绪长寿县志·舆地部·舆地卷二·山．清光绪元年刻本．

③ 汤化培等修，李鼎禧纂．长寿县志·卷二·地理部第二·山脉．民国十七年石印本．

④ 赵春霞编译．一千零一夜．天津：天津古籍出版社．2004年1月．前言．第1页．

⑤ 四川省长寿县地方志编纂委员会编纂．长寿县志．四川人民出版社．1997年10月．第95页．

“境内木鱼垭口”得名，而“木鱼垭口”系“山垭旁有一似木鱼的大石”得名。[①]光绪《长寿县志》载“龙溪，治东十里，古名容溪。其源有二：一出梁山县西南五斗山之桂溪，南受出垫江县西北之清水，又南为龙溪，流至高滩河；一出新宁县，受梁、垫、忠诸小水，入涪州之北境大内江，高滩河水合流，入县境之徐家渡，经冷水溪、双河桥、乐温滩等地，流入大江”[②]。民国《长寿县志》载“新河沟”“有二源，其正源出治东五十里之李氏桥，在焦家场东十二里；向西南流过文家大桥、白岩寨之西北麓，直穿井沟，过华头寨东南；又过焦家场东南，至二郎滩；其支源出治东三十五里之马鞍山坎下，在太平场东五里；向南流过雷家桥，直穿雷家沟；至陈家沟入涪陵境，仍东南流过上水碾，至癞子洞入龙溪；由李氏桥至陈家沟，约流三十里；自陈家沟至入龙溪处，长十里，为涪陵境；宽一丈五尺，天久不雨，其水乃涸”。“龙溪”“一名容溪，上源曰桂溪，出梁山县西南三十里之五斗山”……“过乐温山南麓为乐温滩，又西南流过乐温桥、天星桥至癞子洞八里，入涪陵境，有新河沟自西北来会，在涪陵境内约长一里，复入本境但渡场界，为桐木洞”，“又西南流过梅家岩东南麓，至白渡子，五里有南秋河自东来会，石倒河自西来会”，“又西南流三里，为临渊滩。过但渡场南为但渡子。又西南流至龙王庙坎下十五里，为下青烟洞。入复元场境，瀑布悬岩，水声闻十余里。又折而南流为高粱溪，此处置有官渡。又绕梅子坡而西至走马岭南麓五里，为官渡口；又西流过小河边，至龙溪口，五里入大江”，“溪面广狭不等，由吴家沱至新滩河，宽六七丈，由新滩河至下青烟洞，至龙溪口，宽仅四五丈；龙溪源远流长，惜乎水势湍急，险滩恶石不下数十处，平流之水少有至十里者。最险莫如跳鱼岩及上下青烟洞，悬岩数十丈，不通舟楫。惟春夏水涨时，间有小船在青烟洞以下装运薪炭”，可见龙溪在清末民初时仅有青烟洞以下河段通行小舟。[③]

木鱼碛：位于长寿城下游2千米左右的长江北岸，位于龙溪河与长江交汇处，长达1千米左右，呈纺锤状，系一卵石碛坝，与长江南岸钓鱼咀相对，因木鱼碛形成了木鱼滩。《行川必要》载“木鱼碛”在“北岸”，“上南漕水船扯漕内，小南漕水扯碛外”。[④]《峡江图考》载“木鱼滩，大水最险”，木鱼碛尾有桓侯庙。[⑤]当枯水期水位降到3米以下时，木鱼碛全部露出，河床变窄，水流归槽，主流靠向右岸。此时，右岸

① 四川省长寿县地名领导小组编．四川省长寿县地名录．重庆通信学院印刷所（文字印刷）、重庆市印刷二厂（封面图片印刷）、四川省测绘局（地图印刷）印刷．1986年7月．第101页．

② （清）张永熙修．光绪长寿县志·舆地部·舆地卷二·川．清光绪元年刻本．

③ 汤化培等修，李鼎禧纂．长寿县志·卷二·地理部第一·河流．民国十七年石印本．

④ （清）贺缙绅、即罗缙绅．行川必要．不分卷．光绪四年刻本．

⑤ （清）国璋撰．峡江图考·下册·夔府至重庆水道程途．清光绪二十七年上祥袖海山房书局石印本．

突出的钓鱼咀占去了枯水河130米的宽度，使300多米的枯水河床骤然变窄，形成了激流险滩，上下行船，左要避浅，右要避险，既要防止在北岸木鱼碛搁浅，又要防止在南岸撞到钓鱼咀上。①

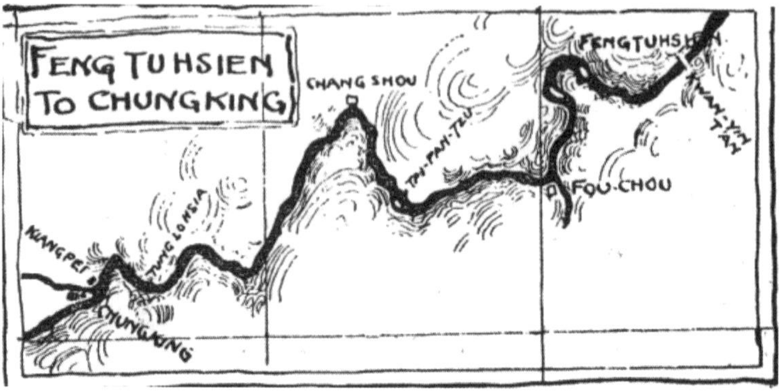

丰都县到重庆的航道图（原书插图）

法国人拉蒂格拍摄的20世纪20年代的长寿城码头②

从长寿出发，在持续一两天的航行后，旅客就能到达重庆。在低水位时期，这段航程中仍然有一个险滩，即野骡子滩，英文名叫Wild Mule Rapid，当出现迎面而来的顶头风时，野骡子滩是最难以应付的险滩。在高水位时期，铜锣峡，英文名叫Brass Gong Gorge，则是较难应付的，在这里需要应对大量波涛汹涌的激流。因此，直到抵达唐家沱前，人们不能非常确定这段航程是否顺利。唐家沱是紧邻铜锣峡

① 朱南华、陈凤云．川江钓鱼咀险滩的整治及其泡水治理．水道港口．1987年第1期．第1–6页．

② 蓝勇主编．重庆历史地图集．北京：星球地图出版社．2017年1月．第225页．

上游入口的一个辽阔平静的回水湾，被阿奇博尔德·约翰·立德乐恰当地命名为“重庆锁匙”。

注补：

野骡子滩：亦名骡子沱。《行川必要》载“野骡子滩”在“北岸”，“上枯水行船至此，有顺风过河上行，大水凶险，行船小心”。[①]《峡江图考》载“野骡子”在长江“北岸”，“大小水险，上水，大小水皆走”，“野骡子，四季水急，冬更甚，上水过此，岸上有路挽缆”。[②]《成都通览》载清末骡子沱在唐家沱下游15千米，乌羊镇下游7.5千米，“上游有乌龟石、鲊人坑诸险滩”。[③]

铜锣峡：道光《重庆府志》载“铜锣峡，府东北四十里”，铜锣峡有铜锣关，“峡长五里许，两岩峭壁摩天，峡口石壁间凿有拦江铁锁孔眼，乃渝州水路最要之门户也；明洪武初讨蜀廖永忠引舟师至铜锣峡，明升出降；昔人又于此设官榷税，江心石上旧镌‘水榷’二字，大水最险”。[④]同治《巴县志》载“铜锣峡，《通志》县东二十里，以今道里考之，实四十里；明洪武初讨蜀廖永忠引舟师至铜锣峡，明升出降即此；昔人曾设官榷税，乃渝州水路第一门户，夏秋大水最险”[⑤]。《巴船纪程》载同治时期洪良品入铜锣峡时“目见一铜罗汉像在岩石间，盖土人铸以供养者，望烟起峡外，乃蜀人依山铸铁，盖峡山实产铁云”[⑥]。《东归录》载同治时期铜锣峡“峡去重庆府东二十里，悬岩临江，下有圆石，如铜锣悬挂；明初廖永忠平蜀，引舟师至铜锣峡，夏明升出降于此”[⑦]。民国《巴县志》载“铜锣峡，《一统志》云悬岩临江，下有圆石，如铜锣状；曹学佺《名胜记》云铜锣峡以水声响似之，是涪、岷水合处，峡有关，冯时行葬其上，有圆石高悬，是铜锣得名一形一声，有二说矣；《明史》廖永忠引舟师至铜锣峡，明升出降；洪良品《巴船纪程》云张献忠攻重庆，巴县令王锡逆战于铜锣峡，是峡亦战时一隘塞也”[⑧]。

唐家沱：《行川必要》载“唐家沱”在“北岸”，“下枯水可靠船”。[⑨]《峡江图考》载“唐家沱”在长江“北岸”，“设厘卡，场市数十家，上水纳厘，下水验票”，“唐家沱距江

---

① (清)贺缙绅、即罗缙绅．行川必要．不分卷．光绪四年刻本．

② (清)国璋撰．峡江图考·下册·夔府至重庆水道程途．清光绪二十七年上祥袖海山房书局石印本．

③ (清)傅崇矩编．成都通览 下．成都：巴蜀书社．1987年7月．第387页．

④ (清)王梦庚修，(清)寇宗纂．道光重庆府志·卷一·舆地志·山川．清道光二十三年刻本．

⑤ (清)霍为棻、(清)王宫午修，(清)熊家彦纂．同治巴县志·卷一·疆域志·川．清同治六年刻本．

⑥ (清)洪良品．巴船纪程．不分卷．清光绪十七年上海著易堂铅印本．

⑦ (清)洪良品．东归录．不分卷．清光绪十七年上海著易堂铅印本．

⑧ 朱之洪等修，向楚等纂．巴县志·卷一·疆域下·江．民国三十二年刻本．

⑨ (清)贺缙绅、即罗缙绅．行川必要．不分卷．光绪四年刻本．

北城三十里”。[1]《成都通览》载清末唐家沱“有税卡在岸，场市数十户，下水验票，上水抽厘”[2]。《中国省别全志·四川省》载清末唐家沱位于长江“北岸”，距离重庆15千米，“有税关”。[3]

从唐家沱开始，船员绕着马蹄形的长江航道平稳愉快地航行8英里左右，就可到达大佛寺，大佛寺的英文名叫the Great Bhudda。在大佛寺这里做一个短暂的停留是必要的，船老板可以借此机会向大佛表示自己的敬意与感恩，这也是所有船老板进入重庆港前不约而同的习惯。旅客们可能也会对大佛心存感激，特别是当他和他的财物在到达重庆后都没有被江水损害的情况下更是如此。伟大的长江龙王已经对他够好了，通过一顿猪肉做成的美食，感谢全体船员与纤夫，显得很合时宜。

注补：

大佛寺：重庆市南岸区因大石佛而得名的佛寺，前有一沱，名大佛沱，清末民初为往来行船进入重庆后的重要停泊之地。《峡江图考》载“大佛寺”前有“大佛滩”，“大佛滩，夏水涨有滩”。[4]《成都通览》载清末大佛沱“在岸南，有大石佛，为夏邹兴所凿”[5]。《中国省别全志·四川省》载清末大佛沱位于长江“南岸”，距离重庆2.5千米。[6]民国《巴县志》载“观音碚南岸有大石佛，明夏督察院邹兴所凿也”[7]。大佛寺因当地大石佛而命名，大石佛系明玉珍部将邹兴所凿，温玉成认为大佛寺石刻造像是我国唯一可确认的元末明教造像，又是我国唯一可确认的农民义军政权的造像，历史意义重大。[8]释惟贤认为明夏时期因窍角沱下游滩多流急，行船经常在此触礁沉没，任职于都察院的邹兴奉明玉珍之命在江畔石壁凿释迦牟尼佛，左右立阿难、迦叶两侍者。凿大佛的用意乃在于祈佛保佑往来船只平安。另有“刻佛镇妖”之说，谓对岸江北人头山上经常有魂怪出没，故凿大佛以镇妖孽。大佛高7.5米，肩宽2.4米，底部宽3.2米。两脚分开端坐，左手平放膝上，右手做说法印，披袈裟，袒右

①（清）国璋撰．峡江图考·下册·夔府至重庆水道程途．清光绪二十七年上祥袖海山房书局石印本．

②（清）傅崇矩编．成都通览 下．成都：巴蜀书社．1987年7月．第387页．

③［日］东亚同文会编，李彬、万健、高润译．中国省别全志·四川省．北京：中国文史出版社．2020年8月．第129页．

④（清）国璋撰．峡江图考·下册·夔府至重庆水道程途．清光绪二十七年上祥袖海山房书局石印本．

⑤（清）傅崇矩编．成都通览 下．成都：巴蜀书社．1987年7月．第387页．

⑥［日］东亚同文会编，李彬、万健、高润译．中国省别全志·四川省．北京：中国文史出版社．2020年8月．第129页．

⑦ 朱之洪等修，向楚等纂．巴县志·卷一·疆域下·江．民国三十二年刻本．

⑧ 温玉成．重庆弹子石镇大佛段明教石窟造像．四川文物．2002年第2期．第46-48页．

臂，头现肉髻，俨然佛经描绘的如来说法相。大佛面朝长江，背靠石壁，系元明之际石刻的重要代表。围绕大石佛兴建的大佛寺原系佛教十方丛林，一切建筑设计均系丛林格式。历史上香火极盛时，寺内僧人达数百人之多。清道光二十四年(1844年)曾重新培建，再度兴旺。民国前期大佛寺占地很广，三十余亩，寺中建筑有五佛殿、大雄宝殿、观音殿、玉皇殿、毗卢阁、望江亭等。佛后两侧，排列着整齐的僧房、念佛堂、禅堂等。抗战前大佛寺是重庆佛教华严学校校址，但因抗战时国民党兵工厂内迁，大部寺庙被占，经费困难，华严学校也停办了。[①]

在一个晴朗的日子，我们的船只到达重庆。灰色城墙环绕的这座雄伟城市，构筑在一个高高的岩石半岛上，显得清晰而突出。这一半岛因嘉陵江和长江交汇而形成。重庆城东南面由长江侧卫，而重庆城本身则背靠一排高度超过1000英尺的山丘。重庆城北面则由较小的嘉陵江拱卫着，对岸是重庆城的姊妹城——江北县城。长江右岸，南山上是重庆城的几处郊区，这些郊区外面，江上是巨大的弹子石和夫归石，传说禹王的母亲和妻子曾分别居于这两个巨石上，禹王即是“长江之父”。

注补：

重庆城：清末民初重庆府城与巴县城同治一地，巴县为重庆府附郭。乾隆《巴县志》载巴县城原系“周巴子故城”，当时名为江州；后“秦城巴郡，周慎靓王五年，秦将张仪即灭蜀，并执巴王以归，遂城巴，始置郡”；三国时期，“蜀汉大城江州”，“刘先主初以江夏费观为太守，领江州都督，后都护李严更城大城，周回十六里，欲穿城后山，自汶江通水入巴江，使城在孤洲上，求以五都置巴州，丞相诸葛亮以为有伤地脉，不许”；明代，“明砌重庆石城”，“明洪武初，指挥戴鼎因旧址砌石城，高十丈，周二千六百六十丈七尺，环江为池。门十七，九开八闭，像九宫八卦。朝天、东水、太平、储奇、金紫、南纪、通远、临江、千斯九门开；翠微、金汤、人和、凤凰、太安、定远、洪崖、西水八门闭”；清代，“清初补筑重庆郡城，明崇祯甲申夏六月，张献忠攻通远门，城陷；顺治三年，总督李国英驻节重庆，康熙二年补筑”。[②]《峡江图考》载重庆府城有“九门”，即“朝天、东水、太平、储奇、金紫、南纪、通远、临江、千厮”。[③]民国《巴县志》载康熙二年(1662年)四川总督李国英补筑重庆城后，“久复坍缺，谋再估修，格于不近边塞，议列缓工；乾隆二十五年，县奉藩台檄，转奉总督开泰令，改列急工

---

① 释惟贤．大佛寺记．见：中国人民政治协商会议重庆市南岸区委员会文史资料研究委员会编．重庆南岸文史资料(第三辑)．1987年11月．第73-77页．

② (清)王尔鉴修，(清)王世沿等纂．乾隆巴县志·卷二·建制志·城池．清嘉庆二十五年刻本．

③ (清)国璋撰．峡江图考·下册·夔府至重庆水道程途．清光绪二十七年上祥袖海山房书局石印本．

修理；咸丰二年，知府鄂惠重修，九年，川东道王廷植重修；同治九年，大水，川东道锡珮、知府瑞亨、知县田秀栗补修；民国十年，杨森为重庆商埠督办，主撤临江门，发展城郭间交通；十五年，潘文华长市政，建筑马路，宏廓码头，朝天、太平、南纪、通远等门悉行撤废”[①]。《游蜀后记》载重庆城“因石壁为城，周十二里，高踞山巅”[②]。《成都通览》载清末重庆城“为通商大埠，华洋商货萃集。甲午后日本租界立焉，近来英、法均驻有领事与日本相抗。存电、邮、土药、银元各局，小学堂亦多。街市均坡路，地高，水贵，街窄，人稠。对面为江北厅。出煤、铁、片烟、铁器。川东道驻渝，有洋关。万舟排列，广船最多，有外洋之小兵轮，近又有川商自立之小轮船已开行矣”[③]。《蜀游闻见录》载清末民初重庆城为“水陆交冲，中外通商地也。商务之盛，多荟萃于下半城。外人居留地，则在隔江之对山。渝城有十三门，以商务交通故，城门多近江干，惟城北之通远门，为入省陆行大道，在上半城之正中，较下半城渐趋冷淡，而风景之美丽则过之”[④]。清末民初东亚同文书院学生调查认为重庆城“既是四川头号商业地区，亦为长江沿岸首屈一指之商埠”，其城墙周长约为8千米，“长江沿岸设五座城门，嘉陵江沿岸为四座”，一般情况下午后五时关闭城门，次日上午六时再开门。[⑤]实际上包括这些经常开闭的九座城门，重庆城共有十七座城门，九开八闭，象征九宫八卦，在明初筑城时即已经固定下来。同时东亚同文书院学生调查的“长江沿岸设五座城门，嘉陵江沿岸为四座”是明显错误的，因为“开九门中，朝天、东水、太平、储奇、金紫、南纪六门临长江，临江、千斯二门临嘉陵江，通远门与陆路相连。朝天门在城东北，东水门在正东，太平门在东南，储奇门、金紫门、南纪门在南，通远门在正西，临江门、千斯门在北”[⑥]。《中国省别全志·四川省》亦载清末重庆府城“地处长江与嘉陵江之交汇处”，“人口大致应在40万左右”，“其地形似半岛，东南北三面为江水所环绕”，“其街区位于距江面100～150英尺之崖上，因此道路高低起伏不一，甚至凿刻岩石以作石阶之处也并不少见”，“重庆城区长江一侧对岸，山势险峻，西洋各公馆多建于山腹之中，法国水兵俱乐部以及留华西洋人别墅均位居风景秀丽之处，山崖之下水流较缓且较深之处则是列国炮舰停泊码头”，“太

① 朱之洪等修，向楚等纂．巴县志·卷二·建置上·治城．民国三十二年刻本．

②（清）吴焘．游蜀后记．抄本．见：李勇先、高志刚主编．巴蜀珍稀交通文献汇刊·第九册．成都：成都时代出版社．2016年12月．第174页．

③（清）傅崇矩编．成都通览 下．成都：巴蜀书社．1987年7月．第387页．

④ 徐心余著．蜀游闻见录．成都：四川人民出版社．1985年5月．第26页．

⑤［日］东亚同文会编，李彬、万健、高润译．中国省别全志·四川省．北京：中国文史出版社．2020年8月．第16页．

⑥ 重庆地方史资料组编，邓少琴等编著．重庆简史和沿革．1981年6月．第119-120页．

平门乃是本商埠第一之码头，渝州商行多位于该门附近白象街，以招商、大坂、太古、怡和等商行为主”，“街区除第一、第二大街外”，其余街区都较为狭窄。清末民初重庆因系开放口岸，“可见到各类外国商店及较大规模之洋式建筑，成都又难以望其项背”，街道上的交通工具仍然以轿子为主，但作为四川唯一开放口岸，仅日、英、美、法、德等五国200人左右长居于此，与汇集了二十八国人的上海差距较大。清末民初，重庆可以通过长江、嘉陵江等水路与成都等巴蜀内地及宜昌、武汉等长江下游地区联系；陆路方面，重庆与成都有三条联系大路，最为繁盛的是经永川、隆昌、资州至成都的东大路，第二条是经由璧山县、遂宁至成都的大路，第三条是过璧山县、遂宁，经由太和镇、新都至成都的大路，亦有经过长寿的沿江大道通向万县、云阳，经綦江的渝黔古道通向贵州。[①]清末民初的重庆城“市街狭窄陡峭，石阶铺道，阶梯上成日挤满了来往运送水或商品的苦力；重庆处长江两岸之间的连通并不便利，这一河段在夏天江浪翻涌，因此又被当地人称作寸滩，通常情况下，过江需要耗费1个小时”[②]。

江北县城：道光《江北厅志》载“厅自分驻，未建城垣，嘉庆三年，教匪扰及厅境，署同知李在文集居民兴筑土城，东北依山，西南傍水；岷江、问津二门每当夏涨，不时淹没，其完者亦就倾圮；道光十三年署牧高学濂爰集绅耆，劝谕合属粮户，一体捐助兴修，甫经集事鸩工而高牧旋以卓荐卸篆，适邑宪福珠朗阿奉檄回任，集绅合议，檄详上宪，踵事兴工，历十九月而告竣；其城垣计五里七分，周围量长一千零一十一丈，地势依山高下围绕，正南濒水一面则高至三丈有奇，正西及东北一面石脚颇高，则砌石一丈三四五尺有奇，城心宽一丈及八九尺有奇，内外俱用三尺长石磴排连丁砌，周围开建八门，西北曰金沙，正西曰保定，西南曰觐阳，正南曰汇川，东南曰东升，曰问津，正东曰文星，北曰镇安，各门内外卷硐计深二丈一尺及一丈不等，硐空高一丈三尺及六七尺不等，修建城楼八座，各门建设堆卡，又因觐阳门城外一带均系河岸，水势泛涨，城脚复修砌护堤二层，计长一十六丈五尺，宽一丈，高一丈八尺；镇安门右手起抵文星门城外山高，易于俯视城内，左右共设炮台四座，以上各工核计总共用银三万八千五百两有奇，是役也，福宪首先倡捐，士民等输将恐后，其经收督工绅士始终其事，不惮勤劳者则教职黄云衢，文生颜思恭、熊赋林、黄为缃，贡生

---

①［日］东亚同文会编，李彬、万健、高润译．中国省别全志·四川省．北京：中国文史出版社．2020年8月．第16-21页．

②［英］唐纳德·曼尼著，赵省伟编，彭金枝、栾晓敏译．西洋镜：一个英国风光摄影大师镜头下的中国．广州：广东人民出版社．2018年4月．第104页．

李国型，武生姚孔园、黄裕藻，监生李正芳、从九、龙建章也”[①]。《游蜀后记》载“江北厅依山为城，与府治中隔一江，即西汉水入大江处，城内有香山寺”[②]。清末民初江北厅城的基本结构依旧与道光末期相近，“觐阳门”附近有“正街”“桅杆”，“横街口”“通保定、金沙二门”，“书院街口：通文昌宫、汛官衙署”，“水沟口”“通会川门”，“老米市：在断牌坊下，今市移城隍庙”；“会川门”附近有“林家巷街：上抵升平街”；“东升门”附近有“岳家沟：上至衙门口”；“问津门”附近有“潮音街：通岳家沟”，“桂花街：通岳家沟”；“文星门”附近有“文星街：通潮音街”，“沙井街：通衙门口”；“镇安门”附近有“朝阳街”，“凉亭街：下至街门口”，“补全街口：通文庙街、书院街”；“金沙门”附近有“金沙街：通关庙横街”；“保定门”附近有“关庙街”“高脚土地街”，“放生池街”，“三山庙街：通镇安门”，“文庙街：左通衙门口，右通书院街”。[③]

弹子石：亦称诞子石。《行川必要》载“弹子石”在“南岸”，“上满架大水，势极汹涌，大小河发水尤险”。[④]《四川省重庆市南岸区地名录》载弹子石因“长江边有三石顶着一巨石，形似‘弹子’而得名”，1926年被雷击毁。[⑤]《重庆市南岸区志》则记载了诞子石产生的神话传说。禹治完了洪水，要回江州涂山，涂山女知道后，便去江边盼望，等禹归来，盼来盼去，禹仍未归，涂山女盼夫入了神，就化成了石头，这就是涂山脚下江边人们所说的“夫归石”，也叫“呼归石”。禹终于回来了，他对着“夫归石”痛哭流涕，大喊一声：“启！”石头应声而开，一个胖胖的男孩从石中滚了出来，禹抱起那可爱的孩子，给他取名为“启”，于是有人又称这石为“诞子石”，今天人们多叫“弹子石”。[⑥]蓝勇研究认为弹子石在整个清朝都是称“弹子石”，并无“诞子石”之称出现，“诞子石”的名称可能是在近几十年才经文化人演绎出来的。[⑦]但蒲兰田却记载禹王的母亲住在“诞子石”，与《重庆市南岸区志》之记载相迥异，或是蒲兰田所听闻的传说应该是禹王的母亲在“诞子石”生下禹王，故而谓之“诞子石”，这或许才是“诞子石”这一名称较早的源头。

---

①（清）福珠朗阿修，（清）宋煊、（清）黄云衢纂．道光江北厅志·卷一·舆地志·城池．清道光二十四年刻本．

②（清）吴焘．游蜀后记．抄本．见：李勇先、高志刚主编．巴蜀珍稀交通文献汇刊·第九册．成都：成都时代出版社．2016年12月．第175页．

③（清）佚名纂修．江北厅乡土志．不分卷．街市．清末王佩如抄本．

④（清）贺缙绅、即罗缙绅．行川必要．不分卷．光绪四年刻本．

⑤ 重庆市南岸区地名领导小组编印．四川省重庆市南岸区地名录．1982年5月．第22页．

⑥ 重庆市南岸区地方志编纂委员会编．重庆市南岸区志．重庆：重庆出版社．1993年5月．第782页．

⑦ 蓝勇．地名的雅化还是地名的讹呼——对历史上重庆两块江石名称演变的思考．文史杂志．2019年第6期．第21-23页．

夫归石：亦名“五桂石”，其名称较多，清乾隆、嘉庆、道光、咸丰、同治年间，“五桂石”的名称就已经广泛使用，在20世纪三四十年代形成“夫归石”“望夫石”“呼归石”“乌龟石”“鹧鸪石”并称的局面。[①]《巴船纪程》载同治时期夫归石还名为“鹧鸪堆”。[②]《东归录》载同治时期“夫归石者，谓禹导江过门不入，涂后望禹归，亦如楚山之望夫石也；石在涂山之足，俗讹为乌龟石”[③]。《峡江图考》甚至一书中前文载为“五桂石”，后文却载为“夫归石”，载清末“五桂石”在长江“南岸”，“大水走江北灌口，小水由此抛江北大行石通小河”，“下大水开船时，无论大小河发水，须投朝天门大江水路方为妥当，然亦不可太过，防败夫归石”。[④]《四川省重庆市南岸区地名录》载“相传禹治水，妻涂山氏站江中石上呼禹归来，得名‘呼归石’，谐音称‘五桂石’”[⑤]。与之相异，《重庆市南岸区志》则根据传说记载禹王妻子涂山女“盼夫入了神，就化成了石头”，即“夫归石”，也叫“呼归石”。[⑥]

禹王：即大禹，姒姓，名文命（一说禹即为名），字（高）密，亦称大禹、戎禹、夏禹，传说中的五帝之一、炎黄部落联盟首领、夏朝开创者。[⑦]在重庆，有关大禹的地名出现较早，早在《华阳国志》中就有涂山、禹王祠、涂后祠的记载。[⑧]因此后世重庆地区多有与大禹相关的历史文化遗迹逐渐被创造并流传下来，构成当地重要的大禹文化。

成百上千的各种船只，停泊在一望无尽的港湾里，目力所能及之地，处处呈现出一幅最为壮观的景象，游客便会意识到，他已经到一个大都市了。

---

① 蓝勇．地名的雅化还是地名的讹呼——对历史上重庆两块江石名称演变的思考．文史杂志．2019年第6期．第21–23页．

② (清)洪良品．巴船纪程．不分卷．清光绪十七年上海著易堂铅印本．

③ (清)洪良品．东归录．不分卷．清光绪十七年上海著易堂铅印本．

④ (清)国璋撰．峡江图考·下册·夔府至重庆水道程途．清光绪二十七年上祥袖海山房书局石印本．

⑤ 重庆市南岸区地名领导小组编印．四川省重庆市南岸区地名录．1982年5月．第23页．

⑥ 重庆市南岸区地方志编纂委员会编．重庆市南岸区志．重庆：重庆出版社．1993年5月．第782页．

⑦《巴蜀历代文化名人辞典》编委会编著．巴蜀历代文化名人辞典·古代卷．成都：四川人民出版社．2018年6月．第1页．

⑧ 蓝勇．地名的雅化还是地名的讹呼——对历史上重庆两块江石名称演变的思考．文史杂志．2019年第6期．

嘉陵江与长江交汇处的部分重庆城及江北县城，这里位于长江上游，距离海洋1400英里。(原书插图)

重庆东水门(原书插图)

重庆，中国西部最大的物资集散中心，远离海洋1500多英里。现在，一年当中至少有8个月可以从上海乘坐轮船直抵重庆了，从宜昌逆流而上，到达重庆只需要两周时间，而不是原来没有轮船时的4至5周。自从20年前阿奇博尔德·约翰·立德乐指出从宜昌到重庆可通行轮船后，我们已经取得了一些进步，到目前为止，从宜昌到重庆的这条航道运行得还算顺利，但整治这条航道的速度慢得像只蜗牛，实在令人感到羞愧。然而，中国的社会进步由于陷于各种困难和迷惘之中而进展缓慢，相应地，从宜昌到重庆的航道整治也很缓慢。

20世纪20年代的重庆主城图①

清末朝天门外沙嘴坝上的棚户②

重庆上游的长江轮船航运业，仍有潜在的发展空间。从重庆到叙府，长江水路有250英里。叙府位于长江与岷江交界处，岷江又名"府河"。从重庆到叙府的这

① 蓝勇主编.长江三峡历史地图集.北京：星球地图出版社.2015年9月.第236页.
② 蓝勇主编.长江三峡历史地图集.北京：星球地图出版社.2015年9月.第170页.

段水路，一年中至少有八个月的时间适于轻载、吃水浅的轮船航行。夏季，从叙府至嘉定的这100多英里的岷江河道也适于轮船通航。嘉定位于岷江与铜河、雅河的交汇处。甚至远至江口镇都能够乘坐小火轮抵达。江口镇，是四川省会成都30英里范围内一个重要的水运集散码头。

注补：

叙府：即今天的宜宾市，位于岷江与金沙江交汇处，号称万里长江第一城。光绪《叙州府志》载叙州府城“唐德宗时韦皋开都督府，于三江口创筑土城，三年马湖江水荡圮，徙筑江北。宋末元兵入蜀，安抚郭汉杰移治登高山，至元十三年复城于三江口，明洪武初总兵曹国公设守御千户所，增修外城，包旧城于内，砌以砖石，城高二丈七尺，厚一丈八尺，周六里，计一千八十七丈，门东曰丽阳，东之南曰合江，南曰七星（俗呼为小南门），南之东曰建南（俗呼为大南门），西曰文星，北曰武安，东南以岷江、马湖为天堑；西北凿壕，广五丈，深一丈五尺”，“乾隆二十七年，知县初元方培修并建六城门楼垛口，嘉庆十六年署知县刘元熙重修六门城楼，咸丰九年，滇匪扰叙，后增修西北两门，月城二座，又四隅炮台七座，合江门外水炮台二座，走马街护城外关一座”。[①]《蜀游闻见录》载清末民初叙州府“负山滨江，形势登阻，为川省一大商埠，本省药材，均在此设庄营运。又为云南入川要隘，前蔡松坡讨袁军兴，即由此整军待发也。所有云南运来物产，以大理石、普洱茶及宣威火腿，最为著称”[②]。《中国省别全志·四川省》载清末民初叙府城是云南、四川之交通要道，陆路可经富顺、隆昌可达重庆，水路经泸州可达重庆，经嘉定到成都，逆金沙江而上可到屏山，繁华程度与嘉定府城相当。叙府城人口四五万人，户数约8000户，城中街道由石头铺就。叙府城除府衙外，以禹王宫、夹江楼规模较大，天主堂、福音堂各有一处，教育机构仅有小学堂，因地处交通要道，因叙州府是成都平原通往云南地区之要道，云南普洱茶、白蜡等商品货物多在此集散，价格较低。[③]

府河：明万历《嘉定州志》载“江水在城东，一曰锦江，俗曰府河”，认为流经嘉定州的岷江又名“府河”。[④]武尔士的《长江激流行——法国炮舰首航长江上游》载岷江可以“叫它府河”[⑤]。清末伊莎贝拉·伯德认为“从成都府到叙府沿途，岷江被称为

---

① （清）王麟祥修，（清）邱晋成等纂．光绪叙州府志·卷八·城池．清光绪二十一年刻本．

② 徐心余著．蜀游闻见录．成都：四川人民出版社．1985年5月．第73页．

③ ［日］东亚同文会编，李彬、万健、高润译．中国省别全志·四川省．北京：中国文史出版社．2020年8月．第66-67页．

④ （明）李采修，（明）范醇敬纂．万历嘉定州志·卷一·地里志·形胜．民国间抄本．

⑤ ［法］武尔士著，曹娅、赵文希译．长江激流行——法国炮舰首航长江上游．重庆：重庆出版社．2019年6月．第90页．

府河，因为沿河有三个府城”[①]。可见从明代至今，人们都把岷江从成都至宜宾这段水域俗称为府河，从平羌小三峡至乐山城东的这段府河，又被称为府江。[②]

嘉定：即今天的乐山市。同治《嘉定府志》载嘉定府城系“周嘉州故城，历代治此，宋开禧中重筑城，东南临江多水患，明正统中，障以木栅。成化中知州魏翰捍以石堤”；正德时期知州胡准“掘地甃石，深厚皆八尺余，编柏为栅，护以石”；此后嘉靖时期知州李辅，康熙时期上南道张能麟、知州高仰崑，乾隆时期知县胡启楷“先后增修，高一丈六尺，周围一千二百九十九丈六尺，门十，曰会江、涵春、福泉、迎恩、瞻峨、来薰、望洋、育贤、崇明（即拱宸）、丽正”。[③]《游蜀后记》载嘉定城“青衣水自西来，大渡河自南来，绕府城东南并入大江”，一般从成都而来的“小船所载并入大船，盖自此以下，无虞浅搁矣”。[④]《中国省别全志·四川省》载清末民初“嘉定府在变更行政制度同时改称为乐山县，自成都走水路到此地有337华里”，“此地位于岷江与大渡河交汇之处，四周有坚固之城郭包围，北部有高山环绕，城门众多”，“有城门20余座”，东亚同文馆学生调查认为“户数15000户，人口应是不过70000人”，“街区之道路皆是用石头砌成”，“街区颇为复杂，并无直通东西南北之道路。县署前街道最为繁华，茶馆、旅店、湖绉铺、绸缎铺、剪刀店、饭馆子、杂货店鳞次栉比”，本地“商业甚为兴旺，此地亦是白蜡之集散中心。农产品除谷物外，尚有茶、竹、柑橘等。此外亦产有沙金、药品等”，“本地区为水运之中心，域内之繁荣主要依靠船业，与各区地间贸易亦是十分繁盛”。[⑤]

铜河：即今天的大渡河。“因大渡河边之铜山”，故而大渡河也被称为“铜河”，因此今乐山市滨河路水西门至萧公嘴段临大渡河的一条古街也称为“铜河扁”。[⑥]大渡河是岷江最大的支流，“发源于川、青交界的果洛山，自北向南纵贯于四川省境内阿坝、甘孜、雅安、凉山、乐山5州市，全长1155千米，流域面积9.2万平方千米。上源为杜柯河、阿柯河、梭磨河，汇合于可尔因后称大金川，在丹巴纳入小金川后始称

---

①［英］伊莎贝拉·伯德著，卓廉士、黄刚译．1898：一个英国女人眼中的中国．武汉：湖北人民出版社．2007年1月．第325页．

② 陈德忠著．德忠文集之载酒凌云．北京：中国戏剧出版社．2015年5月．第92页．

③（清）文良等修，（清）陈尧采等纂．同治嘉定府志·卷八·营建志·城池．清同治三年刻本．

④（清）吴焘．游蜀后记．抄本．见：李勇先、高志刚主编．巴蜀珍稀交通文献汇刊·第九册．成都：成都时代出版社．2016年12月．第172页．

⑤［日］东亚同文会编，李彬、万健、高润译．中国省别全志·四川省．北京：中国文史出版社．2020年8月．第90-91页．

⑥ 唐长寿著．嘉州古城印记．成都：天地出版社．2017年4月．第115页．

大渡河。近河口处有大支流青衣江汇入，于乐山城南注入岷江”[①]。同治《嘉定府志》载“大渡河，城西南，旧名涐水，讹溅水，一名沫水，亦名阳山江”，“源出松潘西徼外羊膊岭”，“从羊膊岭西南流经杂谷、章谷、美诺诸夷地，南过泸定桥，又东南经越巂厅北出于清溪县属松坪土司之大板房，至峨眉县中镇入郡界”，“旧《省志》以其出中镇，故又称中镇河也”，“十五里至归化堡，二十里合金口河，又五十里合罗日河”，“三十里出杨漩入县界，一百五十里合雅河”。[②]《四川考略》载“大渡河自西北至东南，直流千余里至嘉州”[③]。

雅河：即今天的青衣江。同治《嘉定府志》载“雅河，城西，亦名沫水，亦曰阳山江，一名蒙水，一名铜河，又名青衣水，又名平羌江，又名大渡水”，“源出天全州徼外董卜韩胡之境”，“从天全州南流经芦山、雅安诸县至水口入郡属洪雅县界”，“三十五里合花溪，二十里过洪雅县城，故《元和志》曰雅河经现南一里，亦曰洪雅川也，二十五里入郡属夹江县界”，“五里合稚川溪，五十里过夹江县，二十里入县界，二十里合大渡河”，“五里至城东陵云山下合大江”。[④]

江口镇：即今天的眉山市彭山区。嘉庆《眉州属志》载彭山县“江口镇，治东十五里”[⑤]。《成都通览》载清末江口镇地处华阳、新津、彭山三县交界处，“街市大，地多匪，有水师。泊舟多，易雇船。冬下水枯，自成都四天可到。一至此处则河面宽、河身深矣，因新津、崇庆州各水至此汇流也。水大时，不可泊舟”[⑥]。《中国省别全志·四川省》载清末民初走锦江、岷江水路，“成都江口间距137华里合36英里需11小时20分，江口嘉定间距220华里合72英里需13小时20分”，“江口地区河宽200米”，“成都至江口间多有浅滩，河岸高于水面8尺乃至1丈，为一片平原，河宽70米至100米，两岸草木丛生”，“夏季上航需6日，下航则需2日至2日半；冬季枯水期时，上航要8日，下航需费4日，因水浅，航行中多有搁浅之事发生，故而河水虽并未有何阻碍，然冬季上航较夏季时间更长”。[⑦]

---

① 张妙弟主编．中国国家地理百科全书 8 四川、贵州、云南、西藏．北京：北京联合出版公司．2016年6月．第25页．

② (清)文良等修，(清)陈尧采等纂．同治嘉定府志·卷四·方舆志·山川．清同治三年刻本．

③ (清)龚柴撰．四川考略．上海着易堂清光绪十七年铅印本．

④ (清)文良等修，(清)陈尧采等纂．同治嘉定府志·卷四·方舆志·山川．清同治三年刻本．

⑤ (清)涂长发修，(清)王昌年等纂．眉州属志·卷二·地理志·场市．清嘉庆十七年刻本．

⑥ (清)傅崇矩编．成都通览 下．成都：巴蜀书社．1987年7月．第381页．

⑦ [日]东亚同文会编，李彬、万健、高润译．中国省别全志·四川省．北京：中国文史出版社．2020年8月．第141-143页．

成都：同治《重修成都县志》载清末"成都城为全蜀省会大城"，顺治十七年(1660年)清军平蜀后"巡抚司道由保宁徙至成都，无官署，建城楼以居。康熙初，巡抚张德地、布政使郎廷相、按察使李翀霄、知府冀应熊、成都县知县张行、华阳县知县张暄，同捐资重修。东南北枕江，西背平陆，高三丈，厚丈八尺，周二十二里三分，计四千一十四丈；垛口五千五百三十八；东西相距九里三分，南北相距七里七分；城楼四；堆房十一；门四，东迎晖、南江桥、西清远、北大安；外环以池。雍正五年，巡抚宪德补修。乾隆四十八年，总督福康安奏请发币银六十万两，彻底重修。周围四千一百二十二丈六尺，计二十二里八分垛口八千一百二十二；砖高八十一层，压脚石条三层；大堆房十二、小堆房二十八；八角楼四，炮楼四；四门城楼顶高五丈：东溥济、南浣溪、西江源、北涵泽。同治元年，四隅添筑小炮台二十四，浚周围城壕"，"满城治城西，康熙五十七年筑，周四里五分，计八百一十一丈七尺三寸，高一丈三尺八寸；门五：迎祥御街小东门、受福羊市小东门、延康小北门、安阜小南门、清远则大城西门。城楼四，共一十二间。每旗官街一条，披甲兵丁小胡同三条，八旗官街共八条，兵丁胡同共三十二条"。[①]《成都通览》载清末民初的成都城"非汉唐之旧，旧城早皆毁圮，故城亦较大"，清末民初的满城"一曰少城，亦非秦张仪筑之少城。古少城之故址，今不可考，毁于隋时"，清末民初的皇城"乃明时土府，亦非五代前后蜀之故城。惟锦城之名，实因前后蜀王僭拟宫苑，城上尽种芙蓉，故名锦城也，亦曰芙蓉城"。清末民初的成都城"因明城之旧，重修于皇朝康熙初年，高三丈，厚一丈八尺，周二十二里三分，四千一十四丈，女墙五千五百三十八，东南相距九里三分，南北相距七里七分。乾隆四十九年、五十年，总督福康安、李世杰二公重修之，令遍种芙蓉，以复五代之旧，符锦城之名，有种芙蓉碑记"。"四门城瓮向多草屋，光绪丙午，周观察限令拆去。又分出入之路，免来往之人拥挤。城门洞中，历来喧闹，因城守武官，司其启闭，小贸货摊，杂陈洞中，阻碍行人，官利摆摊之地皮钱，弗能革也。近亦为警局驱革，行者颂之。四门之敌楼，早已朽蚀，光绪丁酉，奎制军重新之，东门曰'迎晖'，南门曰'江桥'，西门曰'清远'，北门曰'大安'，东楼曰'博济'，南楼曰'浣溪'，西楼曰'江源'，北楼曰'涵泽'。外环濠池，今皆淤塞。城内之河名金水河，唐时所开，旧名禁河，明初建蜀王府于河之阳，改曰金水河。皇朝雍正九年，复浚导之，又于三桥之西北新开一河，环绕皇城，以通舟楫，即玉河也，今已淤塞"，"满城一名内城，在府城西，康熙五十七年所筑，周四里五分八百一十一丈七尺三寸，高一丈三尺八寸。有五门：大东门、小东门、北门、南门、大城西门。城楼四，共一十二间。尽住旗人，每旗官街一条，披甲兵丁小胡同三条，八旗官街共八条，兵丁

---

① (清)李玉宣修，(清)衷兴鉴纂．同治重修成都县志·舆地志第二上·城池．清同治十二年刻本．

胡同共三十三条。以形势观之有如蜈蚣形状:将军帅府,居蜈蚣之头;大街一条直达北门,如蜈蚣之身;各胡同左右排比,如蜈蚣之足。城内景物清幽,花木甚多,空气清洁,街道通旷,鸠声树影,令人神畅”。①《中国省别全志·四川省》载清末民初成都商业甚为繁荣,“成都城中央留有蜀汉皇城遗迹,其西有一城,直至最近称为满城,满族人居住其中,其面积约占全城六分之一,满族将军驻扎于此,统御城民”,满城内“居民不与汉人通婚,且风俗甚为不同”。成都城“城墙高三丈,底部宽一丈七八尺,顶部宽一丈六尺,外墙以大块砖修筑,内部则是积土而成,城周长约是26~27华里,外形略呈方形,东西南北设有四座城门,有河水环绕北东南三面”。这一时期成都“城内分为成都县与华阳县,为城墙所包围之街区受地域所限,其范围必是十分狭隘”,“市内街道除满城、成都、华阳两县北半部外,皆是毫无秩序”。成都城内的“交通工具唯有轿子”,运送货物之工具则有小车,这些小车装上椅子也可以载人。成都通过岷江、长江、东大路、中大路等水陆路与开埠的重庆等地联系。清末民初成都号称人口200万人,户数达70万户,其中外国人有日、英、美、德、法五国人。日本人有30余人,多为学堂教员;英、美、德、法四国共有120余人,其中法国人最多,达60余人,其次是英、美、德等国人。西方外国人的职业多为传教士,也有学堂教员、商人、官吏、医师等。②

王家沱处重庆法国水师兵营(原书插图)

①(清)傅崇矩编.成都通览 上.成都:巴蜀书社.1987年4月.第15-16页.

②[日]东亚同文会编,李彬、万健、高润译.中国省别全志·四川省.北京:中国文史出版社.2020年8月.第36-42页.

满帆前行插图(原书插图)

在水利工程师的帮助下,长江这些支流的航运价值将很快被成功地开发利用起来。对于门外汉来说,他们似乎只是提出了一个相较于宜昌到夔府这段长江航道的整治而言要简单得多的问题。

叙府距离重庆250英里。大江,也就是长江,在叙府以上的名字就被改称为金沙江了,英文名叫River of Golden Sand。长江的宽度从叙府开始突然由400至500码缩窄至250码。适于轮船通航的金沙江航道,最远也只能到达屏山了。屏山,是在叙府上游45英里的一座县城。

注补:

屏山:光绪后期《叙州府志》载屏山县“县城即马湖府城,明隆庆间知府张世印甃以砖石,高一丈五尺,延袤七百七十四丈,厚一丈,面以石板,雉堞一千四百八十八。门五:东跃龙、西哕凤、南朝阳、北承恩、小南曰迎江门,各有楼:东四可、西怀远、南揽胜、北拱极、小南得月,又有水门三以通蚂蟥沟、鸭儿沟水道,便门三以通水薪,城小而固。乾隆十五年奉委通判郑文坦协同知县张乃史培修”①。光绪《屏山县续志》载屏山县城垣,“道光十五六年江水涨发,冲塌南门城身相连五灵桥六七处,又北门城堞出水桥硐多有坍塌,知县钱炘和督修完竣。咸丰二年,江水迭涨,四年七月风雨大作,复将城楼吹折,东门一带坍塌约四五十丈,十年江水又涨,冲圮城垣多丈。知县黄汉章、周锡龄先后禀请修理,卷查累年,各处均有培补,至十一年完

①(清)王麟祥修,(清)邱晋成等纂.光绪叙州府志·卷八·城池.清光绪二十一年刻本.

竣。光绪十年北门及东北各处城身垛口均有坍塌，知县石守忠禀请修理，十八年六月江水陡涨，冲圮西南东一带城垣七十三丈，又北门坍塌十五丈有奇，知县谭酉庆禀请修理完固”①。《中国省别全志·四川省》载叙州府“沿金沙江逆流而上可达屏山”②；“自叙州前往安边及屏山之旅人，多数不走水路，而是以轿子为便(3日可达)。若要依靠民船，因溯游而上极其困难，徒费时间，尤是危险，故乘民船走水路之旅人近乎不存，仅有茶、石炭、米、杂货以及兽皮之运输时使用眠船”③。

一过屏山，金沙江又突然变得狭仄，它在群山之间奔突以寻其出路，切出了深而陡的大峡谷，就这些峡谷的宏伟壮丽而言，与宜昌到夔府之间的峡谷比较，还是显得相形见绌，但它们也同样令人感到敬畏。金沙江也成为仅由一系列险滩构成的汹涌激流。当地的五板船在低水位时期最远能够驶抵蛮夷司，蛮夷司是屏山县城上游30多英里的一个土司治所。在蛮夷司以上，不可通行的急流险滩不时阻绝航道，只能依靠小船断断续续进行点到点之间的航行往来了。

注补：

蛮夷司：光绪后期《叙州府志》载屏山县“蛮夷乡”在“治西”。④光绪《屏山县续志》载屏山县“蛮夷司与石角营砧杵相闻，船路梭织，百货流通，而以盐布为大宗，一行于雷波及左路蛮地，一行于马边及右路蛮地，云南永善一带均资焉，为县境之门户，亦商贾之口岸也”⑤。《大凉山夷区考察记》载民国中期蛮夷司已经改名为“秉彝场”，民国中期蛮夷司“距石角营约五华里，冒水孔四十三华里，海拔三百九十米，其处正当中都河流入金沙江处”，“蛮夷司为雷波向东出路的终点，屏山境内要镇，一处重要的商埠，场子靠石崖嵌成。镇中建筑，靠江的一面，考究的用方形石砖砌成屋基。较差者用不规则的石块垒成，更差则简单地用木柱支起。全镇有街三四条，大体均与江相平行。各街高度不等，愈往里面的愈高。街间交通，系用石级上下。最低的那条街，最为热闹。该街走向，由西往东。镇上设有邮政代办所。还有一家比较上等的茶社，名为‘凤来仪俱乐部’”，蛮夷司虽然“很热闹”，“同时很肮脏”，“市

---

①(清)张九章修，(清)陈藩垣、(清)聂培庠纂．光绪屏山县续志·卷下·营建志．民国二十年文华印字馆铅印本．

②[日]东亚同文会编，李彬、万健、高润译．中国省别全志·四川省．北京：中国文史出版社．2020年8月．第66页．

③[日]东亚同文会编，李彬、万健、高润译．中国省别全志·四川省．北京：中国文史出版社．2020年8月．第126页．

④(清)王麟祥修，(清)邱晋成等纂．光绪叙州府志·卷八·乡镇．清光绪二十一年刻本．

⑤(清)张九章修，(清)陈藩垣、(清)聂培庠纂．光绪屏山县续志·卷下·舆地志．民国二十年文华印字馆铅印本．

面仍然非常繁盛,行人拥挤不堪;街上馆子特别多,生意也好;市上所售物品当中,外来货色以及洋货,都颇不少”。[①]

龙舟(原书插图)

大约10年前,英勇的法国海军中校阿德马耳从丽江府乘船顺金沙江而下至叙府,成功地进行了一次举世瞩目的航行。从丽江府到叙府大约有800英里,阿德马耳乘坐当地的小渔船,仅在他自己雇佣的当地船夫的陪同下就完成了这一壮举。他是第一个一路乘船,从丽江府到叙府,穿越金沙江的白人。阿德马耳指挥官顺便讲了一下这一惊心动魄的冒险旅程:从丽江府到叙府之间有很长且适于通航的水域,但这段航道被一系列湍急的险滩和可怕的危崖峡谷给阻绝了。

注补:

丽江府:即今天的丽江市,丽江府治今云南省丽江市古城区,位于金沙江西部。光绪《丽江府志》载“丽为滇省岩疆,大江分带于东西,崇山环绕而雄秀,古称天堑之险,当未有以过之也。然控外故资带砺,而居中必固金汤归流”,“丽江旧为土府,无城”,“雍正元年,改土设流,总督高其倬、巡抚杨名时题请筑土围,下基以石,上覆以瓦,周四里,高一丈,设四门:东曰向日,南曰迎恩,西曰服远,北曰拱极,上皆有楼,又别为小西门,曰饮玉,以便民汲饮,后圮废”,“时版筑土围,历久圮废,厥后屡议兴修,以款巨不果”。[②]

---

① 曾昭抡著,段美乔整理.大凉山夷区考察记.北京:中国青年出版社.2012年12月.第319-320页.

② (清)陈宗海修,(清)李星瑞纂.光绪丽江府志·卷二·建置志·城池.民国间抄本.

阿德马耳:也被译作奥德马尔,法国海军中校,曾考察过长江,绘出长江截面图,指出"扬子江上游可航行的河段是存在的","在将来我们的商业活动有恰当的理由发展到建昌和云南西部时,船渡服务必将取得飞跃并在铁路难以到达的地方取而代之"。[①]他亦曾试航金沙江,对川滇交界处金沙江沿线地区的考古事业有所涉及。[②]其实法国探索金沙江航道由来已久。光绪六年(1880年),法国海军曾驾小舟自金江街流放,直抵宜宾,勘察河道,绘有此段1/40000河道图。光绪二十三年至二十四年(1897年至1898年)枯水季,法国人谢瓦利埃曾测绘屏山至宜昌的长江上游图集,图比为1/25000。1924年底至1925年初,法国人组织木船6艘再次试航金沙江,自老河口下驶,过老君滩遇难,仅一艘船侥幸驶抵宜宾。[③]

真的,一个人如果沿着这条奔腾的中国水上大通道游览得越远,它就会变得越发的奇妙迷人。

---

① 郭丽娜.法国彝学研究述评.民族研究.2012年第2期.第97-107页.

② [法]色伽兰、[法]郭鲁柏撰,冯承钧译.中国西部考古记 西域考古记举要.上海:上海古籍出版社.2014年3月.第3页.

③ 王轼刚主编.长江航道史.北京:人民交通出版社.1993年11月.第271-272页.

峡江乘坐当地客船旅行(原书插图)

第五章 乘坐当地客船在长江上游旅行

宜昌，著名的三峡尾部的一个小城镇，距离海洋接近1000英里。旅客告别了数天来在长江中下游逆江而上带给他的由混浊的江水与平坦的周边村落组成的千篇一律的单调景色，进入长江上游，景色将会有受人欢迎的改变，事实上是完全的改变。荒蛮的中国西部，将会用她宏伟的景观唤醒旅客沉睡的灵魂，并使其心情愉悦。

长江上游轮船出现以前，旅客为了能更加彻底地体会长江沿途景观的变化，除了租用当地被称为“挂子船”的船外，别无他法。挂子船是长江上游的小型客船，当挂子船整装出发时，船上火炉管冒着水汽，毛巾等东西被挂在舷窗上，非常像一辆在水上漂浮着的吉卜赛人的大篷车。乘坐这种船只的时候，旅客和他的行李将会由竹制纤绳拖动着前进20至40天，才能到达目的地。具体航行时间的长短，需要由长江的具体状况决定。行进过程缓慢而费力，其间需要应对激流、穿越峡谷，常常还需要听任激流的摆布。在湍急的水流中，旅客和激流仅被1英寸厚的船板隔开。在许多情况下，船板在那些激流中可能被损坏。只有游客的船只足够幸运，并能顺利避开满布礁石的河流中的所有危险，才能让旅客保持较好的状态，在其目的地安全登岸并让他的货物不被水损坏。

尽管乘坐当地船只是如此危险，但是只有乘坐当地船只旅行，沿江峡谷的壮丽景色才能够被充分地领略。事实上，假如旅客有足够的时间可供自己支配，乘坐当地船只逆江而上旅行，会有无数新奇事物伴随全程，在这条宏伟但有时也邪恶的大江上，少许危险也会与旅客相伴，但为了欣赏长江的壮丽风景，承担这些小小的风险也是很值得的。因此，熟悉下列搭乘挂子船旅行时需要注意的一些实用提示，是不会出错的。

搭乘挂子船穿越三峡的旅行，最好是在冬季、晚秋或者早春进行，其中冬季和二月是首选。在此时节，江水是清澈的，这大大增加了长江沿途风光的美丽程度。长江上游的险滩，就船只通航而言，是最糟糕的障碍；就欣赏风景的角度而言，它们又是最佳的地点。长江上游有些河段，水流安静而平缓，与凶恶的险滩和奔腾的激流形成鲜明对比。在冬日的这些时段里，天气虽然很冷，但少雨天。逆江而上的风力强劲，顺江而下的江水流速较慢，一年之中冬日的这些时段逆江而上行船是最快的。如果旅客错过了长江上游秋高气爽和春暖花开这两个时节，冬日里积雪覆盖的山顶、清澈的江水与刺激的险滩则会是适当的补偿。

对于缺少经验的旅客来说，应该在船运洋行中租用挂子船。否则，狡猾的船老板——一般来说都有守旧及臭名昭著的交易诈骗等几乎相同的品性——将会极力恶意压榨他的主顾。

挂子船总共有三种形制，即配备两个房间的、三个房间的、四个房间的。两个房间的挂子船并不值得推荐，一般来说，它们都是头重脚轻的，因此也不安全；三个房间的挂子船是比较便利且最流行的；四个房间的挂子船通常只会被一大帮旅客共同租用。租用三个房间的挂子船，从宜昌到重庆的行程只会收费120两至160两白银，同样的行程，租用四个房间的挂子船，会收费200两至275两白银或者更多。这并没有固定的收费标准，价格取决于付给纤夫们的薪酬、米价和出发的季节。

注补：

房间：即官舱，船上的船舱。

长江上游最大的船屋（原书插图）

麻秧子客船(原书插图)

如果需要进行一次穿越三峡的旅行,比如说到达夔府后返回宜昌,最好是一次性包干所有费用,绝对不要按日结算款项,不然,船主就会每次都往上增加费用。

除了挂子船外,还有夔州的麻秧子船和无处不在的五板船可供选择,尽管搭乘麻秧子船不如挂子船舒服,但麻秧子船是一种更快的船。不过,近年来麻秧子船在宜昌已经非常罕见了。五板船是一种敞舱船,仅船中央部分被席子盖了起来,她的速度更快,如果装备较好,会比挂子船和麻秧子船中任意一种船都较少出现意外。当然,五板船的租金便宜得多。五板船虽然没有船舱,但在席子覆盖的空间里加上一点精巧的装置,旅客还是可以让自己过得很舒服。

注补:

麻秧子:亦称"麻阳子""麻阳船""麻秧船"。《成都通览》载该船"长十丈,宽一丈三四",从成都到重庆的租船"价约八九十两"。[①]《中国省别全志·四川省》载"船尾稍窄,不同于如麻雀尾部,其首尾不在同一平面上,船尾高,向上弯曲。多数船上有屋顶,其形状甚是奇特。大者长有4丈以上,船深约1丈,船体亦宽至1丈,一般约可载货20至40吨,渝行多使用此类民船,其挂旗船亦是多为此种民船"[②]。麻秧子原来也是湖广人的船式,为客货两用船,船首宽尾窄,两头略翘,船腹小,两侧向外鼓出,各有3根纵横前后的大枘,尾有一短而低的甲板室,官舱与燕尾舱上篷间有

① (清)傅崇矩编.成都通览 上.成都:巴蜀书社.1987年7月.第305页.

② [日]东亚同文会编,李彬、万健、高润译.中国省别全志·四川省.北京:中国文史出版社.2020年8月.第148页.

开门窗的篷连接。这种船早在清康熙年间在全国的名气就很大了，清代文献中有关麻秧子的记载较多，小说笔记中也时有谈及。康熙年间山西巡抚噶礼疏就谈到应在黄河上仿造麻秧子。在雍正年间滇粤越等地也谈到仿贵州、湖广麻秧子造船之事。清末四川又称这种船为古代湖南的"麻阳战船"。清代这种船一般只有五丈许长，共7舱，大的也只载重20担。[①]

五板船：《成都通览》载五板船"长四五丈，宽七尺"，从成都到重庆的租船价格约为"二十两"。[②]《中国省别全志·四川省》载宜昌、重庆之间所使用的客船仅限于五板船及艕子船，并无其他种类的船只充当客船。[③]五板船为客货船，航速快为主要特点。其结构亦是狭长，多数船头船尾均不突起，其载货量小者为6吨，大者可搭载20吨。[④]"五板船"名称元代就有，明代五板船应用广泛，曾在金沙江使用拖梢五大板船运输杉板。据近代日本人记载，五板船长4～5丈，载重只有20～100担，航行于宜昌、重庆之间，是一种小型客船。民国后期航行于沱江郑关到泸州再由泸州到万县的五板船载重只有1万～6万斤，当时仍有300多只。赤水河上运盐的也有五板船，船长可达50尺，载重一般为20吨。但解放后的调查表明，五板船只航行于沱江上了，活动范围大减。[⑤]

在枯水期，也就是在冬季，乘坐挂子船从宜昌到重庆的旅程通常会花费乘客20至25天。这一距离实际只有400英里，但中国的船夫们将其估算为1800里，并被划分为22站，90里长的有16站，60里长的有6站。

注补：

站：每天航行一段，并称之为"站口"。《中国省别全志·四川省》载"站"乃是中国旅人1日之行程，陆路1站是60至70华里。[⑥]水路航行视水路通航情况而定，分大站、小站，大站间的距离通常比小站间的距离要长，如《行川必要》载云阳县时谓"安

---

① 蓝勇．近代川江木船主要船型流变及变化原因研究．四川大学学报(哲学社会科学版)．2018年第4期．第14-28页．

② (清)傅崇矩编．成都通览 上．成都：巴蜀书社．1987年7月．第305页．

③ [日]东亚同文会编，李彬、万健、高润译．中国省别全志·四川省．北京：中国文史出版社．2020年8月．第128页．

④ [日]东亚同文会编，李彬、万健、高润译．中国省别全志·四川省．北京：中国文史出版社．2020年8月．第148页．

⑤ 蓝勇．近代川江木船主要船型流变及变化原因研究．四川大学学报(哲学社会科学版)．2018年第4期．第14-28页．

⑥ [日]东亚同文会编，李彬、万健、高润译．中国省别全志·四川省．北京：中国文史出版社．2020年8月．第212页．

坪至此一大站”[①],《中国省别全志·四川省》载安坪至云阳县的距离为116华里。[②]《行川必要》载涪州时谓涪州“上至宁石一小站”[③],“宁石”即“蔺市场”,《中国省别全志·四川省》载涪州至蔺市场的距离为60华里。[④]

三个房间的挂子船,船员一般有26名,包括船老板(Laopan),2名领江(Ti-kung or To-kung)、4名甲板水手(Shui-so)、15名纤夫(Foo-tse or La-chuan-te)、1名头老(Tolo)、2名游泳健将或“捡挽”(Ti-van-te)和1名厨师(Shao-ho-te)。租船时,聘用船员的数目应该在租船合同中申明。在出发当天应将全体船员召集起来检查一次,因为挂子船的船老板们经常会雇佣小男孩代替强壮的男人来做纤夫。船上船员中最多只能有一个真正的老人和一个小男孩,每艘船都应该带一个真正的老人和一个小男孩已经成为一种习俗了。

注补:

Laopan:即老板音译,即指船老板。《成都通览》载“船主曰‘老板’”[⑤]。

Ti-kung or To-kung:即太公或舵公音译。《行川必要》载“太公”为“船上各执事人之称”[⑥]。《成都通览》载“掌舵者曰‘太公’”,是第一等船夫,亦即领江。[⑦]

Shui-so:即水手音译。

Foo-tse or La-chuan-te:即夫子或拉船子音译,即指纤夫。

Tolo:即头老音译,亦称头纤,纤夫、桡夫中的领头人。《行川必要》载“头老,即统率纤夫、桡夫之头目也”[⑧]。清末英国人丁格尔逆江而上考察时载峡江地区的纤夫“比起我在中国遇见的其他苦力来说,体格是最孱弱的。这些纤夫中流行着肺结核和疟疾,他们的劳动极端艰苦,他们衣不蔽体,遭受太阳暴晒,他们在半饥半饱的状态中挣扎”[⑨]。

---

①(清)贺缙绅、即罗缙绅.行川必要.不分卷.光绪四年刻本.

②[日]东亚同文会编,李彬、万健、高润译.中国省别全志·四川省.北京:中国文史出版社.2020年8月.第130-131页.

③(清)贺缙绅、即罗缙绅.行川必要.不分卷.光绪四年刻本.

④[日]东亚同文会编,李彬、万健、高润译.中国省别全志·四川省.北京:中国文史出版社.2020年8月.第130-131页.

⑤(清)傅崇矩编.成都通览 上.成都:巴蜀书社.1987年7月.第304页.

⑥(清)贺缙绅、即罗缙绅.行川必要.不分卷.光绪四年刻本.

⑦(清)傅崇矩编.成都通览 上.成都:巴蜀书社.1987年7月.第304页.

⑧(清)贺缙绅、即罗缙绅.行川必要.不分卷.光绪四年刻本.

⑨[英]英里循著,张皓译.中国风情 风土.北京:国际文化出版公司.1998年7月.第36-37页.

Ti-van-te:即提挽子音译,负责解开岩石、树木对纤绳的挂扯,其中挽是指纤绳中从桅杆到纤夫的这段。提挽也叫捡挽,即在纤夫拉纤过程中,将缠绕在礁石、杂物中的纤绳提起来、捡起来,主要是保证纤绳的安全。提挽子在英国人托马斯·桑维尔·库珀《长辫长袍闯华西》一书中也叫"水娃子(Water-men)","他们的职责是整理缠在尖凸岩石或水下礁石上的纤绳。可以想象,这是一项费力而危险的差事,因为纤绳时常会缠绕在险滩中的某块暗礁上,这些水娃子就必须前去整理。不过,他们很擅于游泳和潜水,熟悉水性,在汹涌的险滩中也能应付自如。尽管如此,他们偶尔也会被纤绳缠住,困在礁石间而丧命",足见提挽子、水娃子的工作的危险程度相当高。①

Shao-ho-te:即烧火子,即船上的厨师,当时船上做饭仍然用明火,故而需烧火,厨师因此也叫烧火子。光绪初《丁治棠纪行四种》载峡江地区船户需"起煤提载"才开帆出行,清末在船上做饭已经大量使用煤炭作为燃料了。②清末英国人莫理循逆江而上考察时载他们"随船带有两个小煤炉、两个铁锅和一个水壶",做饭主要用煤炭,"煤到处都有,很丰富;用泥土和煤渣混合制成的煤球也很多"。③

一般来说,尽管船员们是非常热诚的人,但游客最好不要擅自使用他们。因为他们很快就会利用毫无戒心的乘客并有可能成为一个讨厌的人。如果船员们做得够好,偶尔的一顿猪肉筵席将会得到他们极大的感激。

对于不了解情况的游客来说,最好不要过多介入船上的杂务和航行操作,因为这样做是非常危险的。这里已经有很多游客因为不恰当的善意坚持在船上帮忙,最后又因其不耐烦导致船只完全失事的事例。

出发前应该给挂子船装好压舱物,大多数压舱物应该被放置于船体的中央部位或者货舱中,尽量靠近桅杆,如果行李、补给物品等不足以提供船的压载力时,沙袋、大石头、小石头则是随处可得的。

当船只在一阵上行风中扬帆前进之前,游客都应该警惕船上的一切。船老板们渴望尽量利用江上风力推动船只前行,在应当收帆航行时还是满帆航行。万一发生"转帆",也就是船帆从一边猛然转向另一边——这是经常发生的——船就可能倾覆。当一阵强风来袭或风力越来越大时,帆应该降到其满帆高度的四分之三或一半,许多挂子船因为坚持满帆航行而倾覆,这是外国人凭知识和警觉可能避免

①[英]托马斯·桑维尔·库珀著,孙琳、马剑译.一名英商的华西游历:从宜昌到重庆.中国人文田野.成都:巴蜀书社.2020年第9辑.第224-241页.

②(清)丁治棠著.丁治棠纪行四种.成都:四川人民出版社.1984年7月.第1页.

③[英]英里循著,张皓译.中国风情 风土.北京:国际文化出版公司.1998年7月.第31页.

的事故中为数不多的情况。

在枯水期，也就是冬天，崆岭滩、新滩、新龙滩等险滩特别危险，在这些险滩下游，带上自己的所有贵重物品上岸，依靠陆路通过这些险滩是非常明智的。不过，在这些险滩的下游选择下船登岸前行经常遭遇大量批评，这被认为是有失体面和胆怯的表现。可是，是否为了逞强而留在船上，冒险过滩并承担所有风险，是游客自己需要决定的。无论如何，过滩时游客留在船上是完全无用的，而且经常妨碍船员操作。

意外可能随时发生，如果船上没有留下足够的人手来操作船只，只得让船只任由激流摆布。岩石和暗礁，经常像很多鳄鱼一样准备伏击船只，船只撞毁、沉没，经常在救生船有时间到来之前就发生了。这种情况的确令人感到厌恶，不一会儿，失事船只的一点儿痕迹都不会留下来，哪还有谁能在如此狂野湍急的恶浪中游泳逃命呢？

仅有极少数外国人在长江上游的航行中丢掉了他们的性命，这是侥幸的，多少有点儿不正常，但这一事实使得普通游客易于轻视长江上游航行中的危险。那些在长江上居住、生活的人见船难见得最多，就像作者在本书中描述的，作者在新滩时，一天之内见过三次这样的船难，伴随着的是许多生命的消失。

如果游客坚持乘船渡过这些险滩的话，那乘坐红船也就是长江上游的救生船，会安全得多。

在长江上游最危险的险滩上，当地领江总是能雇佣得到的。游客应该坚决要求船老板雇佣当地领江引水过滩，而且应该同时雇佣两位当地领江，一位领江掌舵的同时，另一位领江在船头观察水情。领江们的配合行动实际上是船行的重要保障，但他们的酬金仅仅是几美元。

另一项需要坚持的重大事务是，每天晚上都要将船绑牢在公认安全的停泊处或码头。在很久以前的日子里，人们可以把船系泊在任何地方安然入睡，一点儿也不需要担心强盗。可是，现在川江上出现了大量的强盗，只有码头上稍微安全些。人们早早地到达一个码头后更倾向于继续向前赶路，一切听天由命——可是，这样做并不明智。

注补：

强盗：清末民初，因政局不稳，峡江地区盗匪不绝。早在道光时期，峡江地区的匪患就已经较为严重，《三省边防备览》载“江岸停留水手，流而为匪者，往往窃沿江人户所用，市卖食物薪柴，小船顺流夜行，遇孤舟停泊，即拢船估要钱文，名曰吃诬钱，稍不称意，至船抢掠，为行旅之害”[①]。《成都通览》载川江行船，“夜间宜防窃盗，河中之窃贼，舟人谓之‘扒坡子’，河中之贼船，舟人谓之‘划子船’。凡泊舟之处，须泊码头”，“不泊码头，断不可允”。[②]清末傅崇矩的《江程蜀道现势书》载合江县“龙门滩：下游五十里方石子地方上水舟多泊之，然多盗”[③]。《蜀游闻见录》载清末民初徐心余即曾“在夔州上游遇盗”[④]。

当上岸外出散步时，就像人们经常做的那样。如果仅仅是为了锻炼，最好是有个船员即自己相对喜欢的纤夫伴随，因为他熟悉这些道路。独自步行并一直往前走会让游客滞留在他的船只的前面或后面数英里之外，或者更令人气愤的是，当他又饿又渴的时候，看得见他的船只却离船有好几个小时的路程，根本没有立刻登船的可能性，这会破坏一次本可能令人非常愉快的旅行。在这些粗糙的小路上行进，拥有厚厚的编绳鞋底的帆布鞋是极好的选择，这些鞋子会紧紧抓住滑滑的岩石，避免胫骨撞伤或踝关节扭伤。步行的游客应当抵挡住诱惑，不去那些清澈诱人的小溪中喝水，因为一整个村庄的人都可能在这条清澈小溪的上游一点点清洗他们肮脏的破布。船夫通常知道许多泉眼的位置，这些泉眼拥有清澈纯净得闪闪发亮的泉水，即清凉水，英文名叫Clear-cool-water，或者叫饮用水，在船只航行的途中不费吹灰之力就能找到。在那里，人们可以将泉水装满缸子，也就是船上装水的大瓦缸。

就航行途中的补给品而言，家禽和鸡蛋能够在航行途中的任何地方买到。同时，在大多数大村庄里，猪肉、大米、干黄豆、干豌豆、某些绿色蔬菜，甚至一些水果都能买到。土豆通常能够在夔州府城中买到，可以和山羊肉一起做美味的爱尔兰炖肉。小山羊非常多，可以像普通家畜一样带两只上船，非常方便。鱼通常可以从靠近村庄和城镇的渔船上购买，这些鱼都是这些渔船从不同河段收来的。在冬季的几个月里，川江流域到处都是野鸭，猎枪应该成为旅客旅行装备的重要组成部分。

注补：

爱尔兰炖肉：爱尔兰的一道传统美食，即土豆、洋葱炖肉，亦可配胡萝卜、香菜等。

---

① (清)严如熤辑．三省边防备览·卷五·水道．清道光二年刻本．

② (清)傅崇矩编．成都通览 上．成都：巴蜀书社．1987年7月．第304页．

③ (清)傅崇矩．江程蜀道现势书．清光绪年间刻本．见：李勇先、高志刚主编．巴蜀珍稀交通文献汇刊·第九册．成都：成都时代出版社．2016年12月．第203页．

④ 徐心余著．蜀游闻见录．成都：四川人民出版社．1985年5月．第29页．

在装配挂子船时，要特别注意烹饪装备的部署。已经发生的许多事故，都是由正在使用中的煤油炉引发的。煤油炉突然倾斜，煤油浇在火炉上，挂子船立刻就会着火燃烧起来。如果没有普通的煤炉灶，就普通中式烹饪而言，一对当地的炭炉将非常有效并能满足所有需求。特别是当船在行进的时候，需要注意煤油炉和煤油灯，谨防其引发火灾。

五板船（原书插图）

嘉陵江舵笼子盐船(原书插图)

注补：

舵笼子：一般首尾上翘，舷樯较高，中部官舱和后部燕尾舱各有一个舱篷。一说因船尾有笼状梢子篷护舵，故名。舵笼子一般有中型、小型两种。中型舵笼子一般载重400担，主要航行在长寿、涪州间，另外还有一种小型的舵笼船，载重只有30～40担，在川江上较多。到民国中后期，舵笼子一般载重3万～12万斤，在重庆川江上有500多只。据沃斯特载，舵笼子当时主要航行于嘉陵江合州到重庆之间，长可达93英尺，宽达14英尺，即为长30米左右的中小型木船。这种船多用于载客，也可载货，主要航行于嘉陵江、渠江、涪江，另长江涪州、乌江一带也有使用。[①]《中国省别全志·四川省》载舵笼子属于小型民船。[②]

红船，也就是长江上游的救生船，应该雇佣一艘一直伴随着游客的红船。万一发生意外，红船的价值是无法估量的，除了能提供安全护卫外，红船还能提供很多其他的服务。旅客向其所在国派驻中国的领事申请后，通常就能获得一艘这种最有用、最方便的红船。

日本人山川早水拍摄的清末巴蜀地区红船[③]

① 蓝勇．近代川江木船主要船型流变及变化原因研究．四川大学学报（哲学社会科学版）.2018年第4期．第14–28页．

②［日］东亚同文会编，李彬、万健、高润译．中国省别全志·四川省．北京：中国文史出版社.2020年8月．第149页．

③ 蓝勇主编．重庆历史地图集．北京：星球地图出版社.2017年1月．第167页．

总结这段重要的乘坐帆船旅行的经历，尽管游客在到达重庆后可能会觉得他在挂子船上已经度过了足够多的日子，会选择乘坐轮船返回宜昌，但有关这一回程的一两句话还是必要的。应该注意下行风，更精确地说是希望没有下行风，因为下行风是和激流一样决定船只的行进线路的一个重要因素。从重庆到宜昌通常被认为只有7天的航程，但如果峡江地区强劲的上行风盛行时，人们可能花费14天才能到达宜昌。在强风中，挂子船是非常难以操作的，在这样的情况下，挂子船在航行途中的许多河段无疑会遭遇意外。因此，如果因为风向不利而脱不了身时，游客应该注意不要说服船老板继续前行。

近年来，另一个烦恼突然出现在了准备乘坐帆船旅行的游客面前，这就是由旁边经过的轮船引起的水浪的拍打。在有些河段，这种拍打可能像波涛汹涌的大海一样，严重损坏挂子船。因此，在看到一艘轮船时，尽可能远离轮船前行的线路并找一个庇护所是比较明智的。同时，调整船的位置，让船头直接迎击来袭的波浪以保持平衡，或者调整船尾直接迎击来袭的波浪，就像驴子一样，让船尾、船首先出击。

搁浅船只插图(原书插图)

后　记

《〈峡江一瞥〉译补图注》能够付梓，究其根源还是得益于恩师蓝勇教授对学术的挚爱。2007年蓝勇教授主持的“长江三峡地区历史地图再现研究”是西部地区第一个获准立项的教育部哲学社会科学重大攻关项目，在此前后数十年间，蓝勇教授皆致力于三峡地区的历史地理的研究，为搜集三峡地区的相关资料，其迹遍布东洋、西欧乃至北美、澳洲，每到一地，皆踏访当地图书馆搜罗资料。项目正式立项后，更组织学生通过各种渠道购置这方面的书籍，蒲兰田的《峡江一瞥》原书即是在这一过程中收集购置的。

《峡江一瞥》原书购置以后，全系英文，使用多不便，于是蓝勇教授便令我将该书翻译出来，以辅助《长江三峡历史地图集》的编绘工作，我自效命。原稿翻译出来以后，曾分上下两部分在《中国人文田野》第七辑、第八辑发表，而翻译过程中许多峡江行船的专业术语得益于泸州赵永康教授的支持。一书分两部发表，周遭学界友人要查阅之时都颇感不便，多希望能够整本一同整理出版，以飨学界。当时颇觉得此书篇幅有限，且已经在《中国人文田野》发表，颇无必要。

但在后续与学界友人交流过程中，多谓近代外人外语著作翻译出版颇多，且翻译多由外语专业同仁进行，文辞优美，表意精确，对学界贡献颇巨。然而，术业有专攻，在涉及历史地理古地名等专业术语方面，前人翻译则颇多谬误，虽然在历史地理等专业人员看来可以忽略此项疏误，但对非此专业人员则会误导颇深，因此需要一些本专业人士翻译的本专业作品。由历史地理学界前辈翻译出版的峡江地区历史地理方面的专著颇多，以马剑、孙琳翻译的《江行五月》较具代表性。当然，本书在翻译过程中虽然避免了古地名等专业术语的疏误，但文辞优美程度则有所欠缺，主要原因是翻译本书是为历史研究服务的，是提供原始史料的。

本书翻译过程中，颇多历史现象、历史词汇、历史场景已经远去，特别是三峡蓄水以后，原书中描绘的种种情景已经消失，读者在理解这些场景过程中颇感无力，且蒲兰田著书就是针对当时的普通读者，特别是那些对峡江地区精彩旅程及社会经济生活、雄伟壮丽景观感兴趣的读者，于是我觉得有必要增加相应注释及历史图片，从而能将读者更好地带入历史场景中去。蓝勇教授一直强调历史图像资料在历史研究中的重要作用，谓“一图胜千言”，历史影像不仅能够使读者直接认知历史时期的场景，而且能够增加相应内容的趣味性。本书翻译注释过程中除了插入原书中的原始图片外，还经蓝勇教授同意，使用了其主编的《长江三峡历史地图集》《重庆历史地图集》中的历史图片，因我也参与了这两部著作的编绘，故而其中图片查找使用起来就更加便利。

本书能够顺利出版，既得益于西南大学历史地理研究所师生提供的各种资料、建议，亦得益于成都师范学院给予学术专著出版基金资助，更得益于西南大学出版社领导、旧友的支持，要感谢的老师、领导、朋友、亲人太多，为免挂一漏万，恕不能一一将其大名列上，谨以此书献给他们吧！

张　铭

2022年1月25日